文化における〈風景〉

宮城学院女子大学
人文社会科学研究所 編

翰林書房

文化における〈風景〉◎目次

はじめに

朝起きて、窓の外の晴れわたった風景を眺め、旅行をすれば、その土地の風景を写真に収める。今や彼方の日々である小学校の図工の時間には、画板を持って戸外へスケッチに出かけた記憶がある。〈風景〉は、暮らしの中の意匠にも用いられている。幼い頃、祖父の東京土産のチョコレートの缶には、花が一杯の街角がデザイン化されていた。〈風景〉は、生活の中でかくも身近にある。即ち、絵画や文学や意匠のモチーフであり、世界を眺める際の構成要素でもある。しかし、勿論それは、先験的に存在したのではなく、概念が成立してくる過程や歴史がある。〈風景〉は、今日、我々が住む世界に定着しているという点において、我々の認識や感受性のあり様を知る重要な窓であると言えよう。

〈風景〉という窓を通して、我々は世界をどのように見ているのか、あるいは見てきたのか。執筆者が、それぞれの専攻分野において追究したのが、本書『文化における〈風景〉』である。

土屋純「景観論からみる沖縄風景の解釈」は、「Landshaft」から「Landscape」へと展開する「景観」という概念の成立、変遷過程と多義性を押えた上で、沖縄の風景について、「沖縄らしさ」と受け止められているものの内実を分析する。それは、八重山諸島、竹富島の赤瓦の景観に見られるように、生業によって作り出されたものではなく、観光業と相関しつつ整備され、保全されてきたものである。土屋の考察は、風景のアイデンティティーが、歴史的、政治（産業振興）的経緯によって視覚的に形成されることを明らかにしている。

森雅彦「イタリア・ルネサンスにおける風景画の一側面――ローマの風景壁画を中心に」は、十七世紀オランダ絵画が嚆矢とされる、写実的な風景画の前史に着目する。実は、アルブレヒト・デューラーの『ネーデルランド日記』（一五二一頃）に「風景画家」という語が登場している。イタリア・ルネサンス期の「パレルガ」（付属物）としての風景画から、どのようにそれ自体としての風景画が成立していくのか。森は、古典復興の中心地であったローマの風景壁画に焦点を当て、規範としての古代芸術、フランドル出身の画家の活躍等、「風景画」が自立していく過程とその営為が持っていた多様性の豊かさを照らし出す。

今林直樹「坂本繁二郎のフランス体験と「雲」のある風景」は、久留米出身の洋画家で「筑後画壇」の中心的人物であった坂本繁二郎（一八八二―一九六九）のフランス留学（一九二一―二四）の意味を問いかける。坂本は、「日本人的というか東洋人独特の内的な深みを油絵で盛り上げること」を目指して、渡仏前に画家として一家を成していた。そんな坂本の「油絵の伝統を生み出した本場で、身も心も浸りつけ、そこに何を見出すか」という留学は、日本の「うるおいのある自然」を再発見させることになる。今林は、帰国後の主要なモチーフである〈雲〉に到るまでの、坂本の葛藤や異和や発見の足跡を辿って、総体としての「フランス体験」を浮び上がらせている。

小羽田誠治「中国は山水画に何を求めたのか――「気韻」と写実性を中心に――」は、相対的に独自性が高かった清代中期までの絵画論の流れを整理しつつ、各時代に通底する「気韻」という概念に着目する。「気韻」は、万物の中にあるイデアであり、卓越した画家の筆を介して具現化される。ここに、「写実性」が不可欠の要素として関わってくるのであり、中国絵画、ことに山水画において「気韻」と「写実性」は対立概念ではなく、補完し合う関係性にある。形而上性と具体性が不即不離であるという小羽田の考察は、中国の山水画、及びそこに描かれている〈風景〉が、宇宙論的な次元に向って開かれていることを感じさせてくれる。

大久保尚子「「装い」の中の「風景」、「風景」の中の「装い」――江戸名所景物としての「都鳥」意匠の位置――」は、代表的名所である隅田川の景物である「都鳥」に焦点を当て、その意匠のシンボリズムと風景への触媒としての意味を考察する。平安時代以降の名所、歌枕、季節の景物を意匠化する系譜の中で、江戸期も時代が下るにつれて、記号的図像から絵画的表現を取り込みつつ、風景への喚起力が高まっていくことを指摘する。「都鳥」は、古典的イメージも包含しつつ、江戸後期当代の名所の賑わいを映し出す意匠として成立するのである。大久保の論述は、その時代を生きている人々の感受性によって風景が共有され、意匠として暮しに還元されていく関係性のダイナミズムを伝えてくれる。

九里順子「暮鳥の〈青空〉——風景の中の詩人——」は、日本の近代詩において風景を構成する要素として〈青空〉が発見され、定着していく経緯を考察する。始まりは西洋文学の翻訳であるが、伝統的な漢文脈や浪漫主義の受容という媒体を経て内面化され、更に象徴的概念として共有されていく様相を、明治から大正期の作品を対象として探っている。従来の規範的表現とは異質の文化との出会いの中で新たな表現が拓かれ、世界を見る視点が成立していく様は、スリリングでさえある。

人文地理学、西洋美術史、フランス政治史、東洋史、日本服飾史、日本近代文学、それぞれの窓を介して探究した〈風景〉の表情は、この世界の奥行きと厚みそのものである。現在、生産性や効率性という価値観が世界を席捲しつつある。しかし、世界は一元的な価値観では何も見えてこない。その豊かさを汲み上げることもできない。本書の試みから、我々が生きて、暮している世界の肌理と陰影、目の前にあるそれらを形作ってきた人間の営為、即ち、数値化という物差しでは測れない存在の本質性を感じ取っていただければ、幸いである。

九里順子

I——景観論からみる沖縄風景の解釈

土屋　純

はじめに

私たちはいろいろな立場で景観に関わっている。地域の生活者として景観を構築する主体として関わることもあるし、観光客として日常空間とは異なる景観を消費する者として関わることもある。あるいは、政策当事者として景観の構築や保全に関わることもあるかもしれない。このように景観とは身の回りにあるありふれたものであると同時に、人々の心を動かし、安らぎを与えるものとして重要になってきている。

本章では、地理学における景観に関する議論を整理するとともに、沖縄県の竹富島の景観変遷を概観することで、現代社会における景観が持つ意味について考察したいと考える。地理学における景観の議論について、一九世紀のドイツ地理学で展開されたランドシャフト論と、二〇世紀より英米の地理学で展開されたランドスケープ論を概観し、景観を読み解く視点を整理することを目標とする。そして、地理学の景観論を用いて沖縄県竹富島の景観を解釈することを試みたいと考える。

なお本章は、二次資料をもとに考察を展開するものである。特に、沖縄県竹富島に対するフールド調査をベースとした研究の蓄積は大いに参考になった。竹富島の一ファンである著者が、従来の研究を参考にして、考察を展開したいと考える。なお二〇一四年一二月に宮城学院女子大学のキリスト教文化研究所の研究費で竹富島に訪れる機会を得たことを記したい。

1 「景観」と「風景」

地理学では、重要な学術キーワードの1つとして「景観」を用いて、研究、学問的議論が展開される。本書では「風景」をキーワードとして編纂されているものであるが、地理的に広がる視覚的な光景としての「景観」は、地理学的な学術キーワードとして重要である。地理学における議論では風景よりも景観のほうをキーワードとして用いる場合が多い。なお、地理学における重要なキーワードには、景観の他に、地域、空間、場所などがあるが、一九世紀より発達した学問体系としての人文地理学が重要視してきた学術キーワードとして、この四つが中心的に展開されてきた。

このように本章では「景観」というキーワードを中心として議論を展開していくが、まずここで「風景」との違いについて考察したい。以下、人文地理学会編（2013）を基として紹介したい。

「景観」とは、ドイツ語のLandschaft（ランドシャフト）、英語のLandscape（ランドスケープ）の訳語である。人文地理学辞典によると、ランドシャフトは、土地、空間、土地・空間の性格、植物などの自然環境、政治的・社会的な組織体、などさまざまな意味合いで用いられている。ドイツ語のLandは「土地」ないし「場所」を示す単語であり、Shaftは「集合体」ないし「まとまり」を示す単語である。よって、一定の空間の中の自然環境や経済社会の集合体としての意味であり、地域と同じような意味合いの言葉として使われることも多い。一方、英語のランドスケープでは、より視覚的意味合いが強くなる。英語のLandはドイツ語と同様に「土地」ないし「場所」を示す単語であり、Scapeは「眺め・景色」を表す単語である。特にアメリカの地理学者でバークレイ学派のサウアーは、ランドスケープ（景観）を自然景観と文化景観にわけ、自然環境が織りなす景観と、人間社会が構築する文化景観を分けて議論している。

「風景」は、ドイツ語のLandshaft、英語のLandscape、Sceneryの訳語である。現代の地理学においてはランドシャフト、ランドスケープともに学術用語として「景観」と訳されることが一般的であるが、一九三〇年頃までは風景、風景形態、風土、景域と訳されることもあった。一方、芸術や文学の世界では「風景」として訳されることが多い。このようにランドシャフトやランドスケープは、非常に多義的な内容を含む学術用語であるが、日本の地理学では、二つの単語を「景観」として訳すことが一般的になっている。

では、日本の地理学では「風景」をどのように概念化しているのであろうか。すべての事例を示すことはできないが、例えば、千田稔他編（2001）では、「風景とは、地上に立った時に、人間の目が捉える日常的な空間のことを言う。人間が見るということは人間が思考することに他ならないとすれば風景は思想なのだ。」と述べている。すなわち、よって風景とは、人間の目が捉える視覚的な広がりを意味し、その風景には思考される内容が含まれる。すなわち、美しい風景などのように、人間の思考、価値観が風景には込められると考えられる。

以上簡単ではあるが、景観、風景の二つについて考察したわけであるが、それをまとめたのは**図1**である。ドイツ語のランドシャフトでは、社会的、政治的組織としての地域として捉える場合があるので、ランドシャフトには領域性があると考える。つまりランドシャフトとは、一定の広がりをもち、一定の印象や感情を伴う自然区画であり、場所における可視的物体の総体である。ランドスケープは、ランドシャフトよりも視覚的な要素が中心となる概念であるので、社会、政治組織といったより地域的な要素が薄いことからはっきりとした領域性はないと考える。一方、風景は、人間が視覚的に捉える構図として理解できる。人間が主体的に構図として捉えることから思想としての風景が浮かび上がると考えられる。

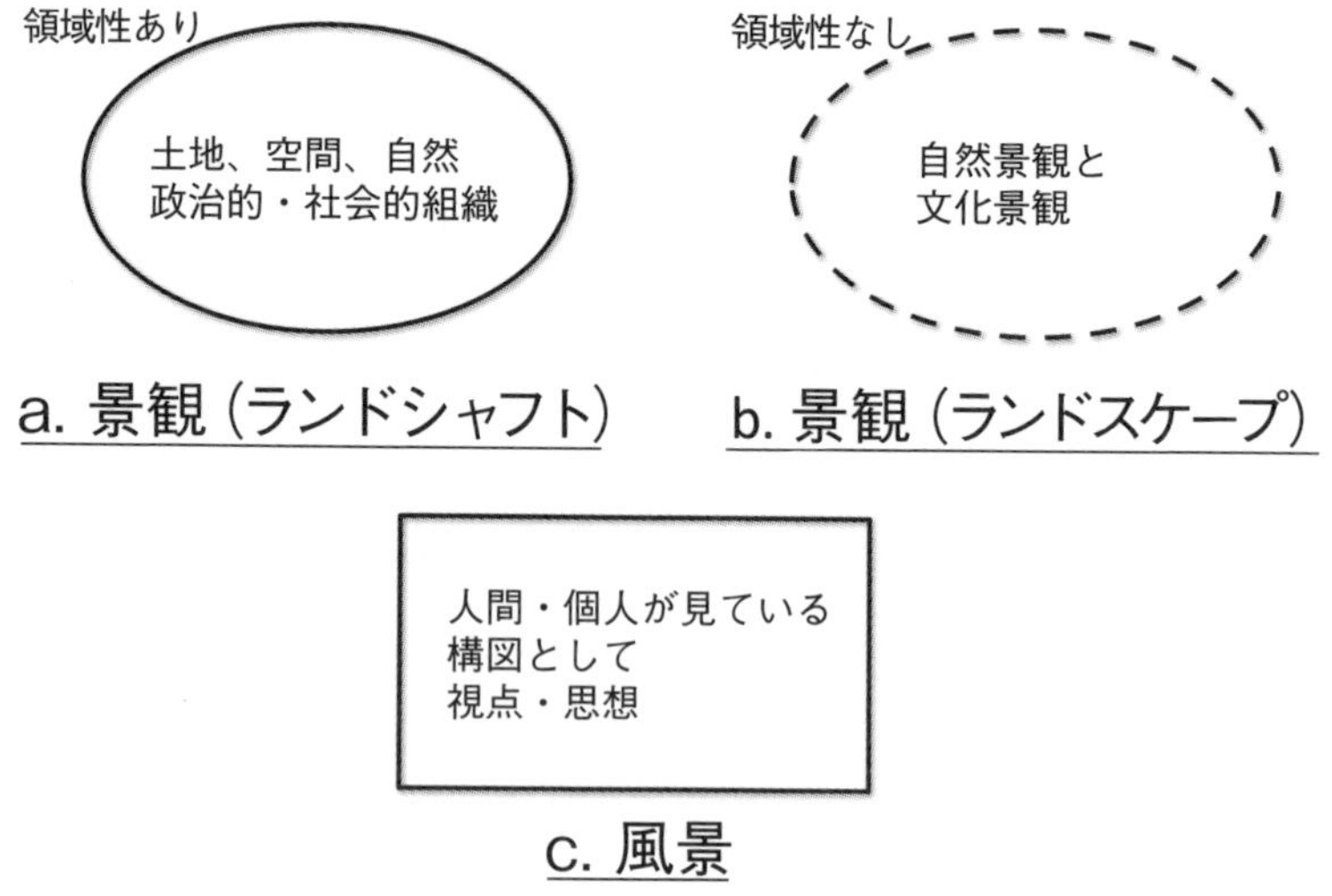

図1　景観（ランドシャフト、ランドスケープ）と風景

2　ドイツ地理学のランドシャフト論

一九世紀には、ドイツにおいて近代地理学が確立された。近代地理学の父と称されるフンボルトによる植物地理学では、アンデス山脈を事例に高度によって植生や農業形態が異なることを示し、標高差という地理学的な視点の有効性を明らかにした。リッターによる『一般比較地理学』では、自然地理学として地理学を体系化しただけでなく、地誌学的な地域理解の重要性を説いたものである。このように一九世紀初頭のドイツ地理学では、自然地理学を中心に科学として体系化され、地誌学として知識体系が構築された。

一九世紀末から二〇世紀前半になると、ドイツ地理学だけでなくフランス地理学においても、学問体系としての人文地理学が進化することとなる。ドイツ地理学の例としては、ラッツェルによる「環境決定論」や、シュリューターによる「ランドシャフト論」など、人文地理学の方法論的枠組みが構築される。さらに、フランス地理学では、ブラーシュによる「環境可能論」あるいは「生活様式」の概念が構築される。ここで人文地理学会編（2013）を基として、「環境決定論」と「環境可能論」について解説すると、環境決定論では、生物としての人間が自然にいかに拘束されているのかを議論するもので、自然環境が人間の生活を規定すると考えるものである。一方で、環境可能論は、自然環境と人間社会との関係性に関心が高く、人間社会が織りなす生活様式に着目し、地域特有の生活様式がいかに自然の特性を利用するのかについて考えるものである。環境決定論は自然が社会を規定すると考えるのに対し、環境可能論では自然と社会とは関係性の中で生活様式が構築されるものと考える。このような人間と環境との関係性に関する議論は、一九世紀末からのランドシャフト論に関する議論に展開していったのである。

ドイツ地理学におけるランドシャフト論の展開について見てみたい。手塚（1991）によると、一九世紀初頭よりランドシャフト論の学問的議論が始められ、風景／景観としてとしての意味と、地区や地域としての意味が併存していた。

二〇世紀前半になると、シュリユーターとヘットナーによるランドシャフト論に関する議論が展開される。手塚（1991）によると、シュリユーターの文化景観論とは、地理学固有の対象として景観に注目するべきであるという彼独自の哲学から生まれたものであること、そして、景観という概念を中心に据えることで地理学諸分野の統一性が確保されることを目指したものである。シュリユーターは、地理学が追求するのは、空間的知覚、すなわち視覚と触覚によって認知出来るかぎりにおいて、地球に帰属する諸現象の形態と秩序に関する知識であるべきとしている。文化景観の地理学には、経済地理学、集落地理学、交通地理学などが含まれるとしている。

それに対してヘットナーは、シュリユーターの文化景観に対する批判を展開している。シュリユーターは、視覚にとらえるものとしてのランドシャフトの概念から出発しているが、地理学的考察を外面に現れるものだけに限定している傾向にあり、地理学が全体としてかくも一面的であるべきではないと、批判している。

第二次世界大戦後、シュリューターは地理学を以下の三つの分野として体系化させようとした。①地表を構成する要素を個別に研究対象とする一般地理学、②地表の部分空間を個別記述的に研究しようとする地誌学、③地表構成要素の連関構造を累計的に把握することを目指すランドシャフト学、である。このようにシュリューターは、地理学体系を構築していく中で景観（ランドシャフト）を重要な概念として位置づけたのである。

3　英米地理学のランドスケープ論

前述のように近代地理学は一九世紀初頭にドイツで産声をあげ、自然地理学と地誌学の体系化が進んでいった。環境決定論、環境可能論によって人文地理学が発展し、その後、シュリューターの景観論へと繋がっていく。このようなドイツ、フランスを中心として発展した人文地理学は、二〇世紀に入るとイギリス、アメリカのアカデミズムの発展とともに英米へと発展の中心が移動していくこととなった。

英米の地理学における哲学的な基盤を提供したのはシェーファーによる例外主義である。各国、各地域ごとの地理的な状況を分析する知識体系としての地誌学ではなく、どの地域でも適応可能な分析方法、理論によって地理的空間を説明することを目指す科学的な地理学が発展していくこととなる。このような動きは、ドイツ地理学で発展した地誌学への批判へと繋がっていく。

このような科学的で一般的な法則性を解明しようとする地理学に大きな力を与えたのは、地理学における理論計量革命である。統計学の手法を活用し、地理統計を用いて地理的、空間的分析を行い、空間的法則性を分布パターンや距離によって説明しようとする地理学である。このような傾向の中でクリスタラーの中心地理論、チューネンの農業立地論（孤立国）、ウェーバーの工業立地論が地理学的な理論として重用されるようになり、都市地理学など系統毎に分析していく人文地理学を発展させることとなった。

こうした状況の中、英米地理学における景観論はどのように展開したのであろうか。二〇世紀初頭のアメリカで発展したバークレイ学派によるランドスケープ論が注目すべきである。竹内・杉浦編（2001）によると、前述のランドスケープ論でも説明したが、バークレイ学派の中心人物であるサウアーは、景観（ランドスケープ）を自然景観と文化景観にわけ、世界各地の地理的状況について民俗学的手法を用いながら解明しようとした。

自然景観とは自然が織りなす景観、例えば平原、山脈などの地形や、気候条件などで形成される植生の分布状況などを自然景観として解釈しようとする。そして文化景観は、そうした自然景観の中で人類が自然に手を加え、自らの生活環境を構築していく。農業の地理的展開や集落の形成など、人類は生活環境を構築してきたがそれを文化景観として解釈することを試みる。こうした文化景観へ考察は、フランス地理学者であるブラーシュによる環境可能論の考え方に影響を受けている。科学的で理論的な地理学が発展する一方で、このような世界各地の地理や景観を解釈論的に解明するためにランドスケープ論が展開していったことは注目に値する。

英米の地理学を中心に発展した理論的、計量的な手法を用いた地理学であるが、一九七〇年代になると人文主義地理学やマルクス主義地理学によって批判されることとなる。人文主義地理学では、科学的、計量的地理学において軽視された人文的な現象、定性的な現象への理解を求める地理学である。すなわち、数字で表すことができない側面、人文的な状況や人間の主観性などに注目し、人間性が豊かに反映された地理、すなわち人間の主体性や思想が埋めこまれた地域や場所を考察することを目指すものである。そしてマルクス主義地理学とは、資本の循環など地理的な上部構造を規定する下部構造に注目する地理学であり、都市や経済の地理を構造的に理解することを目的とするものである。

このような人文主義地理学とマルクス主義地理学において景観論、ランドスケープ論が用いられるようになったことも注目すべきである。人文主義地理学では、景観を一つのテキストとして扱い、景観の背後にあるコンテキストに対して考察を展開していく。例えば、エドワード・レルフによる景観論では、二〇世紀後半に進展した先進国における没場所性や、都市景観に対して批判的な考察を展開している（レルフ 1991, 1999）。他に、コスグローブ、トゥアンなど人文主義地理学においてランドスケープ、景観は重要な考察対象となっている。

一方、マルクス主義地理学における景観論として注目すべきは、デビット・ハーヴェイの建造環境論である（ハーヴェイ 1991）。二〇世紀末になると、資本の循環がグローバルスケールで展開するようになるが、そうした循環によって蓄積される資本が世界都市の建造環境となって現れるとハーウェイは説く。すなわち、ニューヨークやロンドン、東京などの摩天楼のように、世界経済の発展とともに構築される景観が存在し、その形成メカニズムを構造論的に解釈していくのである。

4　町並み保全と景観

以上、地理学における景観論の学問的、理論的な展開について説明してきた。このように景観は本来学術的な用語であったが、二〇世紀後半になると学問の世界から広がり、経済的、社会的、政策的な用語として用いられるようになっている。のちほど竹富島の景観保全について議論を展開するが、地域活性化の手段として景観が用いられるようになっている。

景観は、最近では、景観は政策用語、まちづくり用語として活用されている。景観保全は全国で行われており、地域活性化や地域創生の手段として用いられるようになっている。このように景観という概念は多様なものへと変改している。景観保全にはさまざまな政策が存在しているが、伝統的建造物群保存地区の枠組みは、二〇世紀末における日本の景観保全を考える上で重要である。

文化庁ＨＰによると、伝統的建造物群保存地区とは「一九七五年の文化財保護法の改正によって伝統的建造物群保存地区の制度が発足し、城下町、宿場町、門前町など全国各地に残る歴史的な集落・町並みの保存が図られるようになった。市町村は、伝統的建造物群保存地区を決定し、地区内の保存事業を計画的に進めるため、保存条例に基づき保存計画を定める。国は市町村からの申出を受けて、我が国にとって価値が高いと判断したものを重要伝統的建造物群保存地区に選定する。市町村の保存・活用の取組みに対し、文化庁や都道府県教育委員会は指導・助言を行い、また、市町村が行う修理・修景事業、防災設備の設置事業、案内板の設置事業等に対して補助し、税制優遇措置を設ける等の支援を行っている。二〇一五年七月八日現在、重要伝統的建造物群保存地区は、九〇市町村で一一〇地区（合計面積約3,787.9ha）あり、約二六、四〇〇件の伝統的建造物及び環境物件が特定され保護されている」と説明されている。

このように、全国各地において保全地区が広がっているが、竹富島へ話を展開するために、沖縄県に議論を展開したい。沖縄県には、沖縄らしい集落景観として二箇所の伝統的建造物群保存地区が存在している。一つは、竹富町竹富島重要伝統的建造物群保存地区であり、一九八七年に選定されている。もう一つは、渡名喜村渡名喜島重要伝統的建造物群保存地区であり、二〇〇一年に選定されている。

渡名喜村渡名喜島重要伝統的建造物群保存地区は、伝統的な赤瓦の家屋が比較的多く残っている。集落には赤瓦の家屋、フクギの屋敷森、石垣などを特色とする歴史的景観（文化景観）が残されている。これらの家屋は風よけのため塀に囲われた敷地を掘り下げて屋根を道路とほぼ同じ高さにする工夫をした「掘り下げ屋敷」と呼ばれる。八重山諸島の竹富島も同様に伝統的家屋が多いが、観光地化された竹富島とは異なり、ごく普通の生活が息づいて

写真１　竹富島の集落の様子

いるのが渡名喜島の特徴となっている。
では次節において竹富島における景観の問題について検討したいと考える。

5　竹富島の概要

竹富島は先島諸島、八重山列島にある周囲9.2㎞、面積約5.4㎢の楕円形の島である。平坦な隆起サンゴ礁の島であり、低平な地形が広がっている。沖合にはサンゴ礁が島を覆い、サンゴ礁の内側には穏やか海であるイノー（地理学用語ではラグーン）が広がり、島の人々に海産物を提供してきた。海岸線には、コンドイビーチなど砂浜が広がる。竹富島の地質は琉球石灰岩の礫石が多く、保水性が低いため水田耕作には適していない。かつて島の人々は西表島の一部を水田に開拓し、通勤耕作が行われていたほどである。

竹富島の家々は、琉球石灰岩の石垣、ふく木の防風林、屋根は赤瓦といった建築様式が多くなっている。一九八七年には、竹富島の集落の含む島の中央部が、

写真２　白砂の道

沖縄県で初、全国では二四番目の重要伝統的建造物群保存地区に指定されている。

また、竹富島は伝統芸能が豊かな島であり、祭祀は年間を通じて行われ、種子取祭、結願祭、豊年祭、ユーンカイ、十五夜祭などがあり、祭りでは奉納芸能が演じられる。島の最大行事である「種子取祭」は重要無形文化財に指定されている。九日間にわたり続けられ、石垣島、沖縄本土などに移住した人々も里帰りをする。祭りは、島民の心を強く結びつけ、島を愛する心を育む（谷沢 2011）。

島の暮らしは「うつぐみ」の心を大切に営まれている。観光化される前の農業中心で島の生活が厳しかった時代では、島全体にかかわることは共同作業で行われた。例えば、各家の茅葺きや石垣の構築は、共同作業でおこなわれてきたのである。加えて、種子取祭などの祝祭は、公民会組織を中心として地域コミュニティの熱い基盤を基として運営されており、Ｕターン者や移住者などを地域社会に組み入れる仕組みとなっている（玉城 2000）。

写真３　トタン屋根の家

では二〇一四年一二月現在における竹富島の景観を紹介したい。**写真1**は、竹富島における集落の様子である。赤瓦が葺かれた低層の家屋、琉球石灰岩の石垣、豊かな屋敷林によって構成された各家屋が集まっている様子は、観光客が沖縄らしい風景・景観として観光客に求めているものである。**写真2**は、サンゴ礁の白砂が敷き詰められた道であり、竹富島の集落に清潔さと美しさをもたらしている。毎朝白砂の道は住民によって掃き清められている。一方、**写真3**のように、集落内の家屋は全て赤瓦武葺きであるわけではない。コンクリート屋根の家も散見される。かつては赤瓦葺きよりも茅葺きのほうが多かった。

6　一九六〇年代までの竹富島の景観

竹富島では、二〇世紀の後半において人口減少が続いてきた。国勢調査によると、一九四五年には人口のピークがあり二、一六八人であったが、その後、急激に減少しつづけ、一九五五年には人口一、〇五四人、一九六〇年には七八九九人、一九七〇年には三三六人に減少した。本土復帰前、観光化以前の竹富島では、人口を支える産業である農業生産力が脆弱であり、若い人を中心として竹富島を離れる人々が多く、過疎化の一途であったことがわかる。

竹富島は、農業を中心とした共同性の高い社会であった。島の生業として農業が古くから行われており、粟、稲、麦、芋、サトウキビ、大豆、玉ねぎなどが栽培されていた。島内において自給的農業が行われてきたのであるが、稲作に適さない竹富島の人々は、西表島を開墾して耕作通勤も行われていた。一九五〇年代までは盛んにサトウキビが換金作物として栽培されたが、各農家の耕作面積は概して少なかった。

竹富島の産業変化を人口数からみてみたい。来間（1999）によると、農業人口は一九六四年には一一八人存在していたが、一九七五年には五〇人、一九九五年には五人にまで急減している。そのうち専業農家数は一九六四年の八二人から一九七〇年には五人、一九九五年には一名となっている。兼業農家数は一九六四年の三六人から一九七一年には六四人に増加しており、本土復帰前の一九六〇年代の段階から農業のみで生計を立てることが難しい状況であったことがわかる（来間 1999）。

さらに八重山上布やミンサー織など伝統工芸も存在していて、女性を中心とした副業として島の生活を支えていた。

では、沖縄県が本土復帰し、沖縄県全体で観光化していく一九七〇年代の前における竹富島の景観とその成因について考察したものが**図2**である。竹富島の自然環境、特に地力が弱く、台風という災害に見舞われる竹富島では、人々は厳しい自然環境に適応するため、畑作を実施するとともに、茅葺き屋根を中心とした低層の住宅が中心であった。島の中央部に寄り添うように集落が形成され、御嶽などの聖なる場所を中心として共同作業による助け合いの地域社会が構築されてきた。その結果、景観として現れたのは、**図2**で示される景観構成であり、竹富島の自

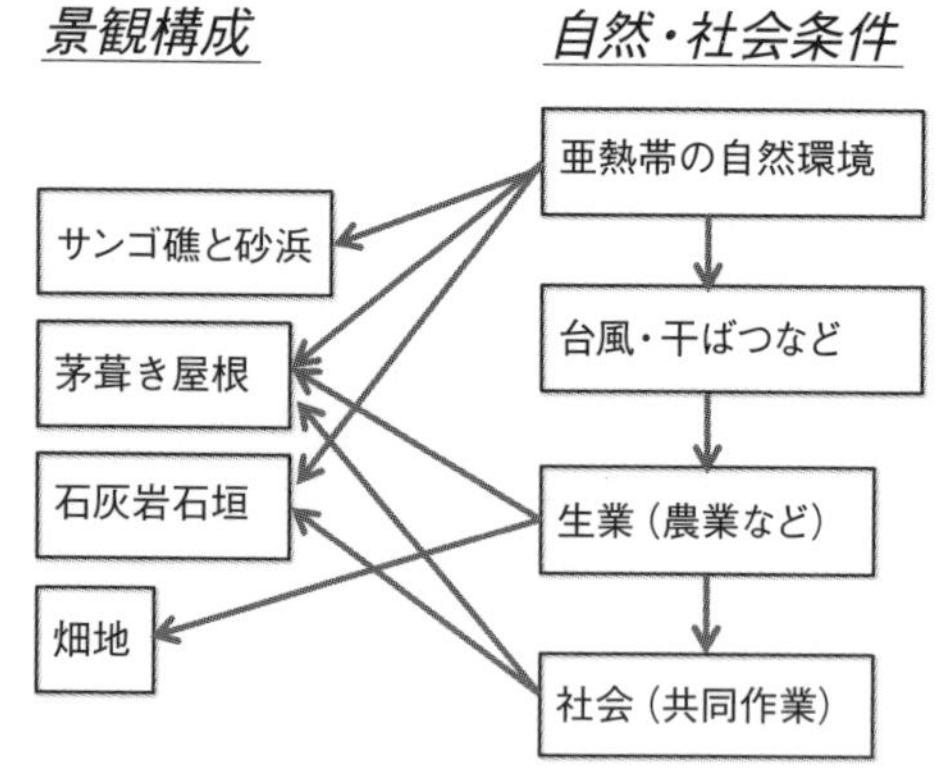

図2 1960年代における竹富島の景観

然環境に規定されながら人間の営みが刻み込まれたものと考えることができる。このように自然環境を反映し、人間の営みの結果としての景観が構築されていたのである。ここでいう景観とは、シュリューターのランドシャフト論、サウアーの文化景観によって解釈することができるものと理解することができる。

7　一九七〇年代以降における観光化と竹富島の景観

本土復帰前、観光化が進む前の竹富島は、農業を中心とした生業が織りなす景観が存在していた。一九七一年に沖縄県が本土復帰し、観光化がより明確になっていくと、竹富島の状況は大きく変化することとなる。

一九六〇年代まで続いていた人口減少であるが、一九七〇年には回復が見られ、一九八〇年には三五六人となった。その後再び減少傾向となり一九九五年には二六二人となっている。そして、二〇〇〇年には二七九人、二〇一〇年には三一七人、二〇一五年には三六一人にまで回復しているが、主に島出身者のＵターンが続いているからである。

二〇〇五年の国勢調査のデータをみると、第一次産業人口一八人、第二次産業一三人、第三次産業一五六人となっている。第三次産業人口の中で多い業種は、飲食店・宿泊業の五九人、サービス業の五〇人となっており、観光関連産業の割合が高い。このように、竹富島の主な収入源は観光産業となっていることがわかる。

現在竹富島には、多くの観光客が訪れる。二〇一五年では年間五一一、四二三人の観光客が訪れている。一九八九年では八六、七二一人であったことを考えると、その経済的効果は大きい。多くの観光客は、石垣島の石垣島港離島ターミナルより船で来島する。高速船ではおよそ一〇分、カーフェリーではおよそ一五分で到着する。高速船は一日一八往復し、片道六〇〇円、往復一、一五〇円となっている。よって石垣島からのアクセスに恵まれており、石垣島への観光客の多くが竹富島に訪れる状況である。来島する観光客の大半は、狭い島内を観光する短時間の滞在者が中心であり、宿泊客は少ない。島内にも宿泊施設が存在し、本土の観光資本による滞在型のホテルも存在しているが、高速船でやってきて数時間島内を散策する観光客が大半となっている。

島の観光資源は、重要伝統的建造物群保存地区に指定されている集落景観であり、赤瓦など沖縄らしい農村景観を楽しむ。他に白砂が敷かれた道、水牛による島内散策など、いわゆる沖縄的な体験が中心となっている。では竹富島はどのように観光化されてきたのであろうか、以下、堀（2014）、谷沢（2009, 2010, 2010）を参考に、一九七〇年代以降における竹富島における観光開発の歴史をみてみたい。

一九七二年の日本復帰により、本土の観光開発業者による島内における土地の買い占めが活発になる。とくに、竹富牧場株式会社が倒産したことで牧場跡地が観光開発業者に売却されることとなった。加えて、石垣島の竹富島出身者で結成される「郷友会」を中心として、竹富観光開発株式会社が設立され、土地の買い占めが続いた。こうした島外の主体による土地の買い占めに対抗するため、島民が中心となって「竹富島を守る会」を結成された。こうした島内住民による組織結成は、その後の自律的な観光地づくりへと繋がっていく。さらに島の町並みを保存していく意見は、全国町並み保存連盟などの文化人や有識者らの活動によるものである。

一九七〇年代は、島民による観光地としての活動が増加した時期でもある。とくに、現在では竹富島を代表する観光である水牛車観光は一九七六年から始まった。もともと、自動車がなく、民宿の送迎用として利用されていた水牛車が島内の名所を巡るものとなった。また、観光客の増加にともない、民宿の増加やマイクロバスによる送迎を行う竹富島交通が設立されるなど観光インフラが整備されていった。

一九七九年の沖縄県観光振興条例にもとづき、竹富島では一九八二年から集落保存の取り組みが始まる。とくに町並み保存において、先進地の岐阜県妻籠宿へ視察し、その保全活動の仕組みを学習した。その後、重要伝統的建造物群保存地区の指定を目標に島民と行政が一体となって取り組むことになる。

一九八六年には「竹富島憲章」が制定される。竹富島憲章とは、景観保全を地域ぐるみで行っていた岐阜県の妻籠宿の住民憲章を参考に作成されたものであり、①保存優先の基本理念、②美しい島を守る、③秩序ある島を守る、④観光関連業者への心得、⑤島を生かすために、⑥外部資本から守るために、の6部構成となっている。その中で①保存優先の基本理念では、「売らない」、「汚さない」、「乱さない」、「壊さない」、「生かす」、の五項目によって構成されている。このように住民組織による町並み保存や活動内容が明確化された。この憲章を基として、集落保存について必要な措置を国、県、町に対して要請していった。竹富島憲章が制定されていた翌年の一九八七年には、国より重要伝統的建造物群保存地区に選定された。

一九八七年には、総合保養地域整備法（リゾート法）が施行され全国的にリゾートブームが生じた。沖縄県では、第三次沖縄復興開発計画（1992~2001年）において、地域経済の活性化するための手段として観光業を重視するようになり、観光客数の目標を五〇〇万人に設定した。このような沖縄全体での観光振興が竹富島の観光化を促進していった。

このように観光業が島の経済社会を支える重要な要素となっている。前述のように、このような観光化には島の景観が大きな役割を果たしている。福田（1996）によると、竹富島には三つの景観スケールが存在している。第一は、大景観であり、同心円状に広がる島全体の景観である。集落を中心に、ガジュマルの木、農地や樹林地、防風林、砂浜、ラグーン、リーフによって構成されている。第二は、中景観であり、人間が集落内を歩く時に見える町並み景観である。「赤瓦」「白漆」「寄せ棟」といった家屋だけでなく、道路の白砂などが重要な要素となっている。第三は、小景観であり、屋敷内の建造物の配置や構造である。ヒンプン、二棟造りの建物、シーサーなどが景観要素として見出される。

さらに福田（1996）では、赤瓦についての議論、赤瓦（琉球赤瓦葺漆喰塗）は伝統的なものか、という問いを展開している。赤瓦が竹富島に出現したのは、人頭税が廃止された一九〇五年が最初であった。大正期に入って赤瓦屋が普及していくことになるが、富裕層のみに限定されていた。人頭税廃止に伴って様々な生活の禁制が解かれて富裕層が採用するようになったという。

農業を中心として共同社会を基盤としていた竹富島では、多くの家屋で茅葺き屋根であった。農業が中心である限り、材料である茅に困ることはなかった。一九六四年の段階でも約40％は茅葺きであった（福田 1996）。一九七〇年代になると茅葺き屋根の減少が進む。住民の農業離れが進むとともに、一九七一年、一九七七年の台風で大きな被害が生じたことにより、茅葺きからコンクリートなどで作られた現代的な家屋が増えていった。さらに、赤瓦屋が増加したのは、一九八〇年代からの伝統的な町並み保存運動が活発化する時期からである（福田 1996）。

町並み保存運動の中で保全の対象となったのは、伝統的な家屋とそれらが集合した町並みであった。第一に、町並み全体としての佇まいであり、白砂を敷きつめた道、邸の周りに巡らされた高さ150cm程度のサンゴ石の石垣、赤瓦を漆喰で固めた低い屋根と福木などの豊かな緑などである。第二に、屋敷内の建物の配置であり、主屋とかつて

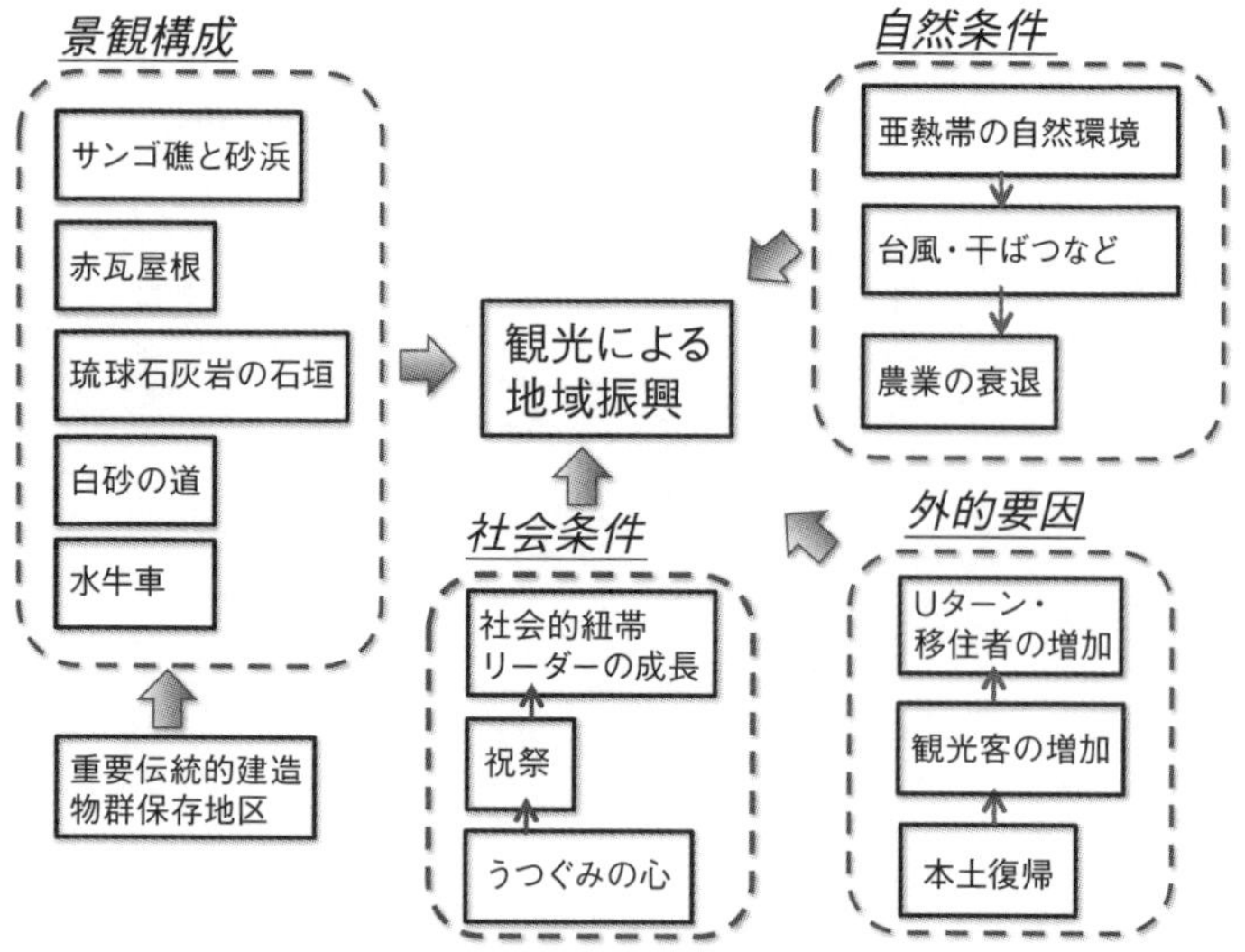

図3 2000年代における竹富島の景観と観光振興

の炊事棟であるトーラ、屋敷の入り口である石垣の開口部に設けられたトーラなどである。第三に家屋全体の形態であり、木造平屋造りで琉球赤瓦葺漆喰塗もしくは茅葺きの寄棟屋根をのせ、軒の深さと低さが特徴の家屋であった。

以上、福田（1996）による竹富島の景観に対する考察を参考にしつつ、谷沢（2009, 2010, 2010）を参考にして二〇〇〇年代における竹富島の景観と観光振興についてまとめたものが**図3**である。**図2**で示した一九六〇年代における竹富島の景観は、自然環境や地域社会のあり方によって構築されたものと説明した。二〇〇〇年代になると、一九六〇年代まで多く存在しなかった赤瓦や水牛車といった景観が沖縄らしい景観として観光客に消費されるようになった。そうした景観構成が観光による地域振興に大きな役割を果たすようになっている。そしてこうした景観を守っていくためには強固な地域社会の存在が重要なのであるが、種子取祭を中心とした数多くの祝祭を実施していく中で住民同士の強固なつながりが形成されていき、白砂の道などの管理など地域ぐるみで行われている（玉城 2000, 谷沢 2011）。水牛車などの地域の観光サービス業は、移住者を含めた地域住民によって運営されていることも自律的な観光地づくりに成功している要因となっている。そして一九六〇年代から継続している自然条件が琉球石灰岩の石垣や美しい白浜などといった景観を維持しているのである。

竹富島における景観の変遷から見えてくるものとはなんであろうか。ドイツ地理学のランドシャフト論、サウアーの文化景観論では、景観（ランドスケープ）とは地域の自然や人々の営みによって形成されていくものであると言えよう。竹富島の景観は本土復帰前の一九六〇年代までは、島の生業や共同社会によって作られてきた文化景観であった。沖縄県が本土復帰し、観光地としての沖縄が注目されるようになると、観光資源としての沖縄らしい景観が注目されるようになった。その景観は、日本全体、本土からの観光の波、重要伝統的建造物群保存地区という制度、といった島外の要因が加わり、一九六〇年代までの自然条件や社会条件も加わった複雑な構造となっている。そして景観そのものが観光振興という地域の目標を達成するための手段となっているのである。自然や人々の営みの結果としての景観から、地域や社会を構築、変化させていく主体としての景観が立ち上がってきたと解釈することができよう。

おわりに

本章は、一九世紀以降の地理学における景観に関する議論を参考にしながら、沖縄県竹富島の景観変遷について考察してきた。現在の景観に関する議論は多様化している。近年の研究では資本の循環といった下部構造の問題や、没場所性といった場所、景観をめぐる議論など、その論理的内容は複雑化している。加えて竹富島のような現実の景観においてもその構造は複雑化している。そして景観は地域振興の有効な手段として活用されるようになっている。

シュリューターやサウアーなどの文化景観の議論は、自然と人間との関わりとしての景観の解釈であった。竹富島もある意味、過酷な自然環境にいかに島民が適応してきたのかを表すものが景観であった。一つの地域、場所の景観を時代を通してみていくことは、その地域社会の変化などを垣間見ることができる。景観は地域振興の手段になっている現在、経済社会に対する景観が持つ重要性が増していることを心にとめなければならない。

参考文献

- エドワード・レルフ著、高野岳彦・阿部隆・石山美也子訳 1991。『場所の現象学没場所性を超えて』筑摩書房
- エドワード・レルフ著、高野岳彦・神谷浩夫・岩瀬寛之訳 1999。『都市景観の20世紀』筑摩書房
- 人文地理学会編 2013。『人文地理学辞典』丸善
- 水津一朗 1979。『近代地理学の開拓者たち』地人書房
- 水津一朗 1987。『景観の深層』地人書房
- 杉浦芳夫 1992。『文学のなかの地理空間東京とその近傍』古今書院
- 竹内啓一・杉浦芳夫編 2001。『20世紀の地理学者』古今書院
- 谷沢明 2009。沖縄県竹富島における観光文化に関する考察――インタビュー調査を通じて――。愛知淑徳大学論集14：15－30
- 谷沢明 2010。1970年代前期の開発と保存に関する動向――沖縄県竹富島における観光文化研究（1）――。愛知淑徳大学論集15：17－36

- 谷沢明 2010。1980年代の集落保存に関する動向——沖縄県竹富島における観光文化研究（2）——。現代社会研究科研究報告5：11－28
- 谷沢明 2011。集落景観・地域文化を守り活かす地域づくり——沖縄県竹富島における観光文化研究（3）——。愛知淑徳大学論集——交流文化学部篇——1：67－83
- 谷沢明 2011。祭りをとおしてみる地域社会——事例研究：沖縄県竹富島の種子取祭——。現代社会研究科研究報告6：2－20
- 玉城毅 2000。竹富島の社会組織——祭祀からみた重層的・複合的な「村落」——。沖縄国際大学南東文化研究所『八重山、竹富町調査報告書(2)』沖縄国際大学南東文化研究所
- 手塚章 1991。解説・ドイツ地理学におけるランドシャフト論の展開。手塚章編『地理学の古典』古今書院、258－298。
- 手塚章編 1991。『地理学の古典』古今書院
- デビッド・ハーヴェイ 1991。『都市の資本論——都市空間形成の歴史と理論』青木書店
- 福田珠己 1996。赤瓦は何を語るか－沖縄県八重山諸島竹富島における町並み保存運動——。地理学評論69：727－743
- 堀光順 2014。竹富島における住宅跡地の土地利用の変遷と管理。エクメーネ研究3：31－48
- 来間泰男 1999。竹富3島（竹富・小浜・黒島）の経済と農業。沖縄国際大学南東文化研究所『八重山、竹富町調査報告書(1)』沖縄国際大学南東文化研究所

Ⅱ　イタリア・ルネサンスにおける風景画の一側面
——ローマの風景壁画を中心に

森　雅彦

はじめに

風景画論の名著としてあまねく知られるケネス・クラークの風景画論の原題は、Landscape into Art と題されている。[*1]このタイトルを底流するのは、いわば自然そのものはいかに美しいとしても芸術作品ではないのであって、自然の光景を芸術化した視覚表象こそ、「風景画」だという、クラーク卿一流のきわめて近代《モダン》的な美意識に他なるまい。

とはいえ、こうした風景画に対する近代的な姿勢は、そう一気に生まれたわけではない。たとえば、英語の場合、「風景画」という言葉は一七世紀前後にオランダ語から発した landskip にあって、これは一六世紀末に英語に入ったとされる。[*2]一六〇六年に出版されたヘンリー・ピーチャムの『ペンによる素描術と水彩のリムニング術』は、イギリスで最初に風景画に触れた書物として有名だが、そこには以下のよく知られた記述がある。

> Landtskip はオランダ［由来］の言葉である。それは英語で landship と言うのと同じで、われわれの視野に見られる限りの、丘、森、城、海、谷、廃墟、突き出た岩、都市、町々などによって土地を表現するわけである。[*3]

他方、landscape は――land-scape というかたちだとはいえ――一六〇三年の辞典に見られるとされる。さらに専門の画家でなかったとはいえ、ジェームズ一世、チャールズ一世、トマス・ハワード・アランデル伯に仕えた音楽家、リムナー、紋章官、書記官にして、美術品鑑定官であったエドワード・ノーゲートの『ミニアチュールあるいはリムニング術』（おそらく一六二七年頃）の言葉によれば、

Landscape あるいは土地の形状《かたち》とは、ラテン語の Rus、Regiones、Regiunculae〔土地、田舎、地方〕、フランス語の Paisage、イタリア語の Paese と同じであって、Gli belle Vedute〔美しい眺め〕あるいは、野原、街々、河、城、山々、木々の美しい景色、あるいは眼が何であれ喜ばしい眺めを見て楽しむことに他ならないのである。*4

このように、ピーチャムやノーゲートは、風景画という新分野は専心するに値するものであることを前提とした言明を行なっている。また一七世紀頃のイギリスでは、このジャンルはオランダに由来するということもごく一般化しているわけである。*5 実際、今日風景画という言葉で普通にイメージされる「写実的」な印象の際立った風景画の原型は、なるほど一七世紀オランダ絵画には相違あるまい。

1　ルネサンスの風景画——風景を描く（fare paesi）

とすれば、その前の時期、特にイタリア・ルネサンス期の風景を描いた絵画はどうだったと考えるべきなのだろう。本稿の対象とする問題はまさにその時期にあるけれども、E・H・ゴンブリッチはかつて、その古典的とも言うべき論文において、絵画を風景画として感受するジャンル意識の構えは、一六世紀初頭に、イタリアの人文主義芸術論や目利きの間において、形成されつつあったと考えた。*6 風景に対する視線の変化は徐々に起こったのである。そこで彼の検討を意識しつつ、まずはもう少し彼とは別の面から言葉にこだわってみることにしよう。*7 もともとドイツ語の Landshaft とは、必ずしも自然の景観のことではなく、政治的境界によって規定される地理的領域でもあった。一五世紀後半頃には、都市の周辺の土地もその Landshaft として言及された。初期活版印刷本（インキュナブラ本）の傑作とされる『ニュルンベルク年代記』では、各都市はその周辺地帯とともに示されている。

しかし一五世紀末頃には、風景はときに絵画の重要な要素として意識されるようになっていたらしく、たとえば一四九〇年にハールレムのさる祭壇画の契約書は、わざわざ風景（landscap）を描くことを求めている。[*8] さらにいっそう名高いのは、一五二一年頃の、アルブレヒト・デューラーの記述で、彼はその『ネーデルラント旅日記』に、こう書いている。

十字架週間の前の日曜日に、よき風景画家であるヨアキム親方（maister Joachim, der gut landschafft mahler）は、わたしを彼の結婚式へ招待し、わたしにあらゆる敬意を表した。[*9]

これはまったき「風景画家」という意味で、landschaft というドイツ語を用いた最初の例だとされる。

他方、今日の風景あるいは風景画に当たるイタリア語はむろん paesaggio、それと類比すべきフランス語は paysage であるけれども、こうした言葉自体は一六世紀中葉にはすでに登場するようになっていた。しかし言葉として早いのはフランス語の方で、paysage は一五四九年刊のR・エスティエンヌ編の辞典に、「画家たちの共通語」（Paisage, mot commun entre les paincres）として現れ、paesaggio は一五五二年のティツィアーノのフェリペ二世宛書簡が現在知られる最初の用例であるとされている。[*10] また一説に、paysage はフォンテーヌブロー派の環境の中で育まれた新造語で――多くの国の言葉は、田舎、地方などを意味する言葉自体を意味拡大させるかたちで風景画という含意を担うようになったので、pays とは別に paysage という言葉を生み出したフランス語はむしろ例外的である――paesaggio はフランス語をイタリア語化させたものらしいと目されているが、こうした可能性もまったくありえないものではないように見える。[*11]

とはいえ、イタリアの場合、近代に至るまで風景画を意味する言葉として好まれたのは、paesaggio よりも、言葉それ自体はすでに一三世紀以来存在していた paese の方で、こうした用例を見出すことはそう困難でない。ルネサンス期の若干の例を挙げればじゅうぶんであろう。

パオロ・ウッチェッロは、多様ですぐれた制作家にして、動物と風景の偉大な作者であり（gran maestro d'animali et di paese）、遠近法をよく理解していたために、短縮法に巧みであった。[*12]

これはクリストフォロ・ランディーノの『神曲註解』（一四八一年）に見られる、ウッチェッロに対するコメントである。また一四九五年のピントリッキオの契約書では、絵画の背景を風景画で埋めることをわざわざ指示しつつ、こう記述している。

画家はまた、絵の空白部分、正確にいうと人物の背景に、風景と空を描くこと（nel vacuo delli quadri o vero campi de le figure pegnere paese et aiere）、そしてそれ以外の部分もすべて彩色すること。ただし額縁は金を使う予定なので除外する。[*13]

さらに後述するように、ジャンルを指示する言語のあいまいなこの時代には、外界のさまざまな事物を列挙することで風景表現に類するものに言及することも、ごく普通のことであった。たとえば、ギルランダイオのトルナブオーニ礼拝堂フレスコ画に係る契約書（一四八五年）では、画家は「人物、建物、城館、都市、山、丘、平原、岩、衣装、動物、鳥、その他あらゆる種類の獣」を描くこととされており、[*14]建物、城館、都市、山、丘、平原、岩などは、風景を構成する要素に他ならないと言ってよいであろう。

こうした記述から、わたしたちにとって一六世紀前後に風景画のきざしを見ることはじゅうぶん可能であるものの、さらにつとにゴンブリッチによって強調されたように[*15]、マルカントニオ・ミキエルの『美術品消息』におけるpaese などの表現のうちに、ジャンルとしての風景画への萌芽意識を見ることはいっそう説得的であろう。たとえば、デユーラーとほぼ同じ一五二一年に、グリマーニ枢機卿のコレクションの絵画について、彼はこう記している。二、三引用すれば、

ネンプトロの塔を描いた大きなカンヴァス画。風景の中に実にさまざまなものや人々を伴っている（cun tanta

図1　ジョルジョーネ　《嵐》1505-07年頃
ヴェネツィア　アカデミア美術館

図2　ヨアキム・パティニール
《聖ヒエロニムスのいる風景》 1515-24年頃
マドリード　プラド美術館

varietà de cose et figure in un paese)。ヨアキンの作品。[*16]

車輪に縛り付けられた聖女カタリナを風景のなかに描いた（sopra la rota nel paese）大きなカンヴァス画。上述のヨアキンの手になる。[*17]

さらにヴェンドラミンの邸宅にあるジョルジョーネの《嵐》（図1）に言及した、一五三〇年のあまりに有名な記述にはこう記されている。

ジプシー女と兵士のいる、嵐を伴う風景のカンヴァス画（El paesetto in tela cun la tempesta）はカステルフランコのゾルシの手になる。[*18]

このように、風景は paese（ないしはその類語）という言葉によって指示されているが、ミキエルは彼の言及する当の絵画の際立った特色が何よりも paese にあると強調しているのである。実際、引用文中のヨアキンとはデューラーが「風景画家」と呼んだと同じヨアキム・パティニールのことだが（図2）、ミキエルにとってもこの画家の特色は何よりも paese を描くことにあると強く意識されていたわけである。

他方、ヴァザーリによれば、ティツィアーノは風景画を専門とする北方の画家たちを雇い入れていたらしく、[*19]仮に事実だとすれば風景画は画家のひとつの専門分野と見なされるようになっていたことを示唆しているに相違ない。

またほとんど指摘されないことながら、同じヴァザーリの『美術家列伝』をはじめとして、一六世紀イタリアでは、風景画を制作すること、描くことをしばしば、fare un paese, fare paesi, fare i paesi などと表現していることにも――いみじくも、リエージュの人文主義者ドメニクス・ランプソニウスはパティニールを始めとする北方画家たちの技を、pingere rura といった言葉で讃えていた[20]――留意しておくべきであろう。慣用表現のようなこうした言い回しは、風景画の自立的めばえを背景としなければ生じないことだからである。

しかしむろん、こういうことはなお可能ではある。イタリアの文化史家ピエロ・カンポレージは、一六世紀人にとって、「絵画的な眺め」や「眺望」、「景観」などはありえなかったと強調して、こう書いている。

> 一六世紀には今日的な意味での風景《パエザッジョ》(paesaggio)は存在しなかった。その頃存在したのは「土地の姿《パエーゼ》」(paese)である。これは今日わたしたちが地域(territorio)と呼ぶもの、あるいはフランス人のいう環境(environnement)に近く、自然環境の点から、そして人の居住形態と経済資源の点から見た場所あるいは空間を指した。手で触れられるほどに具体性をもったこの概念は、美学の領域には二次的に属していたにすぎない。[21]

カンポレージの記述は含蓄に満ちており、確かに強く意識しておくべきことであろう。とはいえ、これは一般論としてはきわめて正当だが、これとわれわれの見解の相違は、現実には強調する視点の相違でしかない。すなわち、カンポレージは近代的な意味での風景はまだなかったという心性の側面を強調し、われわれはそれでも風景画という自立したジャンル意識が一六世紀において発生しかかっている現場を捉えようとして、それを強調しているという次第なのである。断るまでもなく、実際には、それらはコインの表裏なのだ。

事実、一六世紀末のG・P・ロマッツォの『芸術論』[22]や、さらに一七世紀となれば、paese は明白に「ジャンル」としての風景画に化していることは、たとえばフィリッポ・バルディヌッチの『トスカナ語美術辞典』にこうあることからも明白であろう。

Paesi。画家にあっては、樹木、河、平原、また田舎や村にあるものなどとともに、田園戸外を表した種類の絵画のこと。[*23]

同様のことは、ジュリオ・マンチーニの『絵画論考』からも了解される。[*24] 彼は「模倣される事物の間の相違から生じる絵画の種類」を論じた個所で、絵画とはこの世界に見いだされる事物の模倣であって、それらは単純であるか複合的であるか、有生物か無生物か、単独の形姿であるか多数の形姿であるかのいずれかであるといった発想に基づいて、単純な風景と複合的な風景を区別しつつ、さらに肖像や歴史画について触れている。[*25] 言い換えれば、絵画全体の中で風景画に与えるべきポジションを強く意識しているのである。絵画の種類のシノプシスを示した図表を有する写本を一瞥するなら、ジャンルとしてのその風景画意識はいっそうはっきりするに相違ない。[*26]

2 「パレルガ」としての風景

このように、一六世紀において風景画は「ジャンル」として生成しつつあった、あるいは生成のはざまにあったのである。こうした「ジャンル」としての風景画の形成期の両義的《アンビギュアス》な性格を考える上で、イタリアのものではないにしても、先に紹介したピーチャムのテクストは再度精読してみるに値する。

Landtskip はオランダ［由来］の言葉である。それは英語で landship と言うのと同じで、われわれの視野に見られる限りの、丘、森、城、海、谷、廃墟、突き出た岩、都市、町々などによって土地を表現するわけである。

もしそれ自身で、あるいはそれ自身のために描かれるのではなく、他のものと関連して、それのために描かれるのだとすれば、いわゆる「パレルガ」(Parerga)と呼ぶもの、つまりは装飾の付け足し、しかし他の点では、別用には必要なもののうちに属することになる。[*27]

ここで二つのことに留意しておきたい。ひとつは風景画というものを説明するのに「丘、森、城、海、谷、廃墟、突き出た岩、都市、町々など」といったように、風景画に表象されるであろう、自然や外界に見られる様々なものを列挙していることである。これはすでに言及したように、ジャンルとしての風景画という固有名を持たなかった時代には――これから引用する事例からも了解されるように――古代でも近世においても、そのジャンルで描かれるものの多様性の美学(varietas)というかたちで指示され、参照枠とされてきたことに由来する形態と言うべきものである。

もうひとつは、風景を風景そのものとして描くのではなく、「他のものと関連して、それのために描かれるのだとすれば」、それはいわゆる「パレルガ」というものだと述べていることである。

おそらく、ここでピーチャムは歴史画などの背景その他に付加されるもの、付属物として描かれるものを「パレルガ」と呼んでいる。むろん、これは一面において絵画に付加される多様なものに、それ自体としての関心を払い、その価値を意識しているという意味において、varietas の裏面だとも言えるわけで、こうした発想はすでに一五二〇年代後半に記された、イタリアの人文主義者パオロ・ジョーヴィオに見られるものであった。

フェラーラのドッソの優美な様式は彼固有の作品において、とりわけ「パレルガ」(parerga)と呼ばれるものにおいて特に賞賛される。というのも、絵画の楽しい気晴らしに専念して、彼は切り立った岩、青々とした森、画

図３　ドッソ・ドッシ　《聖人のいる風景》　1520-20年代（？）
モスクワ　プーシキン美術館

面を横切る川の堅固な岸部、花に囲まれた農家の造り、農夫たちの陽気な骨折り仕事、そしてまた大地や海の遠望、船、鳥撃ち、狩りなど、気前よくにぎやかに取り入れて眼を喜ばせるあらゆるその種のジャンル（genus）を描くことに没頭しているからである。[*28]

ゴンブリッチが指摘したように、ジョーヴィオは「パレルガ」という言葉を用いたとき、プリニウスを意識していたに相違ない。[*29]というのもプリニウスは、プロトゲネスのアテネの壁画について、「彼はそれらの中に、かの有名な《パラロス》と、《ナウシカ》と呼ばれることもある《ハンモニアス》の絵を描き、それに幾つかの小さな戦艦の絵、画家たちによって「パレルギア」（parergia）と呼ばれているものを描き加えた。これは彼の絵がどんな出発点に由来して、輝かしい頂点に達したかを示すためであったという」と述べているからである。[*30]すなわち、この人文主義者は、イタリアという風景画を正当化するにはなお距離感のあった地域において、[*31]画家自身の出自も描いたものも一見とるに足らないにもかかわらず、ついには栄光の高みに達したという古代の巨匠プロトゲネスの権威を盾にして、換言すればイタリアの古典文化研究の伝統を背景にして、[*32] ドッソの絵画を擁護しているわけであり、またジャンルという言葉を用いることで、彼はすでにドッソの絵が際立った特徴を持っていると――今日のわれわれには一見風変わりなそれらが、ときに今日的な風景画らしくは見えないとしても（図3）[*33]――認識しているのである。むろんいかなるジャンルか、彼は明言していない。しかし古典文化を盾に風景画を合理化した彼であれば、古代ローマ美術史上の謎に満ちた風景画家ストゥディウスのことを知っていたに相違ないし、あるいはドッソを彼に擬していた可能性もじゅうぶん考えられよう。[*34] プリニウスはこう書いている。

またアウグストゥス陛下の時代の人ストゥディウスについても、その正当な評価をごまかしてはならない。彼は壁に、別荘（villas）、柱廊（porticus）［港（portus）?.][*35]、風景庭園（topiaria opera）、木立（lucos）、森（nemora）、丘（colles）、養魚池（piscinas）、運河（euripos）、河（amenes）、海岸（litora）、そして人が望みうるものは何でも、それからまた逍遥している人々、ボートに乗っている人々、あるいは陸上をロバや馬車に乗って別荘へ赴く人々、そしてまた魚釣り、鳥獣の狩猟、ブドウ摘みをしている人々などまで描く、もっとも魅力ある画風をはじめて導き入れた。彼の絵には、沼地を横切った道を通って行けるすばらしい別荘、女たちを担いで市場へよろよろよたよた歩いてゆく男たちなどを描いたものや、きわめて機知に富んだ図柄の滑稽な絵が数多くある。彼はまた、海岸の町々の絵を用いて、屋根のないテラスを飾り、たいへん気持ちのよい効果を、しかもごくわずかな費用で与える方法を導き入れた。[*36]

このようにストゥディウスは様々な事物の見られる情景を描いたわけで、そこには「風景庭園、木立、森、丘、養魚池、運河、河、海岸」のような自然の外界と直接結びつくモティーフも多々あった。ストゥディウスは――プリニウスの言葉を文字通り信じて、そうしたジャンルの創始者だったとすべきかどうかは別としても——おそらくそうしたジャンルの第一人者だったのであろう。

ここで、ストゥディウスの描いたという絵画の記述はプリマ・ポルタのリウィアの別荘の風景画以上に、同じリゥイアの家のイエロー・フリーズのような風景画など、ポンペイ第二様式や第三様式初期の風景描写を連想させるものではあるが、彼の絵画の実際をめぐる、古代美術史家たちの詳細な検討にはあえて立ち入らず[*37]——古代には庭園画、神話的風景画、あるいは別荘風景画、海岸都市風景画のような建築的風景画、牧歌的神域風景画など、多様な傾向の風景画があった——大きな枠組みで考えるなら、古代においては、ヘレニスム以降こうした風景画が次第に隆盛していったと考えられる。[*38]

実際、紀元前二世紀にローマで活躍したアレクサンドリア出身のデメトリオスは、ディオドロス・シクルスによって「トポグラフォス」（τοπογράφος）と呼ばれており、[*39]この「場所《トポイ》」（τόποι）を描く者とは、地誌や地図を絵画で描く者、あるいは風景画を描く者など、多様に取れるとはいえ、仮に風景図のようなものだったとすれば、たとえば《ナイル・モザイク》のような地誌的風景図を先駆する制作者だったと推測されている。[*40]

さらにプリニウスと並んでよく知られる、アウグストゥス時代の著作とされるウィトルウィウス『建築論』（第七書第五章）での名高い言及を思い起こしておこう。

はじめて壁画に道を開いた昔の人たちは、まず大理石の面の変化や配列を模倣し、次いでコローナや黄土色の隔て縁のそれぞれ変わった配列を模倣した。その後、建物の形状や柱と破風の凹凸をさえ模写するようになったけれども、エクセドラのような開放的な場所には、壁面も大きいので、悲劇風や喜劇風あるいは風刺劇風にスカエナエ・フロンスを模し、また遊歩廊は、壁の長さがじゅうぶんなので、各地の特有な特徴を捉えた姿を表現した多様な風景で飾った（varietatibus topiorum ornarent ab certis locorum proprietatibus imagines exprimentes）。すなわち、港（portus）、半島（promuntoria）、海岸（litora）河（flumina）、泉（fontes）、海峡（euripi）、神殿（fana）、森（luci）、山（montes）、家畜（pecora）、牧夫（pastores）が描かれ、またある場所では神々の像あるいは物語の整然たる展開、さてはトロヤ戦争あるいはウリクセス〔オデュッセウス〕の諸国遍歴、その他これらと類似の領域で自然界が生み出した事物を内容とする大絵画（megalographiae）が描かれるのである。[*41]

ここでウィトルウィウスは、彼の時代に至る壁画装飾の展開を辿っているかのようである。まず大理石の化粧板を模倣するいわゆるポンペイ第一様式について語った後、建築のイリュージョニスムをすら模倣する第二様式を想起させる作風に触れている。そしてエクセドラのような開かれた場所に描かれる舞台風のスカエナエ・フロンスを模した装飾に言及し、[*42] さらに遊歩廊（ambulationes）は多様な風景（varietatibus topiorum）で飾られることに留意している。そして大絵画に触れて、トロヤ戦争、オデュッセウスといった主題に言及しているわけである。

断るまでもなく、ルネサンスの人々はこうした古代絵画をほとんど知らなかった。しかし彼らは、プリニウスやウィトルウィウスのテクストを通して、古代美術に関する多くの情報を得ていたことに疑問の余地はないに相違ない。[*43] たとえば、アルベルティは、歴史画の重要性を説いた箇所で多様性をことほいでこう言っている。

> 歴史画で、まず第一に快感を与えるものは、描かれるものの豊富さと多様性とから生じる。……わたしは、歴史画はもっと賑やかであるべきだと主張する。その中にあって、老人、青年、少年、婦人、少女、幼児、鶏、子犬、小鳥、馬、羊、建物、田園その他あらゆる同様のものは、適当な場所に入り混じっているべきである。[*44]

ここには、プリニウスやウィトルウィウスが列挙した風景画中のモティーフの遠い残響が聞こえるかのようでもある。

さて、これまでわたしたちはルネサンス期の風景画意識は、一五世紀後半から一六世紀初頭に強く前景化するとともに、しばしばパレルガの意識と相補して立ち現れて認知され、さらにそこにはときに古代テクストの影すら浮遊したらしいことに触れてきた。とすれば、さらに進んで、こう問うてみることも許されるであろう。古代の著作家たちの記述にあるような、不詳の古代の風景画を蘇生させようとする絵画は、ルネサンスに制作されたのだろうか、言い換えれば、いわゆる「エクフラシス」的な風景画は存在したのか、と。

3　ローマの風景壁画（1）——エクフラシス、あるいはヴィッラ・ベルヴェデーレ

こうした問は、イタリアにおける風景画の発展を考えるとき、ちょうど近世において隆盛した静物画において、古代の記述との何らかの接点を想定しうるのと同様に、きわめて魅力的な問であると言ってよいであろう。そして資料の不足から、断言は避けるとしても、[*45] あっても不思議でないという蓋然性はじゅうぶん存在しうるように思える。

そこで、この問題を意識しつつ、ここでは特に古代復興の一中心であったローマを中心に、その風景画の実際のありようを検討してみることにしよう。この意味で注目に値するものこそ、かつてヴァチカンにあったヴィッラ・ベルヴェデーレの壁画である。とはいえその前に、ローマの風景壁画に関わる若干の事実を想起しておくことはたいそう重要である。すなわち、ヴェネツィアなどと異なり、一六世紀の後半まで、ローマでは、独立したタブローとしての風景画の制作はそう盛んではなく、風景画は主に版画、素描、フレスコ画などの媒体で制作された。またそれらは、フレスコ画を別とすれば、ローマの画家たちではなく主にこの芸術都市にやってきた北方の芸術家たち

図4　ヴィッラ・ベルヴェデーレの景観

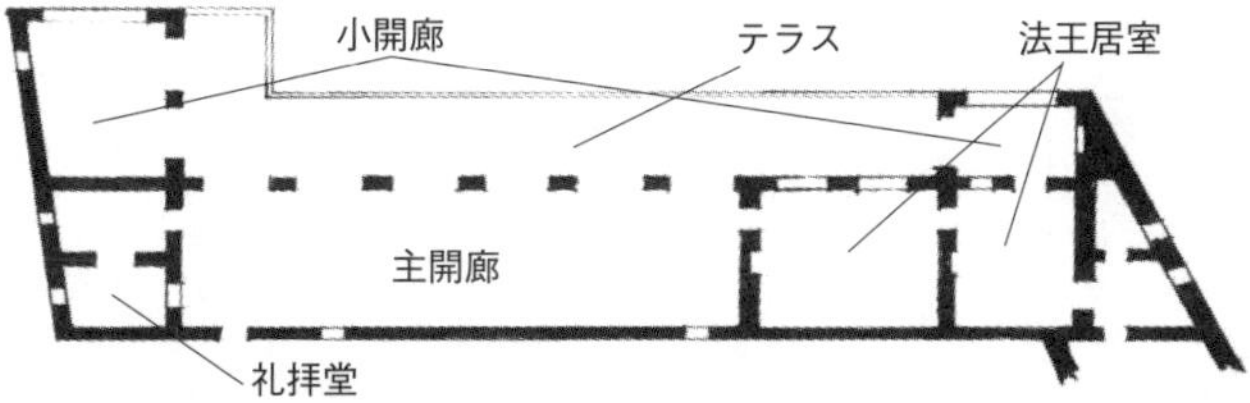

図5　ヴィッラ・ベルヴェデーレのプラン（D. R. Coffin, 1979による。若干の説明は筆者）

図6　ピントリッキオ《都市景観のある風景断片》 ヴィッラ・ベルヴェデーレ　開廊

によって制作されたのである。このようにローマの重要な風景画が壁画に傾くのは、イタリアに到来する前の北方の芸術家たちは概してフレスコ画の経験に乏しかったことばかりでなく、パトロンたちが風景画ほど北方の芸術家たちの歴史画を評価しなかったこと、また邸館の壁面全体をタブローで飾るという趣向はまだ一般化していなかった要因も大きいと考えてよいに相違ない。[*46] ローマにおける風景壁画がわたしたちに興味深いと思えるのは、こうした意味合いを考慮してのことである。すなわち、それは歴史画と比してなおイタリア的主題とは言い難かった当地における風景画のありようを、もっともよく反映しているとも言えるのである。

さてヴィッラ・ベルヴェデーレ（図4）はローマに建てられたルネサンス最初の古典的ヴィッラと評されるもので、[*47] また北向きの、しかし若干東に向かった位置はウィトルウィウスの『建築論』を意識したとも言われる。[*48] さらにヴァザーリの『美術家列伝』に従えば、一四八四年、ピントリッキオは教皇インノケンティウス八世によって「ベルヴェデーレ宮の幾つかの部屋や開廊」の絵画装飾を委嘱された（図5）。「そこに彼はとりわけ、教皇の要望に従って、風景でいっぱいにした開廊（una loggia tutta di paesi）を描いた。またフランドル風のやり方でローマ、ミラノ、ジェノヴァ、フィオレンツァ、ヴィネツィア、ナポリの姿を描いた。これはその頃まで、まったく用いられなかったものなので、たいそうな満足を与えたのであった」[*49]。

インノケンティウス八世の委嘱になる装飾は、実際にはヴァザーリの言う一四八四年より後に完成したと推測されるものの、[*50] ちょうど部屋の外に広がる風景を思わせるかのように、実際の柱によって描かれた風景を枠どった壁画は——おそらく風景画を使用したひとつの理由は、まさにその名前「絶景」（belvedere）を意識していたからだろう——一八世紀の改築でひどく損なわれ、残念ながら今日では幾つかの断片のかたちで、わずかにその面影を留めるにすぎない[*51]（図6）。しかし「その頃まで、まったく用いられなかったもの」だったため、たいへん賞賛されたというこの装飾手法の源泉は、プリニウスやウィトルウィウスのテクストにあっただろうという推測は、J・シュルツ以来広く肯定的に受け止められてきた。[52]

実際、都市をあしらいまた様々な事物を描いたと思しき開廊の装飾は、たとえば「遊歩廊は、壁の長さがじゅうぶんなので、各地の特有な特徴を捉えた姿を表現した多様な風景で飾った」といったウィトルウィウスの記述を限りなく連想させるであろう。[53] シュルツはさらに踏み込んで、初期ルネサンスの美術家たちはポンペイ第二様式に代表されるような、古代の建築的イリュージョニスム絵画を知っており、「新たな古典的風景モティーフと、伝統的であるとはいえ新しくもあるイリュージョニスムの建築的枠組みの結接」こそ、こうした古代のテクストを視覚化し、その種の装飾を行うときの、もっとも分かりやすい仕方だったのだろうと考えた。[54]

むろん、これは容易に証明し難い推測である。しかし往々アルベルティの関与を取りざたされるヴァチカンのビブリオテカ・グレカなど、[55] 古代のイリュージョニスムを連想させる絵画は一五世紀後半から見られるし、[56] ローマのロードス騎士団の家（Casa dei Cavalieri di Rodi）や、ベッサリオン枢機卿の家（Casina del Cardinal Bessarione）など、ローマではヴィッラ・ベルヴェデーレよりやや以前、あるいはほぼ同時期に、より単純なかたちながらベルヴェデーレのそれと類似した趣向が現出していることは事実であって、特にロードス騎士団の家はベルヴェデーレ同様、ピントリッキオの手になるという推測すら行われている。[57] 他方、一四八〇年頃あるいは一五世紀末から知られるに至ったとされるドムス・アウレアのような絵画装飾を除いて、古代のローマ絵画はほとんど知られておらず、仮にその当時知られ後に失われた絵画サイクルなどの存在を勘案しても、[58] その実態は不明で影響は散発的であったろうと思われることからすれば、[59] S・オリヴェッティが指摘するように、一五世紀後半の芸術家たちはむしろ——制作委嘱した教養あるパトロンの示唆によって（いみじくもヴィッラ・ベルヴェデーレの場合、『美術家列伝』は「教皇の要望に従って」と証言している）——プリニウスやウィトルウィウスのテクストからそうしたイメージを想像したか、あるいはこれらの古代著作家のテクストをよく知悉していたレオン・バッティスタ・アルベルティなどの著作から感化されたと、まずは無難に推測しておくべきであろう。

実際、古代の邸宅の壁面装飾や庭の装飾を論じたアルベルティの『建築論』(第九書四章)のテクストには、こう記されている。それもまたなかんずくウィトウィウスの挙げる風景画中のリストを縮約したかのようで、さらには魚取り(piscationes)、狩猟(venationes)、泳ぎ(nationes)、遊戯(agrestium ludos)など、『博物誌』における画家ストゥディウスの愛惜した楽しい人間活動との類縁も注目される[*60]。

また絵画には詩と同様、種々のものがある。あるものは君主の威信を物語るために最大の偉業を描写し、あるものは自宅における市民の風俗を、あるものは農夫の生活を描写する——その最初のものは壮麗であり、公共建造物や特に目立つ建造物に取り付けられよう。一方、第二のものは市民住宅の壁に装飾として付けられ、最後のものは庭園に最適である。というのも、それがあらゆるもののなかで最も人気があるから。われわれは美しい地方の絵や、港、漁獲、狩猟、遊泳、花や緑に被われた田野での遊びの絵を眺めると、気が晴れ晴れとする(Hilarescimus maiorem in modum animis, cum pictas videmus amoenitates regionum et portus et piscationes et vennationes et nations et agrestium ludos et florida et frondosa)……[*61]。

さらにアルベルティとの関連で指摘すれば、ヴィッラに風景画を描くという発想自体——前述したbelvedereという名前に加えて——いわゆるlocus amoenus、すなわち心地よき場所を表現しようという意識のあらわれに相違ないと考えられる。ヴィッラに風景その他の景観を描くというアルベルティの上記の言葉も、こうした古代以来の発想の延長上にあるものに他ならず、またヴィッラ・ベルヴェデーレは高所に置かれたことにも、ヴィッラは高いところにあるべしという『建築論』の忠言との類似を指摘しうるだろう[*62]。

（私邸は）高いところが望ましいが、そこに至るまで、行く人もそれと気づかぬほどの緩やかな丘沿いの道をとりたいものである。そして一度登りつくと、その高みから何の妨げもなく周囲の田園が見渡せる、という次第である。[*63]

さらに、ヴィッラ・ベルヴェデーレの風景画と関連して、あえて三つのことを指摘しておくべきであろう。ひとつは、一五〇六年から一五二八年の間の著書とされる『シエナ史』の中で、著者のシジスモンド・ティツィオ（一四五八－一五二八）はピントリッキオの絵画を古代ローマの画家ストゥディウスの模倣だとしていることである。これは特にヴィッラの絵画のことを言ったわけではないにしても、俯瞰的に風景や都市を配して建築で画する彼の絵画を古代画家の模倣としているのである。[*64]このことの意味は小さくない。すでにジョーヴィオの場合に示唆したように、風景画は古代のテクストによって正当化されうる可能性があり、ルネサンスの知的な美術愛好家たちはそれを知っていたということ、そしてまたひとたびそうした知識が共有されてしまえば、画家たちにおける風景画意識もおおきく広がったに相違ないことを示唆しているからである。

第二に、ピントリッキオは、すでにM・カルヴェージが推測したように、俯瞰的にしてトポグラフィカルな古代の風景表象、すなわちパレストリーナにあった《ナイル・モザイク》（**図7**）を知悉していた可能性がありうることである[*65]（**図8、9**）。彼の研究以後、近年になってこのモザイク画は、少なくとも一四七七年から一五〇七年のいずれかの時点では、すでに人々に知られていたと判明したが、[*66]仮にカルヴェージがもともと推測したように、ずっと以前から知られていたとすれば、アルベルティすら《ナイル・モザイク》と接触していたとしても不思議でなく、前述の『建築論』（第九書四章）の言及自体、その漠たる投影だった可能性も、必ずしも皆無ではないかもしれないので

図7　《ナイル・モザイク》 前80年頃　パレストリーナ　国立考古博物館

図9 《ナイル・モザイク》（部分）

図8　ヴィッラ・ベルヴェデーレ　壁画断片
壁画細部

ある。[*67]

第三に、ヴァザーリはこの壁画にフランドル風の趣向（alla maniera de' Fiaminghi）を認めていることである。これが何を意味しているのかは明確でないが、イタリアの風景画に占める北方美術の意味を考えるとき、留意するに値する証言であろう。[*68] 以下に見るように、古代とフランドルの交錯は、一六世紀ローマの風景壁画において、ひとつの重要な補助線となっていくからだ。

4　ローマの風景壁画（2）
――古代風（all. antica）／フランドル風（alla fiamminga）の共存と融合

一六世紀初頭の盛期ルネサンスのローマ美術を主導したのは、他の誰よりもラファエッロである。彼自身、風景表現に優れた感受性を発揮したが、彼の弟子たちもまたそうであった。バルダッサーレ・ペルッツィによるヴィッラ・ファルネジーナの「遠近法の間」の四面を壮麗に飾るフレスコ壁画は、[*69] 壁龕に描かれた彫像やそのモニュメンタルな空間構成に、ラファエッロの《アテネの学童》の遠い余韻を残している（図10）。また柱間から、サント・スピリト・イン・サッシア聖堂の建築群や、ヴィッラ・メッリーニの立つモンテ・マリオの丘などがほの見えるローマ風景は、やがて一六世紀ローマのヴィッラで流行するトポグラフィカルな風景画を先駆するもので、この建物をすでにヴィッラ・ベルヴェデーレで見た locus amoenus のような風景に化そうとする工夫であると同時に、そのトロンプルイユの表現はまるで堂々とした風景という名の舞台表現の先駆的演出を試行しているとも評し得よう。[*70]

しかしさらに注目したいのは、これとほぼ同時期になされた、ラファエッロのロッジアである。そこにはラファエッロ工房の画家たちによる、当時のローマとしては巧みな風景表現を見出すことも困難ではないのである（図11）。

図12　ラファエッロ工房　《古代風の風景》1517-19年　ヴァチカン　ラファエッロのロッジア（Pilastro13A外側）

図10　バルダッサーレ・ペルッツィ「遠近法の間」ヴィッラ・ファルネジーナ　1517-19年

図11　ラファエッロ工房　《モーセの発見》 1517-19年　ヴァチカン　ラファエッロのロッジア

また同じロッジアの付柱装飾に見られる風景画に留意しておくべきであろう（図12）。これはリュネット中の小さな絵画で、異例に細い柱に支えられた廃墟など何とも奇妙で単純な作品ではあるにしても、いささか古代風（all'antica）の風景画を連想させる作品としてたいそう興味深い。

もとより、一六世紀に入れば、ローマに滞在したことのあるアミーコ・アスペルティーニによる、一五〇六年のオラトリオ・ディ・サンタ・チェチリアのフレスコ画などに証されるように、[*71] ドムス・アウレアからの示唆を見ることはごく容易になる。そしてそれはこの風景画の場合も不可能ではないにしても、[*72] しかしこの絵画と直接に対応する作品を指摘しうるというわけではない。むしろ古代絵画というものの実相を多少とも窺い知るようになった芸術家たちは、古代風の風景画というものをどのようなものとして提示したがったか、そのファンタジアの証言として見る方がいっそう適切であるのかもしれない。[*73] 一六世紀の風景画は、しばしばドムス・アウレアなどに見られる古代の略画（コンペンディアリア）の様式を「模倣」したという以上に、彼らなりに同化吸収し、「発明」している可能性を示唆しうるものかもしれないのだ。

ラファエッロのロッジアの制作には、彼の工房の数多の画家たちも参与した。そのひとりであるポリドーロ・ダ・カラヴァッジョは、一六世紀前半のローマにおけるもっとも刮目すべき風景画を残している。一五二五年に描かれた、サン・シルヴェストロ・アル・クィリナーレ聖堂のフラ・マリアーノ礼拝堂の左右両側壁を飾る二点の作品、《マグダラのマリアの物語のある風景》（図13）と《シエナの聖女カタリナの物語のある風景》（図14）のことである。それらは、まずもって聖なる宗教空間に、著しく風景表現の際立った画像を配している点で、来訪するいかなる観者をも驚嘆させるにじゅうぶんなものであろう（図14）。ヴァザーリは、これらの作品を絶賛して、「サン・シルヴェストロ・ディ・モンテカヴァッロで、彼ら〔ポリドーロとマトゥリーノ・フィオレンティーノのこと〕はフラ・マリアーノの家と庭園のために、幾つかの作品を制作した。また彼の聖堂に絵を描き、聖女マグダラのマリアの物語の二場面に彩管を揮った。そこにはたいへんな優美と思慮を発揮して制作された風景がある。ポリドーロはまことにどんな画家よりも上手に風景や樹木、岩を制作した。彼はその技において、今日、芸術家たちがその作品で用いる巧さ《ファチリタ》の元祖だったのである」と述べ、また彼は「あらゆる種類の人像、動物、建物、グロテスク装飾、風景」を見事に制作したので、万能でありたいと願う芸術家はみな彼を模倣したと、ポリドーロの芸術における風景画の格別の重要性をことほいでいた。*74

図13、図14
ポリドーロ・ダ・カラヴァッジョ
（上）《マグダラのマリアの物語のある風景》
（右）《シエナの聖女カタリナの物語のある風景》
1525年　ローマ　サン・シルヴェストロ・アル・クィリナーレ聖堂

《マグダラのマリアの物語のある風景》は、前景にノリ・メタンゲレ、後景の神殿のポルティコに洗足の場面を配し、上方には四天使によって空中に運ばれ、精神の支えを得たという聖女の挿話を描いている。また《シエナの聖女カタリナの物語のある風景》でも、画家は同様に物語場面を挿入している。しかし絵画の中のこうした場面はあたかも添景人物《スタッファージュ》のように見え、むしろわたしたちの眼を強く惹きつけてやまないのは、画面全体を覆うその風景表現の方である。

図15　チェーザレ・ダ・セスト／バルナッツァノ
《キリスト洗礼》　個人蔵

実際、一六世紀初頭のローマの風景壁画全体にあって、これらの作品をとりわけ重要なものにしているのは、しばしば純粋風景画を先駆する作品のひとつとか、アンニーバレ・カラッチ、プッサン、クロード・ロランなど一七世紀の理想的風景画の遠い先駆などと目されてきたからに他ならないので、確かに水平、垂直の構図をなすとともに、前景から後景へと幾つかの層をなす空間を構成するその絵画構成から、後代の理想的風景画を連想するのはそう困難でない。さらに印象深いのは、古代風の雰囲気を喚起するイタリア的あるいはルネサンス的な建築物の布置と、限りなく北方絵画を想起させる――すでにこの時期のイタリア各地の絵画には、壁画ではないにしても、北方絵画の感化を思わせる作品は多数存在する[*75]（図15）――峨々たる山嶺の妙であろう。

こうした作品の生まれた背景は様々に推測可能で、これまでも北イタリアというポリドーロの出自をはじめ、師のラファエッロやペルッツィたちの感化、ヤン・ファン・スコレル、ヨアヒム・パティニールといった北方絵画や北方版画の影響、ティツィアーノ、セバスティアーノ・デル・ピオンボなどヴェネツィア派との何らかの関連など多様に憶測されてきたものの、その実体――なかんずく北方美術との接触の具体層――は、なお明確になっているわけではない。

とまれこうした作品のさらなる延長上に、カステル・サンタンジェロにあるファルネーゼ家出身の法王パウルス三世の居所《アパルタメント》に見られる、魅力ある風景壁画を見てみよう（図16）。カステル・サンタンジェロの装飾画は、ラファエッロの弟子だったペリン・デル・ヴァーガを始めとする画家たちの手になるもので、特に「サーラ・パオリーナ」はローマにおける盛期マニエリスムの代表作と評してよい作品に他ならない。その制作に関与した画家たちのひとりに、フランドル出身のコルネリス・ローツがいたことは、一五四五年の支払い記録から推測される。[*76] わたしたちの眼を引くのは、この居所の図書室へと通じる狭いトンネル状の回廊、すなわちドムス・アウレアやグロテスク装飾への頌辞とも評すべき作品と化した、今日いわゆる「ポンペイの回廊」（Corridoio Pompeiano）の名で呼ばれる回廊のことである。これはペリン・デル・ヴァーガの共作者ルツィオ・ロマーノの主導下に制作されたが、ここで特に留意したいのは、古代風のグロテスク装飾の中に挿入された三点の風景画に他ならない（図17）。

ニコレ・ダコスの仮説によれば、それらはコルネリス・ローツの制作したものであるという。[*77] というのも、前述のように彼は一五四五年、カステル・サンタンジェロ関係の仕事で支払いを受けているうえに、その後現存する一五六三年以降の資料から推測すると、グロテスク装飾などの装飾画の間に風景画を描く画家として活躍した可能性を排除できないからで、ティヴォリ、グロッタフェッラータ、カプラローラその他で活動しているのである。もしそうであるとするなら、「ポンペイの回廊」はイタリア的な趣味とフランドル的な趣味を併存させているとも言いえよう。ちなみに一五四六年、ローツはペリン・デル・ヴァーガたちとドムス・アウレアを探訪しており、そこに自分たちの名前を刻み込んでいるほどなのである。

このローツのドムス・アウレア探訪に象徴されるように、ローマとはイタリア人にとってのみならず特に外国人にとって、古代の栄光を映し出す都市にして古代芸術を学ぶ世界であり、それゆえ、その風景画はしばしば廃墟のモニュメントを伴う風景画となることも決してまれでなかった。

さらに古代文化とフランドルの融合は、様々なかたちをとってローマの風景壁画に観察されると言ってよいよう

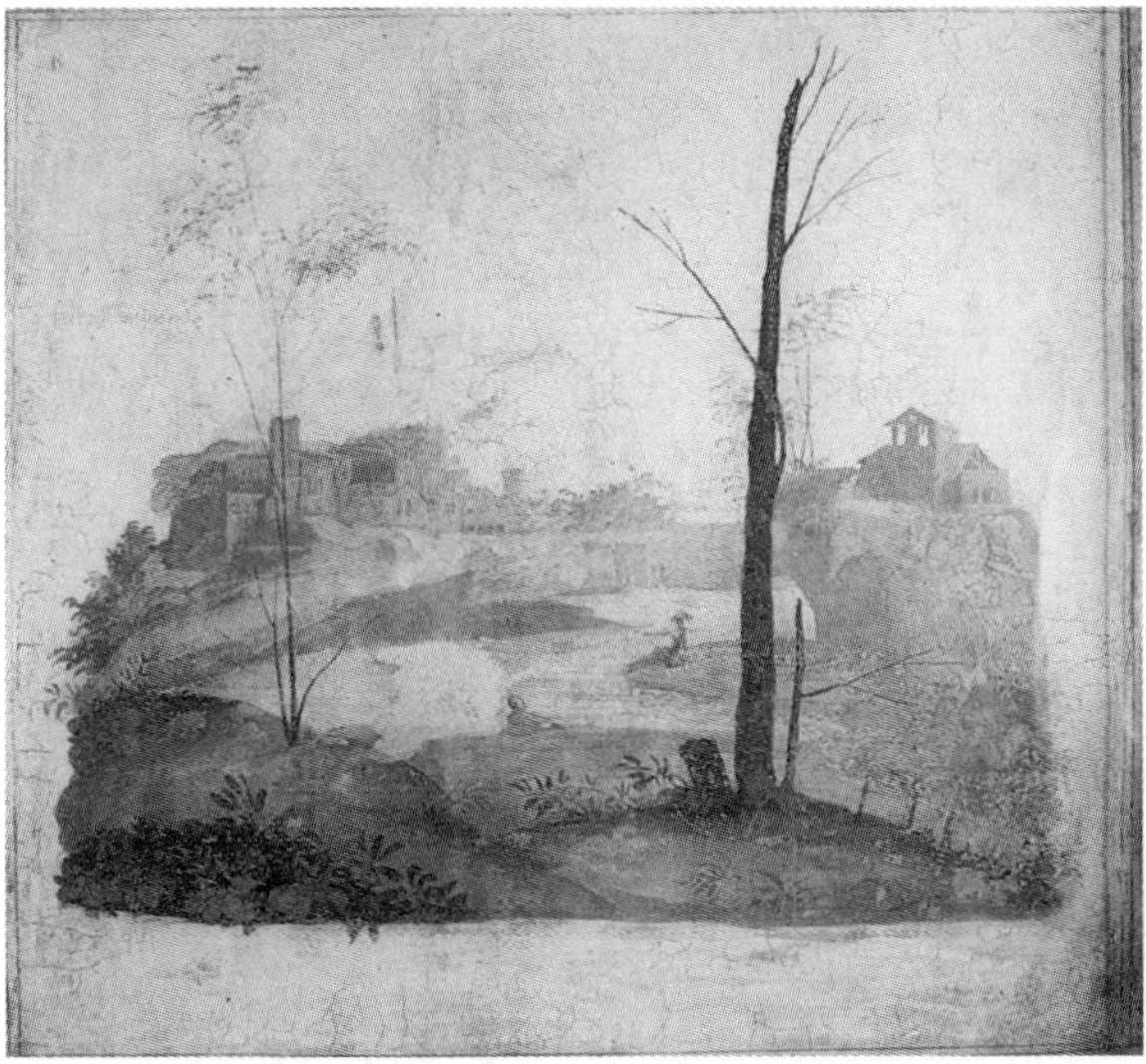

図16、17　コルネリス・ローツ(?)
(上) ポンペイの回廊内の《廃墟のある風景》
(下)《廃墟のある風景》
1545年頃　ローマ　カステル・サンタンジェロ

図18　ミヒール・デ・ハスト（?）
《ヴィッラ・ジュリアのある、フラミニア街道のユリウス３世の泉》
1553年　ヴィッラ・ジュリア　七つの丘の間

に思われる。ヴィッラ・ジュリアの「七つの丘の間《サーラ・デイ・セッテ・コッリ》」のフリーズ帯を飾る魅力あるフレスコ画（実際には、ヴィッラ・ジュリア自身のある丘を描いたものを含めて八つからなる）は、ローマを支配する教皇ユリウス三世の権威を表象すべく、その名前（ジュリオ・デル・モンテ）を意識した丘陵《モンテ》の風景画となっている（図18）。しかしそれは、現実の景観をただ単純に再現しようと意図したものではない。その「場所」をよく喚起させるために、時間的、時代的に異なるものをあえて並置した、D・リブイヨーの巧妙な言葉を借りれば「アナクロニズム」の風景画なので、いわば「場所」の歴史的、神話的ランドマークを意識した、地図的、地誌的発想にも近い風景画の表象なのである。[*78] このフレスコ画は、パラッツォやヴィッラの壁画装飾として流行したフリーズ帯風景画の典型のような作品ながら、しかし作者の帰属はきわめて難しい。ヴィッラ・ジュリアの装飾は、一五五三年にプロスペロ・フォンターナの工房において着手されたものの、記録資料によって作者を決定することはほとんど不可能で、タッデオ・ズッカロだとも、フランドル出身のミヒール・デ・ハストだともされるとはいえ[*79]——コンセルヴァトーリ宮の「鷲の間」の風景画（一五四〇年代中葉）も彼の手になるという[*80]——むしろ強調に値するのは、イタリアとフランドル趣味の併存・同化がいっそう進んでいるということの方である。たとえば、ラファエッロのロッジアは、一五五〇年代にユリウス三世の下で手直しされているが、ときにダニエレ・ダ・ヴォルテッラに帰されることもある風景画を見れば、そのことはいっそうよく了解されよう。[*81]

とまれイタリアの蒐集家たちは好んでフランドル絵画を購入していたし、時代の推移とともに北方風景画の魅力は、イタリア人には何とも抗し難いものに思われた。ジョルジョ・ヴァザーリは一五四八年、ベネデット・ヴァルキ宛の高名な書簡の中で、北方の風景画の流布をいささか大仰に証している。[*82] それはおそらく、観者にとって、風景画は画家の再現能力、ミメーシスの魅力を受感しやすいばかりでなく、その自由な創意をも見やすいという、今日のわたしたちの感性を多少とも先駆する現象でもあったのであろう。一六世紀中葉の、ミケランジェロの周知の毒舌を思い起こすべきなのは、まさにこうしたコンテクストにおいてであるに相違ない。フランシスコ・デ・ホランダの『ローマでの対話』の中で、対話者のひとりミケランジェロは、フランドルの風景画だけは彼らの特技だと認めつつも、イタリアの絵画に比すれば理論も技術もあったものではないと、強く否定しやっている。

フランドルでは、画家たちはまさしく、外に付いた視覚を欺くために、あなた方を陽気にさせるものや、あるいは聖人や預言者のように悪口を浴びせることのできないものを描きます。彼らの絵画は、風景と呼ばれる（a que chamam paisagens）、ぼろ切れ、壁、野原の緑、木陰や河や橋、それにあちらこちらに散在する多くの人物からなります。これらすべてはある人々の眼にはよいと映るでしょう。しかし実際には、理論も技術もなく、均整も比例もなく、取捨選択も自在さにも欠け、内容もなく活力にも欠けています。これだけは、他の場所ではフランドルよりも下手に描かれます。わたしがフランドル絵画を悪く言うのは、絵がすべて下手だからではなく、多くのことをうまく描きたがるがあまりに、どれひとつとして上手に描けないからなのです。[*83]

図19　泉の間　ティヴォリ　ヴィッラ・デステ

いみじくもこうした対話は、先述したポリドーロ・ダ・カラヴァッジョの特筆すべき風景壁画を有するサン・シルヴェストロ・クィリナーレ聖堂でなされたのだが（それゆえ同聖堂の中庭《キオストロ》は今日「ミケランジェロのキオストロ」と呼ばれている）、ミケランジェロはどこで制作されようと、まさしくイタリア流の絵画のみが真の絵画なのだとほとんど強弁に近い言を弄してやまないのである。それは彼の美学であるばかりでなく、むしろフランドル絵画の流入という状況に対峙する巨匠の危機感の裏返しとも言えるものであろう。実際、彼はフランドルの絵画は「風景と呼ばれる、ぼろ切れ、壁、野原の緑、木陰や河や橋、それにあちらこちらに散在する多くの人物」をそれらしく描いた、すなわちパオロ・ジョーヴィオが風景画のために用いた言葉を借用すれば、単なる「パレルガ」以上の絵画ではないのだと――ただしそれをポジティヴに意義付けるために用いたジョーヴィオとはまさしく真逆に――「パレルガ」としての風景に対してきわめてネガティヴな評価を下している次第なのだ。

しかしこうした抵抗にもかかわらず、風景画に対する嗜好は、決して逆流することはなかった。ローマ近郊、ティヴォリのヴィッラ・デステにある、ジロラモ・ムツィアーノとその工房の手になる高名な「泉の間」や、その他の居室の風景壁画を一瞥すれば十分であろう[*84]（図19）。北イタリア出身のムツィアーノはローマに来て、風景画に着手するや、自らの天分ゆえにそれらを非常に見事に制作したため、「ローマのすべての画家たちから風景画の若者（il giovane dei paesi）と呼ばれるようになった[*85]」という忘れがたい逸話の持ち主で、ファン・マンデル、ボルギーニを始め、風景画家としての彼の才能を称える言及には事欠かない画家ですらあった。ただし「泉の間」その他の風景壁画は、こうしたジャンルの専門画家だったマッテオ・ネローニ・ダ・シエナの手に帰そうとする推測もあって、議論は収束しているわけではない。

とはいえ、ここで留意に値するのは、こうした壮麗な作品が雄弁に物語るように、一六世紀後半になると、庭園やヴィッラの壁面をほぼ全面的に風景で装飾することも、当然視されるようになっていたことである。それはアルベルティ以来の、ルネサンスにおける decorum の美学の視点から見ても、もはやいとも容易に正当化しうるものと化したのである。実際、一六世紀末にG・B・アルメニーニは、ウィトルウィウスやアルベルティを意識しつつ、「庭園やヴィッラの家に制作される絵」に携わる画家たちに対して、場所にふさわしい適切な題材を描くべきであると強調しながら、たとえば客間などのフリーズ帯には「詩的なもの（cose poetiche）」のある物語を、庭園の壁面、ポルティコ、開廊といった開かれた場所には「遠くの町、城、劇場、港、魚釣り、狩り、遊泳、牧童やニンフの戯れといったものなどがある、喜ばしい風景（paesi dilettevoli）」を描くようにと強く勧めているほどだったのである[*86]。

そのうえまた、いっそう面白いことに、ヴィッラ・ファルネジーナにおけるラファエッロの「プシュケーの間」を描いた複製版画において、ケルビーノ・アルベルティは実際には窓となっている、ヴォールト下の開口部のリュネットに、事実に反してわざわざ架空の風景を配しているほどなのだ（図20）。

とすれば、一六世紀における趣味の大きな変動の中で、ローマにおけるフランドルの画家たちの活動はいっそう顕著なものとなっていったとしても、けだしとうぜんというべきであろう。それゆえ、ローマ市中をナジアンスの

図20　ケルビーノ・アルベルティ　《開口部に風景をあしらった「プシュケーの間」》

図21　マテウス・ブリル　「風の塔」内部の風景装飾　1580-83年（？）　ヴァチカン

聖グレゴリオの聖遺物の搬送を行う教皇グレゴリウス一三世という、一五八〇年六月一一日に挙行された同時代の出来事を描いたグレゴリウス一三世のロッジェのフリーズ帯装飾において、人物はアントニオ・テンペスタ、ローマの都市景観はマテウス・ブリルというように、イタリアとフランドルの画家による分担作業があっても、もはや何ら驚くには値しないのである。

事実、マテウス・ブリルは一五七〇年代中葉にイタリアに到来してから、おそらく同国人たちの援助で仕事を得るようになり、またジョヴァンニ・バリオーネによれば、ボローニャの画家ロレンツォ・サッバティーニの下に、教皇庁宮殿の装飾などに携わるなどした後、[*87] 次第に頭角を現すようになって、このロッジェの作品に参画したのである。そしてさらに、一五八〇年から八一年には「地図の間」の風景画に深く関与するとともに、やがて一五八〇年から八三年にかけて制作された「風の塔」において、記録の言葉を借りれば「風景の制作においていとも卓越したフランドル人マッテオ」(Matteo fiamengo Ecc.mo nel far paesi)は、[*88] 同時期のローマにおけるフランドル風の風景壁画の傑作を生み出すに至るのである。[*89] なかんずく見事なのは中二階の壁面を飾る、堂々たる風景装飾で(図21)、そこにはすでにヴィッラ・ベルヴェデーレで見た(図6)、プリニウスやウィトルウィウスとの照応も憶測されている。その意味で、わたしたちは、両作品にいわば一世紀を経たトポグラフィカルなローマの風景壁画の大きな変容を目撃しているのだといってもよいであろう。

おわりに

一五八三年のマテウスの死後、やがてその弟パウル・ブリルがローマにおける風景画家の第一人者として長らく君臨し、一六二〇年にはサン・ルカ美術アカデミーの総裁をすら務めるに至ったこと、そしてまたイタリア内外の画家たちに多大な影響を与えたことはよく知られている。それはまさしく一六世紀末にはパウルたちとともに、それまでの「パレルガ」としての風景の時代は次第に終焉し、今日に至る風景画の誕生、あるいは風景画のおおいなる興隆をきたしつつあることを――そこには、むろんさらにカラッチによる風景画の革新を加えるべきである[*90]――暗に象徴していたと言えるかもしれないし、パウルの壁画、たとえばサンタ・チェチリア・イン・トラステヴェレ聖堂に一六〇〇年頃に描かれたフレスコ画などのうちには、風景画を通して自然の中に体現された神の完全性を瞑想することに通じる、新たな趣向や感受性すらあったのかもしれない。[*91]そしてローマの風景壁画についてさらに付言していえば、ヴィッラ・ファルネジーナの「ガラテアの間」において、北側の二壁面と、西側を飾るセバスティアーノ・デル・ピオンボの《ポリュフェモス》とラファエッロの《ガラテア》（共に一五一〇年代初頭）に引き続く三壁面、そして東側、南側の窓の上に配された矩形壁面に、純粋に風景のみからなる多数の大壁面装飾が一七世紀中葉になされたという事実は（図22）、[*92]この都市の風景壁画の歴史において、風景自体がこの時期になるとすでに完全に独立したものと受け取られ、自足した装飾システムと化してしまっていることの、もっとも雄弁な証言だとすら見られるに相違ないであろう（図23）。

特に、壁面装飾はおそらく意識して、西側壁面に見られるセバスティアーノ・デル・ピオンボの《ポリュフェモス》の風景ときわめて近いかたちに仕立てられているのであり（たとえば、《ガラテア》右手の風景壁画は、明らかに《ポリュフェモス》と《ガラテア》に描かれた海を連続させようとしたものと見られるべきである）、この風景装飾自体、未完成部分を埋めるステレオタイプ化した便法だったにせよ、《ポリュフェモス》から眼を移すように連続してこれらの風景壁画を見る今日の観者にとってはむろんのこと、一七世紀のローマのひとびとにとっても、もはや当初の神話画とは異質な、こうした風景壁画の闖入に違和感を感じなくなってしまっていたことを伝える、明快な美的、歴史的証言と化しているのである。

図 22 「ガラテアの間」 ローマ ヴィッラ・ファルネジーナ 左より《ポリュフェモス》、《ガラテア》と風景壁画

図 23 作者不詳 「ガラテアの間」の風景壁画（図 22部分） 17世紀中葉

【付記】本稿は、拙論「パレルガとしての風景（上）」（『人文社会科学論叢』、第二四号）、「パレルガとしての風景（下）」（『キリスト教文化研究所研究年報』、第四八号）に基づき、幾つかの加筆を加えたものである。注その他、たぶんに省略した点については、それらを参照されたい。

注

1 K. Clark, *Landscape into Art*, London, 1949.（『風景画論』、佐々木英也訳、岩崎美術社、一九六七年）

2 landskip という言葉の、書物のかたちでの初出は、R・ヘイドックによるG・P・ロマッツォの『芸術論』の英訳として知られる『珍奇なる絵画、彫刻、建築に係る芸術論』（*A Tracte Containing the Artes of Curious Paintinge, Caruinge, & Buildinge*, London, 1598）だとされる。Cfr. H. V. S. Ogden / M. S. Ogden, *English Taste in Landscape in the Seventeenth Century*, Ann Arbor, 1955, p. 1.

3 H. Peacham, *The Art of Drawing with the Pen and Limning in Water Colours*, London, 1606, p. 28. Cfr. F. J. Levy, "Henry Peacham and the Art of Drawing", *Journal of the Warburg and Courtauld Institute*, 37 (1974), pp. 174-190.

4 E. Norgate, *Miniatura or the Art of Limning*, London, 1997, p. 82.

5 *Ibid.* ノーゲートは、風景画はイギリスには新しく到来したもので、オランダ人がそれを自分たちの芸術だとしているのはもっともだとしつつ、今日から見れば一六三〇年代の趣味の反映ではあるが、パウル・ブリル、アダム・エルスハイマー、ヨース・デ・モンペル、ヤン・ブリューゲル、ギリス・ファン・コーニクスロー、ルーベンスといった画家の名前を挙げている。

6 E. H. Gombrich, "The Renaissance Theory of Art and the Rise of Landscape", in *Norm and Form: Studies in the Art of the Renaissance*, London, 1966, pp. 107-121.（「ルネサンスの芸術理論と風景画の勃興」、『規範と形式』所収、岡田

温司・水野千依訳、中央公論美術出版、一九九九年、二八二－三一六頁）

7　風景という言葉の歴史については、R. Gruenter, “Landschaft: Bemerkungen zur Wort-und Bedeutungsgeschichte”, *Germanisch-romanische Monatsschrift*, N.F.1953 / 3, pp. 110-120.

8　J. E. Sidney, “The Early Haarlem School of Painting”, *The Art Bulletin*, 42（1960）, p. 45, n. 32.

9　*Dürer Schriftlicher Nachlass*, 3 vols, I, H. Rupprich（ed.）, Berlin, 1956, pp. 169, 195, n. 596.（『ネーデルラント旅日記』、前川誠郎訳、岩波文庫、二〇〇七年、一五一頁）

10　G. Folena, “La scrittura di Tiziano e la terminologia pittorica rinascimentale”, in *Miscellanea di studi in onore di Vittore Branca, III : Umanesimo e Rinascimento a Firenze e Venezia*, Biblioteca dell' archivum romanicum, Firenze, 1983, pp. 821-843, esp. pp. 839-842.

11　C. Franceschi, “Du mot *Paysage* et de ses équivalents dans cinq langues européennes”, in AA.VV., *Les Enjeux du paysage*, Bruxelles, 1997, pp. 75-111, esp. pp. 99-103.

12　O. Morasini, “Art Historians and Art Critics III—Cristofolo Landino”, *The Burlington Magazine*, XCV（1953）, pp. 267-270.

13　G. B. Vermiglioli, *Di Bernardino Pinturicchio : pittore perugino de' secoli XV. XVI : memorie, raccolte e pubblicate*, Perugia, 1837, Appendice II, p. VI.

14　Cfr. F. Ames-Lewis, “Il paesaggio nell'arte del Ghirlandaio”, in W. Prinz / M. Seidel(eds.), *Domenico Ghirlandaio, Atti del convegno*, Firenze, 1996, pp. 81-88.

15　E. H. Gombrich, *op. cit.*, p. 109.

16　M. A. Michiel, *Notizia d' opere del disegno*,（edizione critica a cura di T. Frimmel, Vienna, 1896）, Firenze, 2000, p. 56.（『美術品消息』、越川倫明他訳、『西洋美術研究 No. 8』所収、二〇〇二年、一九九頁）

17　*Ibid.*（邦訳、一九九頁）

18　M. A. Michel, *op. cit.*, p. 57.（邦訳、二〇〇－二〇一頁）

19 Vasari-Milanesi, VII, p. 429.

20 ランプソニウスは、一五七二年に出版された北方画家たちを讃えた肖像版画集の中で、五人の画家にこの言葉を使用している。Cfr. L. Prespereti, *Landscape and Philosophy in the Art of Jan Bruegel the Elder* (*1568-1625*), Farnham, 2009, p. 18. その意味については同書第四章を参照せよ。

21 P・カンポレージ『風景の誕生』（中山悦子訳、筑摩書房、一九九七年、六頁）

22 G. P. Lomazzo, *op. cit.*, pp. 408-411. 一五八四年に刊行された『芸術論』の第六書六二章（*Composizione del pingere e fare i paesi*）を参照せよ。このテクストは風景に優れていると思われた、イタリアや北方の何人かの画家を羅列している点でも興味深い。

23 F. Baldinucci, *Vocabolario toscano dell'arte del disegno*, Firenze, 1681, p. 116.

24 マンチーニのテクスト編纂作業は一六一〇年代後半から二〇年代前半と見なされている。G. Mancini, *Considerazioni sulla pittura*,（ed.）A.Marucchi, 2 vols., Roma, 1956-57, I, pp. XV-XXVI.

25 G. Mancini, *op. cit.*, pp. 112-119. 彼によれば、風景は「単純な風景」（il paese semplice）から、「構成された」、「いっそう構成された」、「もっとも構成された」風景になっていく。とはいえ、実際には、マンチーニの意識は少なくとも風景を風景としてことほぐ、今日流の風景画礼讃ではない。

26 G. Mancini, *op. cit.*, p. 149.

27 H. Peacham, *op. cit.*, pp. 28-29.

28 P. Giovio, *Scritti d'arte; Lessico ed ecfrasi*,（ed.）S. Maffei, Pisa, 1999, pp. 262.

29 E. H. Gombrich, *op. cit.*, p. 114.

30 Pliny, Historia Naturalis, XXXV, 101.（『プリニウスの博物誌Ⅲ』野定雄他訳、雄山閣、一九八六年、一四二八頁。さらにまた、『パレルゴンに関する言説』芳賀京子他訳、『西洋美術研究№9』所収、二〇〇三年、一六一頁）

31 有名な逸話ながら、風景画家として売れっ子だった一七世紀のサルヴァトル・ローザですら、風景画に携わったことを忘れ去られたいと望んだという。Cfr. F. Haskell, *Patron and Painters: Art and Society in Baroque Italy,*

New Haven / London, pp. 142-143.

32 G. Romano, *Studi sul paesaggio*, Torino, 1978, pp. 65-66 は、「パレルガ」のみならず、ジョーヴィオの表現（agricolarum laetos fervidosque labora）について、これとそのまま照応するドッソの絵画は見いだせないが、しかしlaetosといった言葉のうちにはアルカディアとの妥協策があると指摘している。

33 しかし実際には、『美術家列伝』の言及に見られるように、彼は風景画制作において際立っていると理解されていた。「ロンバルディアでドッソは、壁画であれ油彩、グアッシュであれ、特にドイツ風の様式と比べても、同様の実践に携わる他の誰以上に風景をよくするという声望を得ていた」（Vasari-Milanesi, V, p. 97）。北方美術とヴェネツィア派との関連の中で見られるべき側面を有する、ドッソの風景画については、M. Faietti, "1490-1530: influssi nordici in alcuni artisti emiliani e romagnoli," in AA.VV., *La pittura in Emilia e in Romagna: Il Cinquecento*, Milano, 1994, pp. 9-47, esp. pp. 31-36; AA.VV., *Dosso Dossi: Court Painter in Renaissance Ferrara*, New York, 1998, esp. pp. 43-46; P.Humfrey, "Two Moments in Dosso's Career as a Landscape Painter," in *Dosso's Fate: Painting and Court Culture in Renaissance Italy*, (eds.) L. Ciammitti / S. F. Ostrow / S. Settis, Los Angeles, 1998, pp. 201-218. ヴェネト地方における北方絵画受容の一面として、L. Campbell, "Notes on Netherlandish Pictures in the Veneto in the Fifteenth and Sixteenth Centuries," *The Burlington Magazine*, CXXIII（1981）, pp. 467-473.

34 この画家の名前は、写本ではストゥディウスともルディウスとも伝わっているものの、両者の読解に満足しない一九世紀ドイツの学者以来、セケトゥス・タディウスあるいはスプリウス・タディウスと読む見解もある。

35 porticusではなくportusと伝える写本もあって、どちらとも決め難い。

36 Pliny, *Historia Naturalis*, XXXV, 116-117.（前掲書『プリニウスの博物誌III』、一四三一頁）

37 たとえば、R. Ling, "Studius and the Beginnings of Roman Landscape Painting," *Journal of Roman Studies*, 67 (1977), pp. 1-16.

38 前六世紀中葉のイオニア黒像式キュリクス《男と二本の樹木》や、紀元前四世紀後半の《ヴェルギナの第二墓》など、風景表現上の名高い作品を含む、エジプトからヘレニスムに至る古代風景画をめぐる平易な概観は、J-M.

Croisille, *Paysages dans la peinture romaine*, Paris, 2010, pp. 19-32. 他方、西洋世界において風景画はヘレニスム、ローマ世界においてこそ形成されたとする所以の明快な説明として、越宏一『風景画の出現』（岩波書店、二〇〇四年、三－一九頁）

39 Diodorus Siculus, XXXI, 8, 2（The Loeb Classical Library, 12 vols., XI, p. 361）

40 辻佐保子『古典世界からキリスト教世界へ――舗床モザイクをめぐる試論――』（岩波書店、一九八二年、一八〇－二〇一頁）

41 Vitruvius, *De architectura*, VII, 5, 1-2.（『ウィトルーウィウス建築書』、森田慶一訳注、東海大学出版会、一九六九年、三四五頁）

42 ウィトルウィウスは、劇場のスカエナについて触れた箇所で、悲劇、喜劇、風刺劇の三種のスカエナを挙げるとともに、「風刺劇のスカエナは樹木や洞窟や山やその他庭師のつくる景色にかたどった田舎の風物で装飾される」として風景装飾について触れていることにも留意せねばならない。Vitruvius, *De architectura*, V, 6, 8.（邦訳、二三九頁）

43 ウィトルウィウスの『建築書』の最初の出版自体は一四八五年だが、写本は一四世紀からイタリアに知られていたのみならず、アルベルティを始めとする多くの著作家に言及がある。松本静夫「ウィトルウィウスの伝統とイタリア・ルネサンス」（『日本建築学会中国支部研究報告集』、第二六巻、二〇〇三年、九九三-九九六頁）。プリニウスについては、E. W. Gudger, "Pliny's Historia Naturalis: The Most Popular Natural History Ever Published", *Isis*, 6 (1924), pp. 269-281; A. C. Klebs, "Incunable Editions of Pliny's Historia Naturalis", *Isis*, 24 (1935-36), pp. 120-121; S. B. Mcham, *Pliny and the Artistic Culture of the Italian Renaissance*, New Haven / London, 2013.

44 L. B. Alberti, *Della pittura*, (ed.) L. Mallè, Firenze, 1950, pp. 91-92.（『絵画論』、三輪福松訳、中央公論美術出版、一九七一年、四八頁）

45 かつてマゾリーノの壁画について、プリニウスの記述に基づくとの仮説が提案されたが、これはいささかあやういと思われる。J. Manca, "A Remark by Pliny the Elder as a Source for Masolino's Landscape Mural in

"Castiglione Olona", *Arte cristiana*, 75 (1987), pp. 81-84. 論者によれば、カスティリオーネ・オローナのパラッツオ・ブランダにある、しばしばイタリアで最初のモニュメンタルな独立風景と評されるフレスコ画は、通常語られるハンガリーのヴェスプレームの光景ではなく、ブランダ・カスティリオーネという人文主義に明るいパトロンの指示によって、プリニウスの記述に基づく架空の風景を描いたものだという。ちなみに、Pliny, *Historia Naturalis*, XXXV, 1（邦訳、一四〇六頁）は、「われわれはもはや、寝室に広く山々の連なりを描いた羽目板や壁などでは満足しなくなっている」として、古代のクビクルムなどの部屋には、山並みの絵画を描く風習のあったことに触れている。ただしこのパラッツオの装飾は、全体に中世以来の装飾定式を想起させるもので、論者の仮説はいささかうがちすぎに思われる。

46　P. Cavazzini, "Towards the Pure Landscape", in *The Genius of Rome 1592-1623*, Exhi. Cat, 2001, London, pp. 208-247.

47　J. S. Ackerman, "Sources of the Renaissance Villa", in *Distance Points: Essays in Theory and Renaissance Art and Architecture*, Cambridge / London, 1991, pp. 303-324, esp. pp. 305-307.

48　*Vitruvius, De architectura*, VI, 1, 2（邦訳、二六九頁）。南側は強烈な日差しを受ける場合、北側ないしは北東を開口部にするとよいという。さらにまた、Vitruvius, *De architectura*, VI, 4, 1（邦訳、二九八頁）では、寝室などの私室は朝の光を受けるよう東側に置くことを勧めている。

49　Vasari-Milanesi, III, p. 498.

50　これらの制作時期をめぐる見解は、インノケンティウス八世の在位期間（一四八四－九二年）のどこに置くかで分かれている。とはいえ、教皇の即位は一四八四年八月二九日であるから、その規模からして一四八四年中のわずかの期間で全装飾を完成したとは想像し難く、記録上も問題がある。もっとも一般化した推論は、開廊のヴォールトに見られる、一四八七年に「ジェノヴァのチーボ家出身のインノケンティウス八世の創建になる」（INNOCENTO CIBO. GENUEN.PP. VIII. FUNDAVIT.）という記名から、ヴィッラはこの年完成し装飾が行われたとするもので、近年は一四八七－一四九二年に置くのを普通とする。P. Scarpellini / M. R. Silvestrelli, *Pintoricchio*, Milano, 2003,

p. 100; C. La Mafia, "Dating Pinturicchio's Roman Frescoes and the Creation of a New *all'antica* Style", *Journal of the Warburg and Courtauld Institutes*. 70（2007）, pp. 119-141, esp. pp. 124-126. なおヴィッラの装飾にはアンドレア・マンテーニャも関与しており、彼は一四八八年から一四九〇年までローマで教皇の委嘱に関わっていたと知られる。また留意に値する仮説として、D. R. Coffin, "Pope Innocento VIII and the Villa Belvedere", in *Studies in Late Medieval and Renaissance Painting in Honor of Millard Meiss*, New York, 1977, pp. 88-97 は、ヴィッラの装飾はマンテーニャ主導下に行われ――一般にはマンテーニャの関与したのは礼拝堂と聖具室の装飾だったとされる――ピントリッキオたちはその翼下に参与したと提案する。ただし記録上、マンテーニャの関与は一四八九－一四九〇年の礼拝堂のそれしか分からないので、ピントリッキオは一四八八－九〇年にかけてヴィッラの装飾に関与し、マンテーニャ関与はその後であったという解釈も排除しえない。

51 『美術家列伝』の言及にあるように、ピントリッキオは風景で満たされた主開廊を装飾したばかりでなく、それを含めて「幾つかの部屋や開廊（alcune sale e loggie）」を装飾した。特に主開廊以外の二つの開廊も――一八世紀のガイドブックでは、loggia aperta, loggia chiusa と呼ばれている――風景を含む装飾を施されていた。Cfr. D. R. Coffin, *op. cit.*, pp. 94-95. たとえば、loggia chiusa は、「狩猟、遠景、巧みに表された建物のあるいとも美しい風景（un bellissimo paese con cacce, lontananze, ed alcune fabbricche maestorevolmente espresse）」で飾られていた。

52 装飾プログラムに関する、J・シュルツ以前のもっとも重要な論考は、S. Sandstrom, "The Programme for the Decoration of the Belvedere of Innocent VIII", *Konsthistorisk Tidskrift*, XXIX（1960）, pp. 35-75. さらにまた、下記の一連の検討を参照せよ。J. Schluz, "Pinturicchio and the Revival of Antiquity", *Journal of the Warburg and Courtauld Institutes*, 25（1962）, pp. 35-55; D. R. Coffin, *op. cit.*, pp. 88-97; Idem, *The Villa in the Life of Renaissance Rome*, Princeton（NJ.）, 1979, pp. 69-81; S. Olivetti, "La *Historia Naturalis*（XXXV, 116-117）di Plinio il Vecchio, fonte per la decorazione della loggia del Belvedere di Innocenzo VIII", *Storia dell'arte*, 59（1987）, pp. 5-10; P. Scarpellini / M. R. Silvestrelli, *op. cit.*, p. 102; D. Ribouillault, "Les paysages urbains de la loggia du Belvédère d'Innocent VIII au Vatican: nostalgie de l'antique, géographie et croisades à la fin du XVe siècle", *Studiolo*, 8

(2010), pp. 139-167.

53 Vitruvius, *De architectura*, VII, 5, 1-2.（邦訳、三四五頁）

54 J. Schluz, *op. cit.*, esp. pp. 40-41.

55 T. Yuen, "The Biblioteca Graeca: Castagno, Alberti, and Ancient Sources", *The Burlington Magazine*, CXII (1970), pp. 725-736; C. W. Westfall, *In This Most Perfect Paradise: Alberti, Nicholas V, and the Invention of Conscious Urban Planning in Rome, 1447-55*, University Park / London, 1974, pp. 139-141.

56 ルネサンスにおけるイリュージョニスム絵画の考察として、A. Blunt, "Illusionist Decoration in Central Italian Painting of the Renaissance", *Journal of the Royal Society of Arts*, 107 (1959), pp. 309-326; I. Bergström, "Revival of Antique Illusionistic Wall-Painting in Renaissance Art", *Göteborgs Universitets Årsskrift*, 63 (1957), I, pp. 5-58. こうした論者は概して、第二、第四様式との類縁を指摘するとともに、ルネサンスの美術家たちは今日失われた作品を知悉していたとする。

57 S. D. Squarzina, "La Casa dei Cavalieri di Rodi: architettura e decorazione", in AA.VV., *Roma centro ideale della cultura dell'antico*, Roma, 1989, pp. 102-142は、ロードス騎士団の家の作者について、ベノッツォ・ゴッツリ、アレッシオ・バルドヴィネッティといった従来の帰属を退け、幾つかの理由から、ピントリッキオの作品だろうと推測する。

58 ピントリッキオのサン・ジロラモ礼拝堂の装飾を論拠に、ドムス・アウレアは一四七八年頃には発見されていたとの意見もある。C. La Malfa, *Pintoricchio a Roma: La seduzione dell'antico*, Milano, 2009, p. 61. なおドムス・アウレアの発見以前にも古代絵画はまったく知られていなかったというわけではない。たとえば、アルベルティは古代ローマの素朴な壁面装飾を見る機会があったと証言している。L. B. Alberti, *L'architettura* (*De re aedificatoria*), (ed.) G. Orlandi, 2 vols, Milano, 1966, II, p. 505.（『建築論』、相川浩訳、中央公論美術出版、一九八二年、一七八頁）

59 N. Dacos, *La découverte de la Domus Aurea et la formation des grotesques a la Renaissance*, London / Leiden, 1969, p. 4. 小佐野重利『記憶の中の古代：ルネサンス美術にみられる古代の受容』（中央公論美術出版、一九九二年、三

一五－三一八頁）

60 S. Olivetti, *op.cit.*, p. 9. さらにまた、G. Romano, *op. cit.*, pp. 42-44.

61 L. B. Alberti, *L'architettura*（*De re aedificatoria*）, *op. cit.*, II, p. 804（邦訳、二八〇頁）

62 D. R. Coffin, *op. cit.*, pp. 95-96. ちなみに、論者は主開廊以外の他の開廊には狩りが描かれていたことにも留意している。注51を参照せよ。

63 L. B. Alberti, *op. cit.*, II, p. 793.（邦訳、二七六頁）

64 G. B. Vermiglioli, *op. cit.*, Appendice XIX p. p. LXV; C. La Malfa, *op. cit*, p. 27.

65 M. Calvesi, "Il gaio classicismo, Pinturicchio e Francesco Colonna nella Roma di Alessandro VI", in AA.VV., *Roma centro ideale della cultura dell'antico*, Roma, 1989, pp. 70-100. さらに同著者の一連の『ヒュプネロトマキア・ポリフィリ』研究をも参照せよ。M. Calvesi, Il sogno di Polifilo prenestino, Roma, 1980; Idem, "Hypnerotomachia Poliphili: Nuovi riscontri e nuove evidenze documentarie per Francesco Colonna Signore di Preneste", *Storia dell'arte*, 60（1987）, pp. 85-136. カルヴェージは、ヴィッラ・ベルヴェデーレのフレスコ画と《ナイル・モザイク》との類縁を指摘しつつ、画家はこの古代モザイク画の優品を知っていたと提案した。また彼は、《ナイル・モザイク》は一七世紀初頭まで知られていなかったとする見解に対し、フランチェスコ・コロンナの『ヒュプネロトマキア・ポリフィリ』（一四九九年刊）――カルヴェージはその著者をヴェネツィアのドメニコ会修道僧フランチェスコ・コロンナではなく、同名のパレストリーナの君主にして神域に建てられた宮殿の所有者だった人物とする――は、多くを《ナイル・モザイク》を始めとするパレストリーナの遺構に負っているとして、モザイク画は一五世紀にはすでに周知のものだったと推測した。注66にあるように、《ナイル・モザイク》は、今日ではカルヴェージ自身文献上で指摘した時期よりも、ずっと以前から知られていたと分かっている。なおこのモザイク画についての基本情報は、田原文子「古代ローマにおけるエジプト表象――パレストリーナの《ナイル・モザイク》に関する研究の現状と解釈の試み」（『超域文化科学紀要』、東京大学大学院総合文化研究科超域文化科学専攻、第一二号、二〇一〇年、一三一－一五六頁）と、その参考文献を参照せよ。

66 C. La Malfa, "Reassessing the Renaissance of the Palestrina Nile Mosaic", *Journal of the Warburg and Courtauld Institutes*, 66 (2003), pp. 267-272.

67 『建築論』と、《ナイル・モザイク》との関連を憶測する指摘のある『ヒュプネロトマキア・ポリフィリ』に、類縁を見る見解もある。

68 D. Ribouillault, *op. cit.*, pp. 157-158 は、ピントリッキオにファン・アイクの影響を認める推測などに注意を喚起している。

69 P. Cavazzini, *op. cit.*, pp. 208-210 は、風景画を含めたローマの装飾壁画は少なくとも三種類以上あるとして、第一に「遠近法の間」のように田園や町の景観に開かれている広大なイリュージョニスム空間の一部に風景を展開したもの、第二にラファエッロのロッジェなど、グロテスク装飾と併存するかたちで使用された概して小さな風景画、第三にフリーズ帯の中に描かれた風景画の存在を指摘している。この形態論はおおむね首肯できるものの、実際には床からの大きな壁面区画、リュネット、クアドリ・リポルターティの天井など、装飾区画の枠組みに応じて多彩に使用されるようになっていく。

70 往々、古代劇の復活と関わるセッティングの進展と簡連付けられてきた。H. Joyce, "Grasping at Shadows: Ancient Paintings in Renaissance and Baroque Rome", *The Art Bulletin*, 74 (1992), pp. 219-246, esp. p. 221 における参考文献の他、注四一のウィトルウィウスの言及をも想起せよ。

71 P. P. Bober, *Drawings after the Antique by Amico Aspertini: Sketchbooks in the British Museum*, London, 1957, pp. 34-35.

72 A. N. Turner, *Landscape in Renaissance Italy*, Princeton (NJ), 1966, pp. 158-160; N. Dacos, *Le Logge di Raffaello*, Roma, 1986, pp. 259-261; M. Faietti / D. S. Kelescian, *Amico Aspertini*, Modena, 1995, p. 136.

73 こうした作品に連なるものとして、やがて《古代の模擬海戦（ナウマキア）のあるコルティーレ・デル・ベルヴェデーレ》のように（現在カステル・サンタンジェロにあるこの絵画は、元来はトッレ・パオリーナのフレスコ画だったもので、現在はキャンバスに移されて展示されている）、いっそう進んだ古代風の趣を連想させる作品もめずらしくなくなる。この作品に始めて注目したのは、J. S. Ackerman, “The Belvedere as a Classical Villa”, *Journal of the Warburg and Courtauld Institutes*, 14 (1951), pp. 70-91. 彼は実際の古代の建築的風景画との類縁や影響を強調するとともに、一五四五年頃のペリン・デル・ヴァーガの作品とした。しかし近年はコルネリス・ローツの一五三七－四七年頃の作品という帰属もなされている。N. Dacos, “Entre les ruines et les vedute: Les paysages de Lambert van Noort et de Cornelis Loots”, in *Archivi dello sguardo: Origini e momento della pittura di paesaggio in Italia,* (ed.) F. Cappelletti, Firenze, 2006, pp. 41-73. また作品の意味の明快な解釈については、D. Ribouillault, “Landscape *all’antica* and Topographical Anachronism in Roman Fresco Painting of the Sixteenth Century”, *Journal of the Warburg and Courtauld Institutes*, 71 (2008), pp. 211-237, esp. pp. 231-234.

74　Vasari - Milanesi, V, pp. 147,153.

75　本稿に掲げたベルナッツァノ（バルナッツアノ）の風景画家としての名声は、ロマッツォ（G. P. *Lomazzo, Scritti sulle arti,* 2 vols, (ed.) R. P. Ciardi, II, Firenze, 1974, p. 165.）や、ヴァザーリの言及からも伺えよう（Vasari-Milanesi, V, pp. 101-102.）。ベルナッツァノは風景画家としてのみならず、しばしばチェーザレ・ダ・セストと共作した。彼の詳細は長く不詳だったため、いかにも無理からぬことながら、従来はフランドル出身だったと推測されてきた。たとえば、W. Suida, *Leonardo und sein Kreis,* München, 1929〔trad. ita., *Leonardo e i leonardeschi,* Vicenza, 2001, pp. 256-260.〕しかしながら、近年の遺言書その他の発見によって、彼は一四九二年にミラノ近郊のインザゴに生まれたイタリア人で、一五二二年に三〇歳の若さで亡くなったと知られるに至っている。J. Shell / G. Sironi, “Bernardinus dictus Bernazanus de Marchixelis dictus Quagis de Inzago”, *Arte cristiana,* 740 (1990), pp. 363-366; AA. VV., *The Legacy of Leonardo: Painters in Lombardy 1490-1530,* Milano, 1998, pp. 310-314.

76　P. Giannattasio, “Proposta per Cornelis Loots in Itala”, *Prospettiva,* 93-94 (1999), pp. 44-59, esp. p. 54, docs. 2, 3. ちなみに、これ以後の知られる彼のイタリアでの記録は一五六三年から一五七六年まで存在し、そこではしばしば風景画の専門家として立ち現われている。たとえばその最初の一五六三年一〇月二八日の記録では、pittore de Paesaggi として言及されている。

77 N. Dacos, *Roma quanta fuit ou l'invention du paysage de ruines*, Bruxelles / Paris, 2004, p. 201. ダコスはこれらの風景画はコンセルヴァトーリ宮のミヒール・デ・ハストのそれに感化されているとする。ロートの記録については、P.Giannattasio, *op.cit.* を参照せよ。

78 D. Ribouillault, *op. cit*, pp. 211-237. 論者は適切にも、こうした発想の起源は古代以来の記憶術の伝統と関連すると指摘している。

79 ズッカロと関連付けるのは、J. A. Gere, “The Decoration of the Villa Giulia”, *The Burlington Magazine*, CVII (1965), pp. 199-206; C. A. Luchinat, *Taddeo e Federico Zuccari: fratelli pittori del Cinquecento*, 2vols, Roma, 1998-99, I, pp. 31-38. さらにまた、A. Campitelli, “Fregio raffigurante vedute di Roma: Sala dei Sette Colli”, in *Oltre Raffaello: Aspetti della cultura figurative del Cinquecento romano*, Roma, 1984, pp. 200-205. デ・ハストに帰しているのは、N. Dacos, *op. cit.*, pp. 94-96.

80 注七六、さらにまたN. Dacos, *op.cit*, pp. 94-96.

81 B. F. Davidson, “The Landscapes of the Vatican Logge from the Reign of Pope Julius III”, *The Art Bulletin*, 65 (1983), pp. 587-602.

82 *Der literarische Nachlass Giorgio Vasaris*, (ed.) K. Frey, 3 vols, München, I, 1923, p. 188. パラゴーネ論争に関する、ヴァルキに応えたヴァザーリの返答にはこうある。「ああ、ベネデット様、あなたはわたしをどこに連れ込まれたのでしょう。明日も定かならぬ、大海の中にです。それも、この技芸の下に、心や色彩によって自然を模倣できるよう、自然のなすことすべてを理解しているとしてなのです。しかしいとも神聖なる遠近法はどこに位置付けたらよいのでしょう。思い巡らせてみれば、遠近法はわたしたちにあって、建物、柱、マッゾッキオ、七二面体の球の輪郭を描くのにばかりでなく、遠近法を通して山や河のある風景を形づくるのに用いられ、それを好もうと好まない人々であろうと、その視線は好ましいものへと達するのです。夢幻と遠近法から生じる、ドイツの風景画のない靴職人の家はありません（non è casa di ciavattino che paesi todeschi non siano, tirati dalla vaghezza e prospettiva di quelli）。それは山嶺の遠景であり、空の雲なのです。彫刻は厳しい熟練の技をもってでなければ、そうはなりません」。ヴァザーリは、ドイツやフランドルを特に区別することなく、無頓着にこう言っているのであろう。

83　F. de Holanda, *Dialoghi di Roma,*（ed.）R. Biscetti, Roma, 1993, p. 60.（『フランシスコ・デ・ホランダ著「古画論」および「ローマでの対話あるいは古画論第二書」』小佐野重利解題・訳、『西洋美術研究 No.13』、二〇〇七年、一九九－二〇〇頁）

84　ただしフェデリコ・ズッカロの関与もあって、各部の帰属はいまなお難題ではある。Cfr. D. R. Coffin, *The Villa d'Este at Tivoli,* Princeton（NJ）, 1960, pp. 50-54; J. J. Marciari, *Girolamo Muziano and Art in Rome, circa 1550-1600,* PH.D.Diss.（Yale Univ.）, Ann Arbor, 2000, pp. 162-174; P. Tosini, *Girolamo Muziano 1532-1592, dalla Maniera alla Natura,* Roma, 2008, pp. 106-155, 350-359.

85　G. Baglione, *Le vite de' pittori, scultori et architetti dal pontificato di Gregorio XIII fino a tutto quello d' Urbano VIII,* Roma, 1649, 2 vols.,（ed.）C.Gradana,Velletri, 1924（reprint 1986）, I, p. 49. 初版は一六四九年である。

86　G. B. Armenini, *De' veri precetti della pittura,*（ed.）M. Gorreri, Torino, 1988, pp. 224 -225.

87　G. Baglione, *op. cit.,* I, p. 18. また一五八〇年にはサン・ルカ美術アカデミーの会員となっており、アカデミーには彼の肖像も伝わっている。I della Rocchetta, *La collezione dei ritratti dell' Accademia di San Luca,* Roma, 1979, p. 32, n. 52. inv. no. 757. こうしたアカデミーの肖像画の有する意義については、拙論「サン・ルカ美術アカデミーの理念と特質」（科学研究費報告書『サン・ルカ美術アカデミーの特質に関する実証的研究』所収、二〇〇八年、一一－四四頁、特に二一－二四頁）

88　C. Hendriks, *Northern Landscapes on Roman Walls: The Frescos of Matthijs and Paul Bril,* Florence, 2003, p. 24.

89　マテウスのフレスコ画に関する見通しのよい概観は、C. Hendriks, *op. cit.,* pp. 31-42.「風の塔」については、N. Courtright, "The Transformation of Ancient Landscape Through the Ideology of Christian Reform in Gregory XIII's Tower of the Winds", *Zeitschrift für Kunstgeschichte,* 58（1995）, pp. 526-541; Idem, *The Papacy and the Art of Reform in Sixteenth-Century Rome: Gregory XIII's Tower of the Winds in the Vatican,* Cambridge（UK）,

2003; P. Cappelletti, *Paul Bril e la pittura di paesaggio a Roma 1580-1630*, 2005-2006, Roma, pp. 53-55, 204-205. ただし「風の塔」はすべてをマテウスだけに帰す意見と、パウルも関与したとする見解の両説があって決着していない。

90 さらにその後の、アンニーバレ・カラッチなどに代表されるローマの風景画については、たとえば、*Nature et idéal: Le paysage à Rome 1600-1650*, Exhi. Cat, Paris, 2011. また理想的風景画の適切な概観として、M. R. Lagerlöf, *Ideal Landscape: Annibale Carracci, Nicola Poussin and Claude Lorrain*, New Haven / London, 1990.

91 A. Zuccari, *Arte e committenza nella Roma di Caravaggio*, Torino, 1984, pp. 143-144.

92 C. H. Frommel (ed.), *La Villa Farnesina a Roma / The Villa Farnesina in Rome*, Modena, 2 vols., 2003, I, pp. 134, 177. これら一連の絵画は、かつてガスパール・デュゲやジョヴァンニ・フランチェスコ・グリマルディに帰属されたこともあるものの、なお作者不詳のままに留まる。

Ⅲ——坂本繁二郎のフランス体験と「雲」のある風景

今林直樹

はじめに

坂本繁二郎は、明治から昭和にかけて、牛や馬、能面、月などをテーマに数多くの作品を遺した洋画家である。[*1] 坂本は、一九〇二年に小山正太郎の不同舎に入門し、一九〇四年からは不同舎を引き継いだ太平洋画会研究所で学んだ。その後、太平洋画会展や文部省美術展覧会（文展）に出品して認められ、一九一四年には二科会のメンバーにもなっている。三九歳を迎えた一九二一年から二四年までの約三年間、フランスに留学したが、それは、三〇歳代にすでに牛をテーマに自身のスタイルを確立した後に試みた渡仏であった。帰国後は故郷の久留米、次いで八女に住んで画業を続け、いわゆる「筑後画壇」の中心的存在として重要な位置を占めるに至ったが、[*2] 一九六九年七月、八女の自宅にて八七歳でその生涯を閉じた。

本稿は、坂本の洋画家としての長い人生の中でもとくにフランス留学期に注目し、帰国後、坂本の風景画に表れた特徴を「雲」をキーワードに考察することを主たる目的とする。森山秀子は坂本の持つ独特の「まなざし」（あるいは嗜好）として次の六点にまとめている。すなわち、①海に行ってもいわゆる海の絵は描かない、②日常的なものへのまなざし、③老人に関心を持つ、④自然を観察するのが好き、⑤淡い光が好き、⑥平凡なものが好き、の六つであり、森山は、このうち、坂本が観察の対象とし、かつ実際に描いたものの一つとして「雲」があることを指摘している。[*3] 後述するとおり、坂本には「雲」と題するエッセーがあり、そこで坂本はフランス体験との関連で雲を論じている。そして、帰国直後に坂本が描いた作品が、故郷である久留米の筑後川放水路の上に浮かぶ雲を描いた「放水路の雲」であることを考えると、坂本の風景画を考察するときに、坂本のフランス体験と「雲」というモティーフがキーワードになることがわかる。

ここで「フランス体験」という用語について触れておきたい。日本は、明治以降、近代化を推進するにあたり、様々な分野で欧米列強に範を求めてきた。その中で、洋画部門については、一八八四年から九三年までの九年間、フランスに留学した黒田清輝以降、フランスがその中心を占めることとなった。以後、坂本を含め、多くの日本人画家がフランスを訪れ、その時代で最新の絵画技法やイズムを学び、帰国後はそれを日本に紹介するとともに、フランスでの体験をもとに、ある時にはフランスと格闘しながら、自己の画風を確立していった。このような、時代も経験内容も個人によって様々ではあるが、いずれもフランスに長期間滞在し、フランスで何かを学び、学んだものをフランスから日本に伝えるとともに、それを自己の中に消化して近代以降の日本美術史に何らかの足跡を残したという点では共通している体験を、本稿では「フランス体験」と呼ぶことにする。[*4]

では、一九二〇年代前半の約三年間に及ぶ坂本のフランス体験はどのようなもので、坂本にとってどのような意味を持ったのであろうか。そして、坂本の風景画に注目するとき、それはどのようなものとして表れたのであろうか。以下、本稿では、はじめに渡仏までの坂本の前半生を振り返り、次いで坂本のフランス体験についてまとめて、坂本の風景画におけるその表れを考察していきたい。

1　渡仏までの歩み

坂本繁二郎は、一八八二年三月、現在の福岡県久留米市京町に、旧久留米藩士の坂本金三郎と歌子の次男として生まれた。なお、同年同郷の生まれに同じく洋画家の青木繁がいる。この青木との関係は後に坂本の人生に大きな影響を与えることになる。[*5]

幼い頃から絵を描くことが好きだった坂本が本格的に絵を習い始めたのは、坂本が一〇歳の頃で、当時、久留米の日吉町に住んでいた森三美の画塾に入塾してからである。森は、その当時、久留米でただ一人の洋画家であった。[*6]この森の画塾に入塾したことが坂本と洋画の出会いとなった。坂本はこの頃のことについて、次のように記している。

私は明治廿五年十一歳のとき森三美先生について画を習ひ始めた、主として英国系作家のものを印刷物によって模写させられたのであるが、コンスターブルやタアナー等の画に接してそれ迄日本画以外見た事のなかった私のこころに別世界の生き生きした此世の自然の美しさを子供心にもはっきり教へられ驚歎、それ以来出京する迄十年間夢中になって画を描いた。[*7]

また、坂本は、こうして夢中になって模写をするうちにすべての「物」を見る目が変わり、「それまで何気なく通り過ぎていた野道、見過ごしていた草花がすべて意義ありげにも美しく見え、こんな風に見える人は私しかいないのだなどと鼻を高くしたものでした」とも記している。[*8]後に、森は坂本が在学していた久留米高等小学校の図画教員となったため、坂本は画塾と学校の両方で森から洋画の手ほどきを受けることとなった。坂本は森について、「森先生が洋画家であった事が、私を洋画家に決定づけたのでした」[*9]、「私もこの森先生に会わなければ、九州の一隅で絵描きとしてでなく過ごしたことでしょう」[*10]と記している。坂本にとって森との出会いは運命的であったといえよう。

坂本は久留米高等小学校を卒業した後、家庭の事情で進学を断念した。そこには、父の金三郎が、坂本が四歳の時に三九歳の若さでこの世を去り、坂本家の生計を母の歌子が一身に背負うことになったという苦しい経済事情があった。坂本が、母が「部屋貸しをしたり、屋敷内の土地を切り売りしたり、針仕事をしたり、手内職をしたり、ときには困り抜いて身内にもすがっていたようです」と回想しているとおり[*11]、その暮らしは決して裕福なものではなかった。さらに、坂本が一八歳になったばかりの一九〇〇年三月には、京都の第三高等学校に在学中であった兄の麟太郎が病死し、坂本家は一層大きな打撃を受けたのであった。この頃の坂本のこうした経済的苦境に手を差し伸べたのは森三美であった。森は坂本の画才を認めており、一九〇一年、自身が東筑中学校に転任するにあたり、尽力して自分の後任として坂本を久留米高等小学校の図画代用教員にしている[*12]。

一八九五年、森の画塾に入塾してきたのが、当時、久留米中学明善校に在学していた青木繁であった。青木は、森のもとで洋画を習ううち、画家になることを決意して明善校を中退、上京して小山正太郎の不同舎に入り、次いで東京美術学校西洋画科選科に入学する。そして、その青木が徴兵検査のために久留米に帰郷したのは一九〇二年のことであった。その際、青木から絵を見せてもらった坂本は、青木の絵に現れていたその上達ぶりに強い焦りを覚えた。坂本は後に次のように記している。

　その時に見せてもらった絵のフレッシュさ――正直なところさほどうまいと思っていなかった青木の上達ぶりには驚き、そしてこのままでは井の中の蛙に終わってしまう、古い名画だけを洋画の世界と信じ込んでいた自分はやがて取り残されてしまうと、このときほど私の人生であせりを感じたことはなかったと思います[*13]。

徴兵検査では青木とともに不合格となった坂本は、それを機に青木とともに上京して不同舎に入門し、以後、渡仏するまでの約二〇年間を東京で過ごすことになる[*14]。このときのことを坂本は次のように記している。

　よくよくの決意とみた母は、私の願いを聞くと、自宅を居間一室だけ残し、あとはすべて間貸しにして一人暮らしのメドをたてるや、涙一つこぼさず、私を送り出したのです。久留米から東京まで二日半の汽車旅でした。[*15]

この坂本の東京時代に、坂本は不同舎、次いで太平洋画会研究所で研鑽を積むとともに、リーダー的存在であった青木を中心とするグループの一員として、青木をはじめ、森田恒友、正宗得三郎、高村真夫らと交流を結んだ。正宗はこの頃のことについて「あの時代は青木が中心人物の様になってゐたが面白い時代であった、芸術への憧憬は青年吾々の躰に満ち溢れていた」と回顧している。[*16]また、この頃、坂本は写生旅行にもよく出かけている。中でも、一九〇二年十一月に青木と丸野豊との三人で出かけた妙義山から信州にかけての旅行や、一九〇四年七月に青木、森田、そして福田たねと四人で行った千葉県の布良海岸への旅行はよく知られている（青木はこの布良海岸への写生旅行がきっかけで代表作となる「海の幸」を描いている）。そして、一九〇六年の夏に森田と行った伊豆大島への写生旅行では、そのときのスケッチをもとに「大島の一部」を描き、その作品が一九〇七年三月から始まった東京府勧業博覧会に出品されて三等賞を受賞し、それが坂本の作品が画壇に認められた最初の作品となった。

「大島の一部」に続いて、同年の秋には第一回文展に出品した「北茂安村の一部」が入選する。坂本が一九〇四年に第三回太平洋画会展に初出品した「町裏」をはじめ、「大島の一部」や「北茂安村の一部」にはいわゆる「旧派」（脂派）的なやや暗い色彩が主たる色調となっている。しかし、その後、一九〇八年から一二年までは東京パック社に就職してポンチ絵を描き、一九一〇年に権藤薫と結婚した頃から坂本の絵には印象派的な明るい色彩が画面を特徴づけるようになる。薫夫人をモデルとして描いた「張り物」について、谷口治達は「陰影にはふんだんに紫が使われ、黒田清輝以来の外光的印象主義の手法を坂本が新妻をモデルに見事に体得したことを物語る」ものであったと記しているが、[*17]それが一九一〇年の第四回文展で褒状を受賞する。翌年の第五回文展では「海岸」が三等賞を受賞、続く一九一二年の第六回文展では「うすれ日」が入賞する。「うすれ日」は、むしろ色彩を抑制して静謐な画面を構成しているが、この「うすれ日」については、夏目漱石が「文展と芸術」において、次のように好意的に評したことで知られている。

「うすれ日」は小幅である。牛が一匹立つてゐる丈である。自分は元来牛の油画を好まない。其上此牛は自分の嫌な黒と白の斑である。其傍には松の枯木か何か見すぼらしいものが一本立つてゐる丈である。地面には色の悪い青草が、しかも漸との思で、少しばかり生えてゐる丈である。其他は砂地である。此荒涼たる背景に対して、自分は何の詩興をも催さない事を断言する。それでも此画には奥行があるのである。さうして其奥行は凡て此一疋の牛の、寂莫として野原の中に立つてゐる態度から出るのである。牛は沈んでゐる。もつと鋭どく云へば、何か考へてゐる。「うすれ日」の前に佇んで、少時此変な牛を眺めてゐると、自分もいつか此動物に釣り込まれる。さうして考へたくなる。若し考へないで永く此画の前に立つてゐるものがあつたら、夫は牛の気分に感じないものである。電気のかからない人間のやうなものである。[*18]

この漱石の「うすれ日」評に対し、坂本は後に「私は、自分の苦しみがわかってもらえたことで十分でした。漱石は人を介して私に会いたいと言われたようです。当代一の作家に作品を通じて会っていただけるなど、感激しましたが、何か自分がずばり見抜かれた感じで、会うのがこわくてためらううちに機会を逸しました」「それにしても漱石のような大家が、気軽に新進の画家の作品について語りかけるということは、どんなにはげましになるかわかりません。いい時代だったと思います」と記している。[*19]

このように、東京時代の坂本は、様々な試みを通して絵画制作を行い、主として文展を舞台として作品発表を行って、「うすれ日」に続く一九一三年の第七回文展では「魚を持ってきた海女」が入選するなど、着実に評価を高めていったが、一九一四年に二科会の創設に関わったことで、それ以後は二科会を作品発表の主要な舞台としていくこととなった。一九一四年に開催された第一回二科美術展覧会（二科展）には「海岸の牛」を、翌年の第二回二科展には「三月頃の牧場」、一九一七年の第四回二科展には薫夫人をモデルに描いた「髪洗い」を出品した。そして、一九二〇年の第七回二科展に出品された作品が「牛」であった。「海岸の牛」や「三月頃の牧場」に描かれた牛は印象派風の明るい色彩を特徴としており、同じ牛を描いていても「うすれ日」の牛とは受ける印象がまるで異なっているが、一九二〇年に発表された「牛」は、坂本の言葉にもあるとおり、「重々しく、黒一色でうずくまる」牛を描いたものであり、「うすれ日」よりもさらに徹底して色彩を排除したものとなっていた。そして、この「牛」という作品が坂本にフランス留学を決意させる直接のきっかけとなったものであった。後に、坂本は次のように回顧している。

ヨーロッパ行きのきっかけになったのは、大正九年の二科展に出品した「牛」が、発端と言えるかもしれません。一口で言えば、日本人的というか東洋人独特の内的な深みを油絵で盛り上げることを目ざす私としては、この重々しく、黒一色でうずくまる「牛」を発表することで、私の目標をかかげ、「坂本はこの世界に生き続ける」ことを宣言したような形になり、世間もそう受け取ったようです。「それならヨーロッパに行き、油絵の伝統を生み出した本場で、身も心も浸りつけ、そこに何を見出すか、仕事に目標に信念に、とにかく否定にしろ肯定にしろ、一見する価値がある」と洋行帰りの友だちにすすめられたのです。私もその論には反対できませんでした。[*20]

こうして坂本はフランス留学を決意するに至る。坂本、三九歳のことであった。

2　雲への関心

坂本が残した『滞欧日記』によれば[*21]、坂本が渡仏のために横浜でクライスト丸に乗船したのは一九二一年七月三一日のことである。同乗者は硲伊之助、石原長光、林倭衛、小松清、小出楢重などの諸氏であった。横浜を出港したクライスト丸は神戸、門司を経て八月六日には日本を離れ、約四〇日をかけて九月一七日にフランスのマルセイユに入港することになる。

坂本は渡仏するにあたり、中島重太郎の協力で、日本画を、予約注文を受けて描いて売り、それを渡航資金に充てた。洋画家である坂本が日本画を描いて売った理由には「洋画は売れないが日本画なら売れる」という時代状況があったということであるが、坂本は、意外に注文が多かったため出航予定日までに作品が間に合わず、クライスト丸の船中でも描き続け、インド洋上でようやく描き終えたというエピソードを残している[*22]。さらにフランスへの船旅で坂本を苦しめたものが食事であった。この点について、坂本は次のように記している。

　しかし船旅では、やはり食事で苦労しました。一応二等客でしたから、食事が全部西洋料理なのです。これは、みそ汁、たくあんに慣れた私には辛いことでした。たまに、さらの端にのってくるラッキョウを喜んで食べるくらいでしたから、だんだんやせてしまい、栄養失調になりました。スエズ運河を通過するころ、突然、おしりから出血、船医に入院の必要があるといって驚かされました[*23]。

初めての海外旅行ということで、長い船旅には慣れない坂本ではあったが、それでも船が寄港するたびに上陸して写生を試みており、その一部は坂本の残した『滞欧スケッチ帖』に見ることができる。[*24]『滞欧日記』によれば、クライスト丸がフランスのマルセイユに入港するまでに寄港したのは、香港（八月一四日）、シンガポール（同月一九日〜二一日）、ペナン（同月二二日）、コロンボ（同月二七日〜二八日）、ポートサイド（九月一一日〜一二日）であった。そして、寄港先での写生を通して、写生する対象として坂本が注目したものが「雲」であった。

フランス体験を経た一九三〇年、冒頭で記したとおり、坂本は「雲」というエッセーを発表している。その中で、坂本は、航海中に自身が観察した各地の雲の様子について、次のように記している。

黄海の空では半天淡茶色となり、他の半天淡藍色と云ふ迚も美しい色の天井を見て流石に大陸的な壮観に感心された。

同じ黄海の出外れの海では、毒瓦斯の沈澱したやうに低く溜った霧の中に船が這入ったとき、此霧の中から上空がうす青くすけて見え、偶然にも其処にうす白く、二三の雲影と共に乳色した虹を見出し不思議な奇麗さに打たれた事もある。

コロンボでは串ぬき団子を斜に釣り下げたやうな雲の数多くを珍らしく見、ペナンでは日本の入道雲の小形なのが無数に縦列をして、丁度小学生徒の行列を見るやうになった妙なのを見た。仏国の空では淡青の美しさと夜空の色の甘いやうな青味は深く記憶にあるが、雲の記憶はあまりない。[*25]

二〇〇六年、久留米にある石橋美術館の開館五〇周年を記念して開催された「坂本繁二郎展」では、坂本が滞欧期に描いたスケッチ帖が展示された。その中に、「印度洋」「コロンボ」「紅海」という書き込みのあるスケッチがある。[*26]「印度洋」は、水平線を画面に低く取り、大半を空が占めるという構図となっており、波や雲がラフスケッチされているが、画面中央にはややはっきりとした形の雲が一つ描かれている。それがスケッチの中で存在感を示しており、坂本の関心が雲にあったことがわかる。「コロンボ」は、クライスト丸がスリランカのコロンボに寄港した際、坂本が上陸して散策したときに描かれたものであろう、沿岸部にある家々が遠近法を用いて描かれている。そして、その家々の上に雲がかかっているが、坂本が描いているその雲は、斜めにこそ描かれてはいないが、串抜き団子のような形をしている。雲の形の珍しさだけではなく、雲の大きさや画面に占める雲の割合を考えるとき、坂本が描こうとしたものがここでも雲であったことがわかる。また、「紅海」は、水平線上に突き出た島をスケッチしたものであるが、その島の真上に島よりも大きな雲が、まるで島を圧するかのような存在感で描かれている。ここでもやはり坂本は島ではなく雲を描こうとしたのである。

坂本は、「雲」の中で日本の信州の雲の美しさは有名で、丸山晩霞を信州に訪ねた際、その帰路で「月夜となって広い空を一面悉く平均した小さい鱗雲に覆はれ其間から高い高い小さい月がのぞいて光って居るのを見たとき、壮観とも詩とも云ひやうのない気持にされた事を思出す」と記し[*27]、続けて富士山にかかる雲について、次のように記している。

富士山に特殊の雲の出るのは人によく知られて居る。笠かむり雲や其雲が二段三段と重なって山頂の横に猿の腰架見たやうについて現はれたり、又山の一方側丈に馬の立髪のやうな白雲が麓から頂上迄続いてくっ附き、其富士が青空に立つ奇麗さ、数へ立つれば雲の美しさに際限はない。[*28]

坂本が雲に注目し、雲への興味を記したのはこれが初めてではない。渡仏以前の一九一五年に発表した「冬の写生地」という短いエッセーには雲について次のように記している。

小生は今伊豆の山の中に居ますが毎日雲の形を面白く見て居ます。拡がったのや引張られた様なのや眠った様なのやくづれたりちぎれたり引かかったり、それが一々下の山の頭の形とちゃんと関係を保って居り又海から吹上げた風の動き工合を暗示して居る。伊豆は実に山と雲の面白いところだと思ひます、此辺冬風が多いさうですから尚の事雲の形が騒いで居るのでせう、別に山が珍らしい類の形ではありませんが山らしい又雲らしい感じが何う云ふものか適切に起ります。[*29]

ここには雲の形の面白さに興味を覚えて観察している坂本の様子がはっきりと記されているが、注目すべきは、雲が山の形と関係を保ち、海から吹きあがる風の動きを暗示していると見ているところである。坂本は雲の美しさや形の面白さについて記しているが、それは必ずしも雲そのものだけを取り上げて美しいとか面白いとか述べているのではないということである。坂本は山や海との関係性において雲の美しさや面白さを語っている。言うまでもないことであるが、「印度洋」「コロンボ」「紅海」というスケッチについても、坂本が雲を描いているのは、海や島、コロンボの家並みとの関係性の中においてである。しかし、それは、雲が山や海、島などを引き立たせるための「脇役」であることを意味しているのではない。坂本は「雲」の冒頭で次のように記している。

あまりに日常眼に触れるので、却って看過され易い雲形の美しさは、音楽的に流動的によく見れば見る程色々な感じの暗示があるのだが、普通絵画に取入れられたものは背景か点景として画面のわき役になって居るのが多い、昔からの東洋の画には雷雲や、龍雲や、また遠近を仕切るのに慣用された抽象的な雲形は相当描かれて居るが、雲の持ついろいろな特相其物に就ては割合無視されて来て居る。版画等には多少描かれて居るが、外国銅版等の感化であらう。洋画にありても雲の感じを特によく握んだ画はさう多くない。[*30]

坂本にとって、雲は絵の中の脇役などではなかった。雲は時間的に一所に留まるものではない。ある時にはゆっくりと、またある時には急ぐように、雲は流れていくものである。坂本がいう、雲が与える「音楽的に流動的によく見れば見る程色々な感じの暗示」とはすなわち雲の生み出す「リズム」のことであろう。絵の中に描かれた雲が絵に流れるようなリズムを与えるのである。しかし、もちろん雲の中には動きの少ないものもある。それらは流れる雲の与えるリズムによってではなく、雲そのものの表れ、あるいは存在感で見る者に何らかの暗示を与える。坂本は、「夕焼雲、入道雲、漣雲の変化が日々夜々の空に空しく看過されて居るのである」と記しているが、[*31] 淡い橙色を湛えた、あるいは燃えるような赤色を映した夕焼雲の表れ、夏の青空に圧倒的なボリュームと存在感を見せる入道雲の表れ、さらに文字通り漣のように空に筋を描く漣雲の表れは、それぞれに流れるようなリズムはないが、見る者に様々な暗示を与えるものである。坂本はこのように多様な表情を見せる雲が絵画の中で脇役になっていること、そして雲の豊かさが脇役にもならずに看過されていることを憂うのである。

ところで、前述のとおり、坂本にはフランスにおける雲の記憶があまりなかった。このことは何を意味しているのだろうか。次に坂本のフランス体験を振り返ることで考察していきたい。

3　フランス体験

クライスト丸がマルセイユに入港したのは、一九二一年九月一七日の早朝であった。マルセイユ上陸後、マルセイユの旧港を見下ろす小高い岩山に建てられたノートルダム・ド・ラ・ギャルド教会を見物した坂本は、九月一九日午前一〇時にパリのリヨン駅に到着し、そこからパリでの居住先となるエルネスト・クレッソン通り一八番地のアトリエに入った。ここから坂本のフランス体験が始まる。本稿ではその内容について、次の三点についてまとめておきたい。すなわち、①シャルル・ゲランのアカデミー・コラロッシ入門、②パリの美術館や展覧会の探訪、そして③「歩くこと」による「フランス認識」の形成である。

はじめに、シャルル・ゲランの主宰するアカデミー・コラロッシへの入門についてみておこう。坂本が石原長光とともにゲランのアカデミーを訪ねたのは一九二一年一〇月三日の午前のことである。ゲランは、ジョルジュ・ルオーやアンリ・マティスなどとともにギュスターヴ・モローの弟子であり、ポール・セザンヌからの影響を強く受けた画家である。パリに留学した日本人画家の中にもゲランの弟子は多く、例えば、小山敬三、遠山五郎、新井完、清野善弥、馬越舛太郎などが挙げられる。[*32] しかし、石原がアカデミーを訪ねたその日に入門を決めたのに対して、坂本が入門したのは一週間後の一〇月一〇日である。その間、一〇月五日には、坂本は新井完とともに、ゲランの師であるモローの美術館を訪ねているが、それは、納得したうえで入門しようという坂本らしい慎重な態度の現れであったのであろう。後に、坂本はゲランのアカデミーを選んだ理由について、ゲランが「自分の画法を弟子に徹底させるやり方で、教はった通りにやらないと叱られるといふ厳格な先生だと聞いて、私は特にこの方の研究所を第一に選んだ次第です」と語っている。[*33]

このゲランの厳格な絵画指導については、小山敬三が次のように記している。

> 素描に対する彼の関心は厳格を極め数多い弟子の絵を一枚づつ丹念に筆を執って修正して呉れたのであるが、人体の構成プロポルシヨン（比例）明暗の調子、ヴァルール等の要点を各人の個々の感性を須早く見抜き乍ら、一点一画実に深重な態度で加筆されたが、それは驚く可き簡潔さと正確さを示して居ってまったく敬服の外なかった。[*34]

簡潔ではあるが、この文章からは、ゲランが弟子の一人一人に対して、厳しいながらもそれぞれの感性にあった丁寧な指導をしていることがうかがわれる。そして、「一点一画実に深重な態度で加筆された」という表現からは、一枚一枚の絵に真剣かつ真摯に向き合っているゲランの様子が見て取れる。また、小山は「彼の家やルーブルの古画の前や時として私達のアトリエでどんなにか啓蒙され励まされる点が多かった事であらう」と記している。[*35] その具体的なエピソードと思われるものは馬越舛太郎が紹介している次のものであろう。馬越が、ルーヴル美術館でテオドール・ジェリコーの競馬の絵に見入っていたとき、ゲランとばったり出会った。その時、ゲランは馬越にジェリコーについて語り、次いでウージェーヌ・ドラクロワの「アルジェリアの女」を指さして「この絵を見たか、これは世界で一番美しい絵だ、この絵の中にある美くしい光線を見よ非常に非常に美くしひ光の流れがこの絵の中にある」と言ったという。[*36] こうしたゲランの言葉をどのように受け止めるか、そして画家としての自分自身にどのように取り込んでいくかはそれぞれに異なるであろうが、ルーヴル美術館で実際に高名な画家の作品を前に直接ゲランから語られる作品論や作家論は、その一言一言が当時の日本人画家にとって教室で学ぶ以上のものを与える貴重な体験となったであろう。

また、第一次世界大戦中にフランスに滞在し、パリにゲランを訪ねた、画家で評論家の黒田重太郎は、そのときのことをもとに『ゲランの印象』を著している。その中で、黒田はゲランが日本人画家へのメッセージとして「油画をやるにしても、日本人は日本人特有の美しい質を忘れてはいけないと思ふ。日本人はモネにも、ピサロにも、セザンヌにも、ルノアールにもなる必要はない。日本人であってほしい」と述べ、オディロン・ルドンの「最初の中は真似するのもいい、併し努めて間もなくその獄屋をのがれるやうにしなければならぬ」という言葉を進呈すると言われたと記している。[*37] このことは、ゲランがフランスで学ぶ日本人画家が単にフランス絵画の模倣に終わるのではなく、日本人としての絵画に昇華させることを期待していたことを物語っている。こうしたゲランの日本人画家への期待はアカデミーでの指導にも反映していたであろう。

しかし、坂本がアカデミーでゲランと初めて会ったのは、一九二二年二月八日のことであり、入門から四か月が経とうとする頃であった。三月一日にはゲランから油絵を描くように言われたとのことであるが、坂本自身が「何といっても語学が不充分といふことで、ゲラン絵画研究所に通ひましても、ゲラン先生のおっしゃることばがはっきり判らないのには閉口しました」と語っているように、[*38]同月二五日には主としてこのフランス語能力の問題が原因でアカデミーをやめており、坂本のアカデミー在籍期間は半年にも満たないものであった。したがって、坂本に対するゲランの指導が実際にどのようなものであったかということははっきりしない。ただ、帰国後の一九二六年、坂本は雑誌『アトリエ』に「之からの道」と題する短文を書いており、その冒頭に「西洋美術の、殊に絵画の輸入時代はもう仕舞へました。最早吾々は自己の力によって立上る可きときになって居ます」と記している。[*39]この点は、ルドンの言葉を引いて黒田に寄せたゲランの日本人画家への「真似ることからの脱却」のメッセージと相通じるものがあるといえるであろう。

次に、パリの美術館や展覧会の探訪についてみてみよう。アカデミーをやめた坂本は、以後、自らの力でフランスと向き合っていく。それは、坂本自身が美術館に足を運んで古今の作家の作品と対話し、パリ市内や郊外、そしてブルターニュなどを丹念に見て歩き、スケッチしていくことを通してなされていくことになる。

坂本が渡仏後初めてルーヴル美術館を訪ねたのは、パリ到着後一〇日ほど経った九月三〇日のことである。その翌日にもルーヴルを訪ねているが、以後、帰国までの間にあわせて二〇回ほどルーヴルを訪れている。とくに、その回数が集中しているのはやはり渡仏直後のことで、九月三〇日分を含めて一〇月末までに五回、一一月には三回訪れている。その間、坂本はルーヴルの他にも、リュクサンブール美術館を二回、ギュスターヴ・モロー美術館、プチ・パレをそれぞれ一回ずつ訪れており、それにサロン・ドトンヌなどの展覧会を訪れていることを加えると、パリ到着後の坂本が古今のフランス絵画を精力的に観てまわっていることがわかる。坂本とともにクライスト丸にてフランス入りした硲伊之助は、在仏時代の坂本についての回想の中で「巴里へ着いて間もなく、別行動でルーヴルを見物してどこかでぱったりお目にかかりましたね。あのとき偶然の一致で『コロの人物画は素晴しい』と言って笑ったのを思い出します」と記している。[*40] 坂本がカミーユ・コローに心酔していたことは坂本自身が随所で語っていることでもあり、[*41] よく知られているが、コローの作品との出会いはこうした坂本の精力的な活動から得られたものであった。

しかし、坂本が初めてルーヴルを訪れた時のフランス絵画に対する感想は必ずしも好意的なものではなかった。坂本は初めてルーヴルの入口に立った時には「世紀始まって以来の巨人の声がいかに響くかを思ひ胸の躍るのを覚えざるを得なかった」と記し、「感激の如何なるものを投げられるであらうかを予期した」が、「愈々多くの作品の前に立って、いろいろな教訓は限りなく暗示されても、感激の情は予期に添はず止むを得ないもののある事を思知らされなければならなかった」との感想を記している。[*42]

坂本がフランス絵画に対してこのような否定的な感想を持つのはこの時が初めてではない。渡仏前の一九二〇年九月に東京で開催された「仏蘭西近代絵画及彫塑展覧会」にはオーギュスト・ルノワール、エドゥアール・マネ、カミーユ・ピサロ、エドガー・ドガ、セザンヌ、マチスなどフランス近代絵画史上重要な作家の作品が展示され、坂本は同展覧会でこれらフランス絵画の数々を観ている。そして雑誌『みづゑ』に「仏国の作品を見る」と題して冒頭に次のように記すのである。

美術院の仏国の作品紹介は有難い事であった。展覧会場に入る前から心が緊張する。よい芸術に対する止み難い憧憬である。恐ろしさに体を固くしながら場内を一巡二巡三巡と繰返へす。さらに四巡五巡としかし最後に残った心持はなんだか淋しかった。[43]

そして、「此淋しさは何処から来るか。其等の作品がつまらないのか、其うではない。然らば何処から来る淋しさか」「此淋しさは余りに過大な期待を持った反動なのか、其れとも国民性的相違からか」と自問するのである。[44]坂本はルノワールやセザンヌ、ドガの作品を「物足りない」と感じ、マチスとピサロには「より多く同感が動く」とした。[45]そして「国民的相違があるに相違ない」と考える一方で、作品には「新たなる詩」、すなわち坂本によれば「対自然の新鮮な最初の心」が要求されるとし、ルノワールを始めとするフランス近代絵画の作品には、自然への「新鮮な最初の心」が感じられないということであろうか、「科学的筆触」が目立ち、それは「嬉しさの最上のものではない」と述べるのである。[46]

一九二一年九月三〇日に初めてルーヴル美術館を訪れた坂本は、渡仏前のこの経験を思い出したであろうか。坂本は、フランス滞在中、「巴里通信」と題する文章を日本に送っている。その中で、坂本は古今のフランスの画家について次のように記している。

「あのドラクロアの雄大さもクールベーの写実もアングルのクラシックも伊太利のものに比すると何としても小手先芸術の感を免れません。」

「セザンヌやルノアールやモネ、マネといつた巨匠等の作品を観ても吾々は実際最早ほんとうには救はれない心持がたしかにあります。」

「ピサロは自然を見てゐます。併しここの画家達は自然といふものに就いて実は少し先天的の勝手性があるやうです。」

「やれセザンヌとかルノアールとかいつても之はそれらの作品が世界に高価に売れることになつて貴いぐらゐのところらしい。芸術品として何のかうのといふ如きは却つてここではいはれぬことらしいのです。[*47]」

いずれの評価もネガティヴなものである。坂本は、フランスでは「印象派以後根本的な大事な人間を忘れた禍根が未だに進行を続けて」いて、それを助長させたのがパブロ・ピカソでありセザンヌであるとしている。[*48] そして、「徒に主義方法が重視され過ぎて居る」と記すのである。[*49] 二〇世紀に入ってフランスではフォーヴィスム、表現主義、キュビスム（立体派）、未来派など新しい絵画運動が展開していた。坂本にとって、それは「主義方法」に偏り過ぎており、坂本が求める「生きた人間性」を欠いていた。坂本はそこにイズムの問題点と限界を感じたのである。

こうした文章に続けて、坂本は「要するにここにはあまりに美術品が多過ぎます。却て下手に間誤ついてゐたら美意識などは麻痺されてしまひ美の道程はあまりの広汎さに迷はされ、ぐたぐたにされてしまひさうです」と記している。[*50] サロン・ドトンヌやアンデパンダンなどの展覧会にも足を運び、最新の潮流にも目を向けていた坂本にとって、パリは「美術の大洪水がはんらんして居るところ」であった。これらの文章からは、日本ですでに自身の絵画スタイルを確立していた坂本の、こうした美術の大洪水の中に呑み込まれていくことで自身のスタイルを見失ってしまうことへの危機感を読み取ることができるであろう。

最後に「歩くこと」による「フランス認識」の形成についてみておこう。後に、坂本はフランス留学期のパリを振り返って「パリの画廊街は、われながら実に丹念に見て回りました」と述べているが、[*51] 画廊巡りに限らず、坂本はパリ市内や郊外、さらにはブルターニュのカンペールやヴァンヌといった地方の町にも足をのばして、実によく歩いている。[*52] この「歩くこと」は坂本のフランス体験を特徴づけるものである。『滞欧日記』によれば、坂本はモンソー公園やヴァンサン公園などの公園、クリニャンクールやモンマルトルのサクレ・クール寺院といった名所旧跡、ブーローニュの森などを毎日のように散策している。坂本はアトリエでの制作に疲れると「あてどもなくパリの裏街を歩き」「なるべくシャンゼリゼーとか大通りを避けて気ままに散歩」したと記しているが[*53]、こうした街歩きは坂本にとって気分転換という意味で大切なものであったに違いない。

そして、洋画家としての坂本にとって「歩くこと」の積極的な意味は次の二点にあったであろう。

第一に、写生をすることである。坂本はフランス到着から一カ月ほど経った一〇月一五日にパリ南部のポルト・ド・シャンティ付近を散策しているが、一六日からはポルト・ド・シャンティ付近の写生を始めて一九日まで毎日通っており、その後はポルト・ドルレアンを写生している。坂本にとって、写生することは画家として当たり前のことに過ぎなかったかもしれないが、それはやがて坂本が「フランスの自然と向き合う」という経験を通じて坂本の「フランス認識」の形成にもつながっていくものであった。とりわけ坂本は、ゲランのアカデミーをやめてからは、自然を求めてポルト・ド・シャンティやノアジー、グルネーなどパリ郊外の村々に頻繁に写生に出かけた。それは、フランス西北部のブルターニュ地方の諸都市にまで及んだが[*54]、そうした写生のために歩くということは、坂本にとってアカデミーで学ぶことよりも多くのことを学び取ることのできるものであった。

第二に、古今の画家たちが住んでいた場所や彼らが描いた作品の場所を訪れて、画家として追体験することである。坂本は、フランス滞在が一年になろうとした一九二二年七月二二日にバルビゾンを訪ね、ジャン＝フランソワ・ミレーの家を訪れている。次いで、同年八月一七日にはエラニーにピサロ夫人を訪ね、ピサロの遺作を見せてもらっている。そして、その翌日には、フィンセント・ファン・ゴッホの終焉の地となったオーヴェル・シュール・オワーズを訪ねている。なお、一九二三年一月一六日にも、坂本は正宗得三郎、石井柏亭、坂田一男らとオーヴェル・シュール・オワーズに、同地でゴッホの担当医を務めたガッシュの家を訪ねているが、そのときの坂本について、石井は日記の中で「坂本君はよく写生に出たり釣に出たりするので近郊の地理をよく知って居る」「道々坂本君は『ここをヴラマンクが画いて居る、此二またの道を』などと指し」たと記している。[*55] 石井のこのエピソードは、坂本が写生や釣りによく出かけていて、またその結果として地理に詳しかったことが交流のあった日本人画家たちによく知られていたことを裏打ちするとともに、画家の絵とそれを描いた場所について坂本が自分の眼で実地に確かめていたことを物語るものとなっている。石井は坂本の言葉に続いて誰かが「セザンヌの画いた首くりの家、あれはもう無いさうだ」と言ったと記しているが、[*56] この記述からはその誰かはセザンヌの描いた「首くりの家」が無くなっているかどうかを実際に確認してはいない。この違いは大きいであろう。この石井の記した坂本のエピソードは、絵画手法において写実を重視した坂本繁二郎という画家を理解するヒントにもつながってくるものであると思われる。このように、坂本にとって「歩くこと」はフランス内外の作家や彼らが描いた作品の理解のために不可欠の行為であった。坂本にとって「歩くこと」は「見ること」であった。そして、フランスの自然を前にしたとき、「歩くこと」は自然に「触れる」そして「感じる」ことを意味するものともなったのである。

4　対立する自然観

坂本は、中途でやめたとはいえ、アカデミーを通じて、また美術館や展覧会を通じて、そして「歩くこと」を通じてフランス体験を重ねていった。フランス滞在中、坂本は、少女や老婆、さらには乞食などをモデルに多くの人物画を描いているが、それでも坂本の関心の中心は自然にあった。坂本は、パリに到着して二〇日ほど経った一〇月六日、「巴里通信」と題して、日本に向けて次のような短い文章を寄せている。

巴里は意外な程きたないところもあります。恐らくセーヌ川の水程きたない川も外に又ないでせう、胸がわるくなる程ひどいものです。しかし、郊外には素的な景色があります。青草原ののびのびしたところも方々にあり山羊や牛鵞鳥の類が自由に遊んで居ます、其間にぽつぽつとある仏国式田舎家はたまらぬものです。[*57]

ここには坂本の「フランス認識」の基本形とも言うべき枠組みをみることができる。すなわち、「パリと郊外」「パリと田舎」という二項対立的な認識枠組みであり、それは後に「パリとブルターニュ」のように「パリと地方」といったものに広がっていくが、その対立軸としては「人工と自然」が指摘できるであろう。フランスの首都であるパリは、一九世紀以降、近代都市として発展した大都会であり、エッフェル塔に代表されるように、近代科学の粋を集めた人工物にあふれたところであった。クロード・モネがサン・ラザール駅で蒸気を噴き上げる機関車を描いてフランスの「近代」を絵画というかたちで記録したことはよく知られているが、鉄道や自動車もまた近代を象徴するものであった。しかし、坂本はそれらについてはネガティヴな見方をしている。坂本は次のように記している。

若し自動車や電車などの騒音がなかったならば巴里はも少しずつとよいところになるでせうが自動車等の響丈けは一寸閉口です。石だたみと周囲の家の高いのとで反響するその騒音丈けは全く感じのぶちこはしになってゐます。馬車は馬の足音が調子がよいから邪魔にはなりませんが、ここの自動車の響はひどいものです。[*58]

坂本にとって、近代の象徴が生み出す「人工的な音」は「騒音」以外の何ものでもなかった。パリはそうした「近代」にあふれた都市であった。

それに対して、パリ郊外は自然が豊かに残っているところであった。郊外の建物は古い「苔じみた」ものばかりで、それは坂本に落ち着きを与えるとともに、郊外はパリと違って人口が少ないこともあり「自然に人の心ものびのびして居り何処の村でも古蹟か何かのやう」であった。[*59] また、坂本が歩いたセーヌ川やマルヌ川の川岸には「大抵二三十間幅ぐらゐの草原が其両岸につづいて」いて、それらは坂本にとって「実に結構な公園以上の楽天地」であった。[*60] 坂本は次のように記している。

　麦畑の緋げしの画はモネの画にもありますが、却々きれいなものです。その青草原や緋げしの畑の間を流れる川筋には例の魚釣連がゆうゆうとかまへて居ます。ここの魚釣連は男ばかりでなく女は勿論お婆様迄やってゐます。犬や山羊もお供してゐるのです。大抵はしかし主人公が釣を垂れてゐると妻君はその側に編物などをしてゐます。[*61]

坂本の記すこの風景はパリ郊外での一場面であり、まさにパリ郊外はそこに住む「人間の顔からけはしさなどの消えて仕舞って居る」ほどののびのびとしたところであった。[*62]

しかしながら、坂本はフランスの自然に対して手放しの賛辞を送ったわけではない。むしろ、日本の自然と比較して「物足りなさ」を感じている。坂本は次のように記している。

　今日まで僕は不思議と此国土の感じに物足らぬものが一つあります。それは事毎に神秘性の欠けてゐることで、土質にも立樹にも草花の如きものでも其等の自然に魅力がかわいてゐます。美しさがすべて菓子か友染《（ママ）》式です。趣味はあるが驚嘆がありません。由来仏国には昔から哲学らしい哲学がないとは某学者の説に聞きましたが或はさうかもしれない。此土地の感情に養はるる人の性質が自然に明るくなるのは当然でせう――仏国は美と科学とを調和させることを誇としてゐるさうですが、全くここでの美の展開は実に合理的で事によっては其道筋が余り見え透いて微笑されることがあります。[*63]

また、坂本は帰国途上の船の中で考え、日本に帰国して感じたこととして、後の回想の中では次のように記している。

パリは文字通り花の都でした。ところがこの花ににおいがないのです。月も輝き、雪も降ります。ところが単なる天然現象であって、人の心に語りかける何かがくみ取れないのです。特に季節感が希薄だと思いました。春から十分に夏が来ないまま秋になります。夏がないのはしのぎやすいようですが、自然が思う存分生命力を発揮する夏があってこそ、春や秋の味わいが生きてきます。

私は絵のテーマを求めてパリの町よりその周辺や、ずっといなかの方に足を伸ばしました。いなかはパリよりはるかに自然が息づいて、家も古びるほどに自然とマッチして美しかったのですが、すべて合理的な美しさが目につき、いかにも「かわいた自然」と思ったことでした。

西洋では人間に立脚し、個人を尊重します。人間の力で自然を克服し、政治も芸術もねじ押えようとするさまはすさまじいものです。それが東洋では違います。特に日本ほど豊かな自然に恵まれた国はありません。苦しみと、喜びと、悲しみのなかで、自然への調和を求め、和しているのです。自然といっても人間を含めた意味での自然の語り合いがあります。[*64]

当たり前のことであるが、坂本にとってフランスの自然は日本の自然とは異なるものであった。それはとくに四季の移り変わりの希薄さに典型的に現れていた。とりわけ、坂本は九州地方の久留米の出身であった。日本とフランスの「夏」の現れにその大きな違いを感じたのは九州出身の坂本ならではのことであったであろう。しかし、さらに坂本が注目したのは、自然と人間との関係性であった。日本において、自然は単なる科学的観察の対象ではなく、合理的理解に留まるものでもなかった。坂本にとって、日本の自然は「人工的な色彩」がなく、「表面単調のやうである」が、「しっとりと溢るる如き慈味を湛えた」ものであった。[*65] それは文字通りの自然の美しさを備えたものであり、人間の生活と調和し、一体化したものであった。坂本にとって、それが日本人の自然観であった。

それに対して、フランスの自然は単なる「天然現象」でしかなかった。「天然現象」というその表現そのものが科学的であり物理的である。すなわち、フランスにおいて、自然は合理的に理解されるべき対象でしかなかった。坂本は「日月の光も仏国にありては極めて詩味に欠けて居る、巴里の月などと云ふとなんとなく美しいものに思はれるが、其実は下界との交渉のうすい忘れられたやうに只空に在る」と記している。[*66] 坂本にとって、「科学的対象としての自然」と呼ぶべき自然がフランス人の自然観であった。こうした自然観の相違から、坂本はフランスを「人工本位の社会」とし、日本を「自然優位」とするのである。[*67] 少なくとも、坂本はフランスおよび日本の自然をそのように理解した。そして、単なる天然現象として、においがなく、乾いたフランスの自然は坂本が求める自然ではなかった。坂本は渡仏前にすでに洋画家として「日本人的あるいは東洋人独特の内的な深みを油絵で盛り上げること」を目指していた。坂本が渡仏を決意したのは「油彩の伝統を生み出した本場で、身も心も浸りつけ、そこに何を見出すか、仕事に目標に信念に、とにかく否定にしろ肯定にしろ、一見する価値がある」と友人に勧められたからであった。坂本が自らの五感で感じたフランスの自然からは「内的な深み」につながるものを見出すことはできなかった。それとともに自身のフランス体験からは、自然観という点で、自然を人工的色彩のない自然そのままのものとしてみる「日本人的自然観」と人工物を生み出す科学的対象としてみる「フランス人的自然観」との対立をみてとった。帰国後の坂本の画業の展開を考えるとき、こうした認識を得たことこそ、坂本のフランス体験の成果であったといえるであろう。

5 「放水路の雲」

『滞欧日記』によれば、坂本が帰国に向けてマルセイユから香取丸に乗船したのは一九二四年七月二六日のことであった。八月三一日には北九州の山々を見、来島海峡を経て、九月一日には神戸に入った。そして、坂本は東京に寄ることもなく、そのまま故郷の久留米に帰っている。

帰国し、帰郷した坂本は久しぶりに日本の自然の中に「うるおい」を味わった。坂本は次のように記している。

> 帰国するすこし前、妻は久留米市で借家住まいをして待っておりましたが、家の近くにあった筑後川の放水路を散策した私は、川のかなたに広がるふるさとの、多様な変化を示す雲の形を見て、久しぶりに自然のうるおいをかぎとることができました。*68

このときのことを描いた作品が「放水路の雲」(一九二四年)である。坂本にとって雲は「自然のうるおい」の表現であった。先述のとおり、坂本は、帰国後の一九三〇年に発表した「雲」という文章の中で、「仏国の空では淡青の美しさと夜空の色の甘いやうな青味は深く記憶にあるが、雲の記憶はあまりない」と記した。坂本は帰国後に書いた「『巴里附近の春』に就いて」という短い文章の中で、「仏国の春先は日本同様小雨が降ったり照ったり日本よりも一層柔かな雨が一日数十回もすっすっと降っては晴れます。此の絵画も降ったり照ったりの内に立って描いたのです。仏蘭西特有の水色の空が大変綺麗でした」と記しているように[*69]、フランスの空の青さに、帰国後の記憶にも残るような強い印象を受けているが、雲については印象に残らなかった。坂本は「雲」の中で「仏国の画に割合に雲の印象あるものの少ないのは仏国の気候、雲の表現の淡い事を意味されるものらしい」と記しているが[*70]、これまで本稿でまとめてきたように、フランスの自然を「かわいた自然」とみた坂本にとって「自然のうるおい」の象徴である雲の記憶が残らなかったのは、その意味で当然のことであったであろう。

「放水路の雲」は、水平線を低く取り、画面のほとんどを空が占める構図となっている。空はグラデーションのかかった淡い青色で塗られており、そこに大小三つの雲が横長にほぼ水平に描かれている。雲は白と、やや紫がかった灰色で塗り分けられている。この絵の中に筑後川放水路は画面下にわずかに描かれているのみで、そのためにそれと対比して雲の大きさが圧倒的な存在感を示している。しかし、それは横長にほぼ水平に描かれることによって観る者にリズムを与えている。この「放水路の雲」について、森山は「郷里の自然を目の前にした画家の喜びが満ちあふれているようだ」と記しているが[*71]、まさに坂本は郷里である久留米の空に浮かぶ雲を描いたこの絵の中に自らの喜びを表現するとともに、雲が自然のうるおいを象徴するものであること、そして風景画の中で雲が主役になりうることを見事に証明してみせたのである。

坂本は、この「放水路の雲」と同じ構図の絵をもう一点、タイトルも同じ「放水路の雲」として、一九二七年に描いている。この絵は、雲の形が一九二四年に描かれたものとほぼ同じ大きさと形をしていることから、坂本が別の機会に同じ場所で新たに雲を観察して描いたものではなく、一九二四年に描いたものを基にして描き直したものであることがわかる。しかし、それはまったく同じものとして描き直したのではなく、一九二七年に描かれた「放水路の雲」は、一九二四年のものよりも全体に色彩が淡くなり、そのために雲の白が引き立っている。そして、雲を含めて描かれた対象の輪郭がぼやけて絵の中に渾然一体となって溶け込んでいるように描かれている。空と地上の境界は霞がかかったようにぼやけており、その点にも自然のうるおいを表現したかのようで、全体にしっとりとした感じを与えるものとなっている。

この一九二四年と二七年に描かれた二枚の「放水路の雲」をみると、帰国後の坂本が日本の自然のうるおいを表現するために雲を重要な主題としていることがわかる。そして、この「放水路の雲」以後、その他にも坂本の風景画の中に雲が描かれるようになる。

例えば、一九二七年に描かれた「熟稲」は、水平線がほぼ真ん中に引かれて画面を上下に分けているが、「熟稲」というタイトルにもかかわらず稲自体は形を成しておらず藁のようなその色で表現されており、背景にある山々は霞んでいる。空には画面中央にやや大きい雲、左右に細長の雲が描かれている。とりわけ、左側に描かれた雲は「八」字形の珍しいものであり、描かれた三つの雲はそれぞれに異なる様相となっている。[*72]

一九三一年から三二年にかけて描かれたものが「雲」である。色調としては全体的にパステル調に描かれている「雲」は、構図的には画面上下四分の一のところに引かれた水平線で三分されており、上の部分には青空が、下の部分には山と思われる風景が描かれている。真ん中の部分はエメラルドグリーンの空に、一本の線のように細長く伸びた雲が上下に三本、薄い灰色で描かれており、真ん中の雲には半円形の雲が、一番下の雲にはやや丸形の雲が黄色でかかっている。この横長に描かれた一本の線としての雲は、一九三二年に描かれた坂本の代表作の一つである「放牧三馬」の背景にも、より単純化された形で描かれている。

同じく、一九三二年に描かれた「鳶形山」は、画面下四分の一のところに引かれた水平線が画面を二分し、下の部分には鳶形山とその裾野が描かれている。上の部分は空であるが、その左半分にはそのほとんどを占めるような大きさで雲が描かれており、やや平坦に描かれた鳶形山を圧するような存在感を示している。

その他にも、一九四六年に描かれた「八女風景」や、一九五三年に描かれた二枚の「暁明の根子嶽」、一九六六年に描かれた「月」には、それぞれ小さな雲が描かれている。それらは、画面に占める割合も小さく、形としても小さいために圧倒的な存在感こそないが、坂本の風景画にとっては不可欠の要素としてそこに描きこまれている。

坂本は、一九三一年七月末に久留米から八女に転居する。薫夫人は坂本が「この家ではね、木立ちがじゃまをしてアトリエからは雲が見えないと申しましてね、わざわざ長いはしごを買い、屋根に上って雲をスケッチしておりました」と語っているが[*73]、雲が見えないことが転居理由になるほどに、坂本にとって雲の観察とスケッチは重要なものであったのである。その後、久留米市内で転居するもののなかなか坂本の希望を満たし得るものは見つからず、坂本の友人であった梅野満雄の仲介で八女に転居することになったのであった[*74]。

この八女のアトリエについて、坂本は次のように記している。

私のアトリエの周囲にはささやかな空地を回らしているが、この雑草のままの地面もアトリエの延長として気持を助けられている。近所の子供は勝手にここに立ち入り、折角咲きそろった紫雲英は、無残に刈り取られ、柿の色が追々よくなって、描けるのを楽しんでいると、知らぬ間に無くなっている。私はそれでもここがやはり有難い。自然は何処でもよろしいが、ここは自らの生きる気持にかかった違いがある。農村の人の目にはこの雑草のままの地面はもったいない奇妙なものとも見えるかも知れない。食糧増産に反する不都合なものとも見られそうであるが、私にはこれも相当大切な心の収穫地なので、それは許してもらいたいと思っている。木の枝を一つ切って捨て置くだけでもうれしい光景を味わうのである。雑草の自由な茂りは限りない魅力で、他所では味わえないものとなっている。近代の芸術は西欧的人力構成の誇りから、自然認識の根本的重要性をややもすると忘れて行き過ぎようとしている。私は自然認識の裏付けがない絵画の高度発展を想像することはできない[*75]。

引用文中には雲のことは直接語られていないが、その内容からもわかるとおり、坂本は、雑草のようなものでもあるがままの自然を愛した。「木の枝を一つ切って捨て置くだけでもうれしい光景」というような、そうした日常的にある、何気ない自然に囲まれて生きることは、坂本にとって「生きる気持ち」に関わることであり、そうした自然に囲まれた場は、坂本自身が「心の収穫地」と呼ぶべき場となったのであった。

そして、最後には「西欧的人力構成」を誇ることは「自然認識の根本」を忘れることにつながり、そうした「自然認識」のない絵画には高度な発展の余地はないと言い切っている。ここにも、坂本がフランス体験で得た、フランスと日本で対立する自然観を見て取れることを確認しておきたい。

おわりに

以上、坂本の描いた風景画について、とくに坂本のフランス体験に注目し、帰国後、坂本の風景画に表れた特徴を「雲」をキーワードにして考察を進めてきた。

坂本の没後、薫夫人は坂本の思い出として「絵のモチーフにしろ、食べ物にしろ、自然のままの味わいを愛し、人工的な感じの強いものをひどくきらいました」「テレビ、電話、クーラー、補聴器など、新しい機械には必ず抵抗を見せたものです」と回想している。[*76] このようにみてくると、坂本において「自然と人工物との対立」は私生活でも徹底していたことがわかる。また、坂本は絵を描く自由を得るためには「アトリエ籠城」が最も安全で「よく生き得られる唯一の天地」であり、「特に仕事が気分でも快適に進行する場合の如き、そのうれしさは無上の感謝ともなる」と記して、[*77] さらに次のように文章を続けている。

このような習性は、必然に都市の雑音とは相容れない。騒雑音の中にある間、私は元気もなくなってしまうので困る。やむなき用事で時々都市に入り、都市から出ると途端にすっと生気を取りもどす。仕方がないのである。[*78]

坂本は幼少の頃、森三美から洋画を習い始めたとき、自然の美しさに目を開かされ、その美しさを絵画の中に表すことの喜びを経験した。足かけ四年におよぶフランス体験は、坂本に日本とフランスの自然の相違と、そこからくる日本人とフランス人の自然観の相違を学ばせるきっかけとなった。坂本はそうした体験を通じて、あらためて自然、より正確には「かわいた自然」ではなく「うるおいのある自然」の重要性を学んだ。坂本繁二郎という画家はどこまでも自然の中に生きた画家であった。この坂本のフランス体験はそのような自分自身を再発見させるまたとない機会となったのである。[*79]

注

1 坂本繁二郎についてのまとまった伝記としては、次の文献を参照。河北倫明、『坂本繁二郎』（第二版）、中央公論美術出版、一九七七年。谷口治達、『坂本繁二郎の道』、求龍堂、一九八一年。岩田礼、『坂本繁二郎』、新人物往来社、一九七三年。岩田礼、『聖馬昇天坂本繁二郎と私』、学習研究社、一九九一年。

坂本の残した自伝と文章については、次の文献を参照。坂本繁二郎、『坂本繁二郎文集』、中央公論社、一九五六年（以下、『文集』）。坂本繁二郎、『私の絵私の心』、日本経済新聞社、一九六九年（以下、『私の絵』）。今西菊松編、『坂本繁二郎夜話』、一九六〇年（以下、『夜話』）。なお、雑誌では、『みづゑ』五三六号（一九五〇年）、『西洋美術』四号（一九四七年）、岸田勉編著、『近代の美術二一坂本繁二郎』（至文堂、一九七四年）は、それぞれ坂本繁二郎特集号である。また、図録では『石橋美術館開館五〇周年記念坂本繁二郎展』（二〇〇六年、以下、『図録』）が最新のものである。

2 いわゆる「筑後画壇」については、次の文献を参照。植野健造、「序論筑後洋画の系譜」、『青木繁・坂本繁二郎生誕一〇〇年記念筑後洋画の系譜』、二〇〇三年、八‐一五頁。拙稿、「筑後洋画ゆかりの地を訪ねて――青木繁と坂本繁二郎を中心に――」、『宮城学院女子大学研究論文集』一一九号、二〇一四年。

3 森山秀子、「平凡のなかの非凡――坂本繁二郎のまなざし」、『図録』、一九六‐一九九頁。

4 いわゆる「フランス体験」については、次の文献を参照。三浦信孝編、『近代日本と仏蘭西――一〇人のフランス体験』、大修館書店、二〇〇四年。貝塚健、「パリと日本人画家たち一九〇〇‐一九四五」、『Paris、パリ、巴里――日本人が描く一九〇〇‐一九四五』、二〇一三年、所収、九‐二四頁。林洋子編、『ライブラリー・日本人のフランス体験第一二巻美術家のフランス体験Ⅱ――黄金の一九二〇年代』、柏書房、二〇一〇年。

5 坂本と青木の関係については、次の文献を参照。竹藤寛、『青木繁・坂本繁二郎とその友――芸術をめぐる悲愴なる三友の輪――』、福岡ユネスコ協会、一九八六年。竹藤寛、『青木繁と坂本繁二郎「能面」は語る』、丸善、一九九五年。松本清張、『私論青木繁と坂本繁二郎』、新潮社、一九八二年。

6 森三美については、図録『筑後洋画の先覚森三美』（一九九七年）所収の次の文献を参照。橋富博喜、「森三美の生涯と画業」、五‐一二頁。植野健造、「森三美と青木繁、坂本繁二郎」、一三‐一八頁。

7 坂本、「自分の事」、『文集』所収、二六七頁。

8 坂本、『私の絵』、二一頁。

9 坂本、『夜話』、八七‐八八頁。

10 坂本、『私の絵』、一九頁。

11 同前、一七頁。

12 このときの坂本の教え子の一人が、ブリジストンタイヤの創業者であり、石橋美術館の設立者である石橋正二郎である。

13 坂本、『私の絵』、二八頁。
14 東京時代の坂本については、貝塚健、「東京を、二〇年で通り抜けた坂本繁二郎」、『図録』所収、一八二–一九一頁。
15 坂本、『私の絵』、三三頁。
16 正宗得三郎、「坂本君へ」、『西部美術』四号、一九四七年、二一頁。
17 谷口治達、前掲書、九一頁。
18 夏目漱石、「文展と芸術」、『漱石全集』第十一巻所収、岩波書店、一九六六年、四一七–四一八頁。
19 坂本、『私の絵』、六〇頁。
20 同前、六九頁。
21 坂本はフランス留学期に七冊の『滞欧日記』を残している。その一部は活字化されて、尾籠恵子編、「坂本繁二郎滞欧期旅程一覧」として『図録』（二一四–二二三頁）に掲載されている。なお、本稿で記すフランス滞在期の日付はこの「旅程一覧」に基づいている。
22 坂本、『私の絵』、六九–七〇頁。
23 同前、七一頁。
24 『滞欧スケッチ帖』は、その一部が、石橋美術館開館五〇周年を記念して開催された坂本繁二郎展に出展された。それらについては、『図録』（六六–六九頁）に掲載されている。
25 坂本、「雲」、『文集』所収、二一二頁。
26 それらは『図録』六八頁に掲載されている。
27 坂本、前掲「雲」、二一一–二一二頁。
28 同前。
29 坂本、「冬の写生地」、『文集』所収、一一九頁。
30 坂本、前掲「雲」、二一〇頁。

31 同前、二一二頁。
32 小山敬三、「恩師シャルル・ゲランの思出」、『フランス絵画展覧会』図録所収、三頁。ただし、小山はゲランの日本人弟子のなかに坂本の名を挙げていない。
33 坂本、『夜話』、一〇頁。
34 小山、前掲、四頁。
35 同前。
36 馬越舛太郎、「ドラクロアの絵の思出」、『美術新論』第五巻第九号、一九三〇年、五八頁。
37 黒田重太郎、『ゲランの印象』、日本美術学院、一九二一年、五六－五七頁。
38 坂本、『夜話』、一〇頁。
39 坂本、「之からの道」、『文集』所収、一八九頁。なお、坂本は、フランス滞在中に「『日本はどうしてやたらに西洋のまねをしたがるのか』と向こうの人に注意されたこともありました」とも記している（『私の絵』、八〇頁）。
40 硲伊之助、「坂本繁二郎氏への手紙」、『みづゑ』五三六号所収、一九五〇年、六六頁。
41 例えば、坂本、『私の絵』、七六頁。
42 坂本、「雑感」、『文集』所収、一七九頁。
43 坂本、「仏国の作品を見る」、『文集』所収、一四九頁。
44 同前。
45 同前、一四九－一五一頁。
46 同前、一五一頁。なお、この一九二〇年の展覧会については、次の文献を参照。宮崎克己、『西洋絵画の到来日本人を魅了したモネ、ルノワール、セザンヌなど』、日本経済新聞出版社、二〇〇七年、二一七－二二四頁。
また、この展覧会に展示されたフランス絵画に関する批評のうち、坂本と同様の批判を展開したのが岸田劉生である。参考までに、岸田が『白樺』（第一一巻一〇月号、一九二〇年、一二七－一三一頁）に掲載した「六號にて」と題する文章において記している該当箇所を抜粋する。

美術院で谷中に催した西洋近代の大家の作を見たがどれにもあまり引かれなかった。いくらセザンヌのものでも、ああいふ、簡単なエスキースでは人に迫る力はない（一二七頁）。

ルノアルは甘いものだと思った。画に慾がない。近代人にでもロートレックには慾がある。しかし、ルノアルには慾らしき慾がない。中心へ行くと、綿をつかまされた様な気がする。美らしい美がない（一二七頁）。

兎に角、谷中の展覧会を見て感じた事は、日本の美術界に権威のないといふ事であった。しっかり、己れの立場に立って、ものを見る人がゐない。西洋の近代のものなら何でも偉大だと頭からきめ込んでかかっている（一二七－八頁）。

何しろ、あの中でセザンヌは別だが近代のものは皆、深い気持といふ事を忘れ過ぎてゐる。悦楽も芸術の一境ではあるが唯一のなくてはならぬものではない。もう一つ深い域があっての上でなくてはならない、そのなくてはならぬものを置き忘れたのが近代人である（一二九頁）。

47　坂本、「巴里通信（B）」、『文集』所収、一七三－四頁。
48　坂本、前掲「之からの道」、一八九－一九〇頁。
49　同前、一八九頁。
50　坂本、前掲「巴里通信（B）」、一七四頁。
51　坂本、『私の絵』、七五頁。
52　坂本は、自らの生活のために、そして憩いのために、例えば、趣味である釣りをするために、パリの街を歩き、ブルターニュの諸都市を歩いた。石橋美術館に所蔵されている、坂本がフランスでの生活に使用したパリの地図には「安い両替屋」という書き込みがあり、ブルターニュのカンペールの地図には、カンペールからポン・ラベを経て南に下った沿岸部のギルヴィネクのところには「鰯鯖がとれる」という書き込みがある。

53 坂本、『私の絵』、七四頁。

54 坂本にとって、ブルターニュは画題が豊かなところで、坂本は『私の絵』で「道端にひなたぼっこしている老婆やありふれたいなか風景、さりげない少女の振る舞いなど画心をそそられるものばかり」であったと記している（七七頁）。

55 石井柏亭、「巴里日抄」、『滞欧手記』所収、四四九頁。本稿では、林編、前掲書所収のものを利用した。

56 同前。

57 坂本、「巴里通信（A）」、『文集』所収、一六六頁。

58 坂本、前掲「巴里通信（B）」、一七七頁。

59 同前、一六九頁。

60 同前。

61 同前、一七〇頁。

62 同前。

63 同前、一七一頁。

64 坂本、『私の絵』、七九頁。

65 坂本、前掲「雑感」、一八一頁。

66 同前、一八二頁。

67 同前。

68 坂本、『私の絵』、八〇頁。

69 坂本、「『巴里附近の春』に就いて」、『文集』所収、一六七頁。

70 坂本、前掲「雲」、二一三頁。

71 『図録』に掲載された「放水路の雲」（一九二四年）に添えられた森山の説明文。『図録』、七二頁。

72 本節で取り上げる「熟稲」「鳶形山」「八女風景」「暁明の根子嶽」について、森山は『図録』のなかで坂本の関心が雲にあったことを記している。

73 谷口、前掲書、一六二頁。

74 坂本の八女転居を含め、坂本と梅野、青木の人間関係を考察したものとして、竹藤、前掲書、『青木繁・坂本繁二郎とその友』、同、『青木繁と坂本繁二郎』。なお、梅野は『西部美術』四号において、「坂本君を語る」という文章を寄せて、坂本の転居について触れるとともに、坂本と青木を対比して、次のように評していることはよく知られている（三八頁）。

同じ久留米に生れて然かも同年。眼が共に乱視。彼は浮き是は沈む。彼は動是は静。荘島と京町と町は違うが同藩の士族。青木は天才、坂本は鈍才。彼は華やか、是は地味。青木は馬で、坂本は牛。青木は天に住み坂本は地に棲む。彼は浮き、此れは沈む。青木は放逸不羈。坂本は沈潜自重。青木は早熟、坂本は晩成。

75 坂本、「画人冗語」、『文集』所収、二八〇―二八一頁。

76 坂本薫、「思い出」、『坂本繁二郎その人と作品展図録』、石橋美術館、一九七一年。

77 坂本、前掲「画人冗語」、二七九頁。

78 同前。

79 美術評論家の嘉門安雄は、フランス時代の坂本について、「パリを知り、フランスの絵画の呼吸にじかに接することによって自己を発見し」、「他の多くの日本人画家のようにパリから何かを伝来した人ではなくして、パリで改めて自己を知った人なのである」と評している。嘉門安雄、「フランス時代の坂本繁二郎」、『西日本新聞』（昭和四五年一月七日付）。

Ⅳ 中国は山水画に何を求めたのか

――「気韻」と写実性を中心に――

小羽田誠治

はじめに　――問題の所在と中国絵画史の概観――

中国において「風景」とは何だったのか。これが本書のテーマである「文化における〈風景〉」を考えるうえで、本篇に与えられた課題である。まず、この大きな問いに対して、本章では以下のような限定を加えることにした。

一つには、ジャンルによる限定であり、ここでは「風景」を表現する手段として「絵画」をとりあげることとした。本共同研究が元々「絵画論」に端を発したという経緯もあるが、「風景」と言ったときにおそらくはほとんどの人が真っ先に思い浮かべるであろう「映像」としてのそれを、最も直接的に表現したのは絵画であろうし、中国にはその「風景らしきものを表した絵画」が比較的早くから存在しており、まずはこれを糸口にするべきだと思われるからである。

一つには、絵画の表現方法による限定であり、ここでは絵画そのものを分析するのではなく、絵画をどのように理解していたか、即ち「絵画論」を分析することとした。絵画そのものの分析は、もちろん価値のあることであるが、絵画のもつ現前性はともすれば浅薄で超歴史的な解釈に結びつく危険があり、それを克服するだけの力量が私にあるとは思われない。むしろ、文字によって記述された絵画論を見る方が、中国における風景についてのより正確な理解が得られると考えるからである。

一つには、時代による限定であり、ここでは清代中頃までのいわゆる「伝統中国」期を対象とする。清末以降の西洋文化の流入は、中国のあらゆる方面に大きな変質をもたらした。特に絵画そのものよりもそれに対する認識の在り方において、両者の間には大きな断絶があると見られるからである。もちろん、中国は古来より決して閉ざされた空間にあったわけではなく、周辺地域との文化的交流はたえずおこなわれていた。しかし、それでも漢代以降の仏教の伝来と隆盛を除けば、[1] 基本的には比較的独自性の高い「中国文化」を想定することは可能と思われる。そして、そうしてこそ「中国における風景」という問いについて考える価値があると思われるのである。

以上の限定（前提）を受け入れたうえで、次には中国絵画が大まかにどのような流れをたどったのかを整理して、本論に入るための準備としておく。本稿では、比較的長期間にわたる各時代の絵画論を考察の対象にするため、それぞれの時代がどのように位置づけられるのかを理解しておくことが、比較考察のために有益なのである[2]。

中国における絵画の発祥についてはさておき、まとまった量の本格的な絵画が存在するのは、漢代（前三世紀末～後三世紀初）以降であろう。そこでは、有力者やその関係者を描いた人物画や神仙画が多く見られ、社会生活を描いた風俗画や牛馬などを描いた動物画がこれに続く。つまり、人間あるいは特に統治者にとって直接的に有益なものを描いていると言えよう。魏晋南北朝（三世紀初～六世紀末）期になると、先述した仏教の影響のほか、清談が流行したことも背景として、風俗画や動物画に代わって、山水画や仏教画が多く見られるようになる。そして、隋唐代（六世紀末～十世紀初）には仏教が益々の隆盛を見たことにより、仏教画が主流を占めることとなる。逆に神仙画はすたれていくこととなる。

以上を中国絵画史の前半と見ても良いだろうが、この時期はどちらかと言えば、「どのように描くか」という技法の問題よりも「何を描くか」という題材の選び方において移り変わりが激しい。なお、唐代以前は壁画や墓誌装飾が中心だったのであり、これが題材の選定に大きく関わっていることは明らかであろう。

宋代（十世紀中～十三世紀中）からは、科挙制度の充実による貴族の没落と士大夫の台頭などを背景として、仏教画が衰えて山水画が重視されるようになる。これ以降、帛画（絹絵）に山水・花鳥を描くことが文化人の嗜みとなり、ここに至って、表現方法の模索が深化していくことになる。宋代は比較的写実的な画風から理想主義的なものに変化していく流れもあるが、この頃に、文人たちによる文人画と画院の職業画家による院体画の二つの流派が誕生する。そして、元代（十三世紀中〜十四世紀中）には理知的な画法から主情的な画法へ傾いていくに伴い、その担い手として文人画の優位が確立していくことになる。十四世紀以降の明・清代には、両派の融合も見られ、むしろ地方ごとに派別を構成していくことになる。

以上からわかるように、本稿では主として後半期を扱いつつ、その原初形態に立ち返る意味で、ときに魏晋南北朝期に遡ることになるだろう。しかし、ここで確認しておくべきことがある。それは、中国絵画史の文脈で見たとき、そこで描こうとするものは、我々が「風景」に求めるものとは必ずしも一致しない、ということである。具体的には、写実性という問題がその一つである。中国絵画にとって、描くべき事柄は何だったのか。それをふまえたうえで「山水画」を見るとき、そこにどのような「風景」観を見出すことができるのか。まずは、中国絵画論で頻繁に登場する「気韻」概念についての考察から始めることにする。

1 「気韻」とは何か

本節では、中国絵画の目指すところを考えるうえで欠かすことのできない「気韻」なるものについて、その内容や変化、あるいは普遍的に意味するところのものを歴史的に考察していく。その際、まずは先行する諸研究では「気韻」はどのように解釈されているのかを確認し、疑問点を指摘したうえで、あらためて歴代の画論を振り返ることとする。

（一） 先行研究に見る「気韻」の解釈

中国絵画を読み解くうえで、「気韻」が実体として捉えがたいものであるという認識はおそらく共通していると思われるが、まずこれを論じるに当たり、気韻の普遍的な意味を追求しようとする論と、気韻を時代の大きな流れで位置づけようとする論に分けられるだろう。以下、順に見ていこう。

前者の視点としては、「生命」という概念からこれを論じたのが田中豊蔵氏である。田中氏は「気韻生動」を芸術の根幹に据えた中国美術を高く評価しつつ、その普遍性を強調しながら、次のように述べている。[*3]

謝赫や張彦遠は、氣韻生動を單に生物を畫いた際にのみ現るるものと見てゐた。明清の論畫家は意味を變へてをりながらも、之を無生の山水畫にも應用した。確に一段の進歩である。然し謝赫の所謂氣韻生動が、畫かれたる物象の形體に附隨し來る生命の流露であるとするならば、題材の生物なると無生物なるとを問はず、古今東西を通じてあらゆる藝術的作品に先づ第一に要求せねばならぬものである。藝術が表現せんとするものは、對境の客觀的存在ではなくして、實にその生命である。對境の生命は卽ち作者の生命である。

このような田中氏の主張は明快ではあるものの、特にこの引用部分の後半において、自身の芸術観との境界が不明瞭であり、必ずしも歴代の画家あるいは画論家の気韻観を示しているとは言い難い。しかも、その「生命」も究極的には「作者の生命」に帰するというのは、後に示す郭若虚の論に近いのだが、どちらかと言うと中国絵画史上では例外的な発想ではないかと思われる。田中氏は「生命」という概念のみで共時的に気韻を解釈しようとするあまり、あまりに多くの意味を包含させ過ぎていると言わざるを得ない。

こうした共時的な気韻解釈とは異なり、より根源的な気韻観を提示したのが山田利明氏である。山田氏は「気韻生動」という概念が現れた六朝時代に立ち返り、当時の時代精神を考察することで、気韻の本質を見出そうとし、次のように述べている。[*4]

山水画における「気韻生動」は、やはり神気をいかに表現するか、という命題に尽きるのであろう。山を山たらしめ、川を川たらしめる力は、山に内在する神、川に潜む神にほかならない。この神気を表現することで、山はより神秘に覆われ、川はより神々しく輝く。……これらはなを六朝人の自然観がアニミズム的理解の下に存在したことを示す。

つまり、歴代の画家が目指した「気韻生動」は、六朝人の自然観に由来するものであり、その自然の「神気」を表現することに尽きる、というのである。

山田氏の論は、容易に形に表れない要素を「神」あるいは「神気」と表現し、アニミズムと関連させることにより、六朝人の精神構造をわかりやすく説明したという点で評価できるが、以下のような疑問が起こる。即ち、六朝はまだ山水画の萌芽期であったことを考えると、山水画が隆盛する宋代までのおよそ数百年間を隔てて、上のような自然観は変化しなかったと考えるべきなのか、あるいは歴代の山水画はあくまで六朝人の自然観を表現しようとしたと考えるべきなのか、である。

言うまでもなく、後代の人々が自らとは異なる六朝人の精神構造を解析してまでこれに沿った山水画を描こうとしていたとは考えにくいので、後者は非現実的であろう。とはいえ、六朝人の自然観がそのまま変化せずに継承されたというのもやはり考えにくい。そもそも「六朝人」と特定している時点で、それはその時代ならではの自然観だったと――少なくとも山田氏は――言っているようなものである。

換言すれば、山田氏は「気韻生動」の起源について考察はしているものの、山水画が実際に隆盛を迎え、「気韻」の表現が求められるようになった時代については、十分に考察していないのである。起源を示すことは、もちろん意義のあることであろうが、普遍不易ではない以上、それを気韻の至上命題として済ませて良いわけではないだろう。

後者の視点からは、大きく二つの捉え方があるように思われる。一つには、気韻は時代とともに段階を経て変化したとする説であり、一つには、気韻は曖昧な語であるがゆえにそもそも画家たちに重視されていなかったという説である。

まず、気韻の発展段階論ともいうべき説を提唱したのは川上涇氏であり、提唱した時期も比較的早いため、最もオーソドックスな解釈と言えるかもしれない。川上氏は、気韻が描かれる対象に存在すると考えられていた時期、画家に内在すると考えられていた時期、技巧として表現されると考えられていた時期の三つに分け、次のようにまとめている。[*5]

このように外在的気韻観・内在的気韻観・技巧的気韻観と気韻の意義はおよそ三段階の変遷を経たわけであるが、この気韻観の変遷——絵画の理想の変化によって、中国絵画史を古代・中世・近世の三時代に分けることができる。

この一見して簡潔明瞭な気韻発展段階論はしかし、絵画論の歴史をあまりに表層的になぞったものと言わざるを得ない。というのは、次節で具体的に示すことになるが、いわゆる「内在的気韻論」を唱えたのは歴代の絵画論者のなかでも郭若虚くらいであり、彼一人がその時代の精神を代表しているとは到底考えられないからである。であれば、その郭若虚の論が出たことにより気韻論が単線的な発展の新たな段階に達した、と言うこともできないだろう。せいぜい解釈の幅が少し広がったという程度である。

また、それによって中国絵画史を古代・中世・近世の三時代に分けることができるという主張にも違和感がある。例えば、いわゆる中世にあたる宋代は、山水画が隆盛し、また院体画と文人画の源流が見られる時期であるが、そのことと内在的気韻論の提唱との間には、全く関連を見出すことはできない。結局、新しい画論を提起する人物が現れた時期が、絵画の風格に変化が見られる時期と偶然一致していただけにすぎず、そこに過度の関連を求めることは、「気韻」の解釈の幅を狭め、単純な流れに押し込んでしまうことになってしまうのである。現実の気韻論は、もっと多様であり、方向の定めにくいものであったように思われる。

次に、川上氏とほぼ同時期であるが、発展段階論とは全く逆の視点から気韻について論じたのが古原宏伸氏である。古原氏は、川上氏が新たな段階と位置づけた郭若虚の内在的気韻論に対して、いわば気韻論の終焉を見て、次のように述べている。

> 気韻というのは、素性の正しい画論家達にとっては、忌避すべきあいまいな熟語と認識されていたと考えられる。だから気韻は中国画論の争点として歴代通じて論じられた、また批評用語として普遍性をもつ、不滅の芸術思想であるというような意見を抱く人があれば、それは実体を知らぬ幻想というほかない。

気韻が曖昧な概念である、というのは疑いようのない事実であろうが、それゆえに「忌避すべき」と考えられたかと言えば、おそらくそれは当たらない。というのは、郭若虚以後にも気韻について論じた者が確かにおり、彼らはたいてい気韻を肯定的にとらえ、忌避すべきものとは見ていないからである。また、確かに中国絵画論史上において、気韻をめぐって談論風発するようなことはなかったものの、それを以て気韻の追求が放棄されたと見なすのは早計ではないだろうか。つまり、気韻というのは重要なものではあるが、それだけにいわく言い難いものであり、正面切って議論されることは少なかった、と考えることもできるのである。

仮に郭若虚の内在的気韻論を忌避する立場をとる論者がいたとしても、「気韻」それ自体を追求することの否定にはならないだろうし、このように、一つの論が現れることで全体がそれに拘束される、という観点においては、古原氏と川上氏とは表層性を共有していると言っても差し支えあるまい。

以上に見てきたように、「気韻」をどう解釈するかという問題は、その語義上の問題から歴史的な位置づけの問題まで様々であるが、総じて、明確な収束点あるいは単線的な方向を求めようとする傾向がある。それができるに越したことはないのだが、より現実に忠実に見ようとするならば、ただでさえ形而上的な要素の強い語であるから、ある程度の幅や揺らぎを認めたうえで考察することが必要なのではないだろうか。

(二) 歴代の画論から見る「気韻」観

気韻とは何か。この難題をただ一つの論考で過不足なく解き明かせるとは思われないのだが、やはりまず考察するべきは、歴代の画家あるいは絵画論者がどのように気韻について語っているのかを整理することであろう。

①謝赫（四七九年〜？）

まず、周知のとおり、あらゆる気韻論の発端となったのは、五世紀後半の南朝国家の一つである南斉の謝赫が述べた次の言葉による。[*6]

絵画には六法があるといえども……。六法とは何か。一つには気韻が生動であることである。

これは原文では「気韻生動、是也」となっており、この読み下し方についても議論の起こるところではあるが、ここでは、おそらくは最も素朴な読み方であろうと思われる「気韻が生動である」としておこう。結果して、読み方ではなく内容解釈となると、これこそ議論百出であり、この謝赫の言葉だけではとても明らかにできるものではない。しかし、確実に言えそうなことがあり、それはいわゆる「画の六法」のなかで、この後に続く五法とは異なる概念を指しているだろうということと、それが他の五法よりも優先すべきものであること、である。

それでは、他の五法はいかなるものだったか。とりあえず原文のみを記すと、それは「骨法用筆」「應物象形」「隨類賦彩」「經營位置」「傳移模寫」というものである。こちらも詳細に考え始めると、それぞれに様々な解釈の余地が生じることになるのだが、大まかに言うと、順に「筆遣い」「形」「色彩」「位置」「模写力」を指していることになるだろう。つまり、「気韻」はそれ以外のものであり、それらより重要なものである、ということになる。

②張彦遠（八一一年以前〜八七四年以後）

気韻の重要性が示されて以来、これをもう少し具体的に言い表し、考察したものが、九世紀の唐後期の張彦遠による「画の六法を論じる」という絵画論である。[*7]

昔の絵画は、形を写しているとはいえ、骨気を尊んだ。形の他の要素を絵画に求めるということは、俗人に理解させるのは難しいことである。今の絵画は、形だけは得ているが、気韻が生じていない。気韻を絵画に求めれば、形はその中にあるのである。……建築、樹石、乗物、器物などは、生動も気韻も写しようがないので、場所や方向が必要なだけである。……鬼神や人物は生動を表すことができるので、神韻があってはじめて完成される。もし気韻が十分でなければ、ただ形を似せて描いただけであり、筆力が及ばなければ、ただ色合いを華やかにしただけであり、素晴らしいとは言えない。

ここでは実は「六法」のなかの「気韻」だけでなく「骨法」も非常に重視されているのだが、本稿では気韻に関する部分だけを考えることとする。一見して明らかなように、ここで言う気韻とは生命を持つものだけがもつものであるので、張彦遠は気韻をいわば「生命の躍動感」と考えていたと解釈できるだろう。

ただし、ここで注意しなくてはならないのが、この気韻や筆法といった形以外の要素を追求すべきであるという主張は、決して形を軽視してはいないという点である。むしろ、気韻が備わっているものは、形は自然に備わっているのだと言っている。そして、生命のないものは、気韻が備わらない以上、——構図の問題は別として——形を忠実に描くしかないということである。それゆえ、「俗人に理解させるのが難しい」のはあくまで形の上にさらに気韻を備わらせる方法であり、「形に囚われていては真実を理解できない」といった類の認識の転換を促しているわけではない、ということである。

③荊浩（生没年不詳）

気韻がどういったものに備わっているのか、これに対する認識には大きな幅がある。十世紀の五代、後梁に『筆法記』を著した荊浩は、老人との対話という形式で絵画の真髄について論じているが、その中で気韻の範囲を張彦遠より拡大して捉え、次のように論じている。*8

私は言った。何を以て「似」といい、何を以て「真」というのか。老人は答えた。「似」とは、形を捉えてはいるが、その気を取りこぼしているものである。「真」とは、気も質もともに盛んであるものである。だいたい気が華やかさに流れ、物象が取りこぼされれば、物象は死んでしまう。……雲林山水を描くのが好きであれば、物象の根源を明らかにするべきである。木が生えるには、各々天性を受けている。松の生とは、曲げても曲がらないということである。……もし龍のように曲がりくねらせ、むやみに枝葉を生やして描くのなら、それは松の気韻ではない。

ここでは、「形（似）」に対して「真」という概念を持ち出して、そこに気韻の有無が決定的な役割を果たしているとしており、その点では張彦遠とほぼ共通していると言えようが、後半で「物象」、それも例として松という樹木を挙げているように、生命の有無はすでに問題ではなくなっているのである。もちろん、この時期に突然植物の生命が客観的に認識されるようになったわけではないだろう。おそらくこれは、有史以来、人物や神仙が画題の中心となっていたものが、時代とともに山水画の地位が上がったことと関係していると思われる。つまり、描かれるべき対象として人物や神仙以外のものが重要視されるようになり、それをどう表現するかを描き手が試行錯誤した結果、やはり「気韻」を感じ取り、表現するべきものとして、樹木などが立ち現れたのではないだろうか。

また、上の論点以外にも、この荊浩の論はかなり具体的であるため、気韻とはどういうものなのかを考えるための大きな手がかりが得られる。特に、後半の「物象の根源を明らかにする」という言葉が示唆的であろう。気韻というものは形を超えた躍動感である前に、それは物質本来の性質なのだというのである。逆に言うと、松を「曲がりくねらせ、むやみに枝葉を生やして」描いてはいけないというように、いかに躍動感を持たせたところで、それが物質本来の性質から離れているならば、それは気韻を表しているとは言えない、ということである。この点は、気韻と写実性との関連の問題にも発展するため、詳しくは次節にて論じることとする。

④郭若虚（生没年不詳）

荊浩よりやや遅れて新たな気韻論を展開した人物に郭若虚がいる。郭若虚によれば、気韻とは師から学ぶものではないというのである。その論は以下の通りである。[*9]

六法の精論は万古変わることがない。……気韻については、必ず生知のもので、技巧を凝らして得られるものではなく、歳月をかけて到達できるものでもない。精神を働かせ、静かに感じ取り、知らず知らずのうちに身につけるものである。かつて次のように論じたことがあるが、つまり、古の名画の多くは、貴顕や秀才、在野の名士が仁の心をもって芸術を楽しみ、深奥で高雅なる情を探究し、絵画に託したのである。人品が高ければ、気韻が高くないはずがない。気韻が高ければ、生動でないはずがない。

この気韻生知論は、気韻を表現できるのかどうかが先天的に定められているという点で、画家にとっては死活問題になりえるうえ、これとは別に気韻論として注目される点として、気韻は絵画ではなく画家自身にあるという気韻内在論が展開されているというのは、すでに見たとおりである。そして、こういう論が説かれて以来、「気韻」は疑わしいものと認識されるようになったというのが、先に触れた古原氏であった。[*10]

とはいえ、これら二点の主張には、別の解釈も考えられるのではないだろうか。まず気韻生知論であるが、確かに、気韻は技巧や歳月によって得られるものではないとは言っているが、「生知」という語は必ずしも「先天的」を意味しない。つまり、「精神を働かせ、静かに感じ取り（默契神會）」と言い、「仁の心をもって芸術を楽しみ、深奥で高雅なる情を探究し（依仁遊藝、探賾鉤深高雅之情）」と言っているように、後天的な要素も確かに必要なのであり、「誰から教えらえるともなく知る」ことを指しているとも考えられるのである。これはむしろ我々の言うところの「才能」や「センス」の考え方に近い。

もう一方の気韻内在論については、上に引用した論の直後に「おおよそ絵画というものは、必ず気韻に満ちていてこそ、世の逸品と呼べる」[*11]とあり、また「用筆」について論じた別の部分において「おおよそ絵画というものは、気韻は心の状態に基づき、神彩は筆遣いから生まれる」[*12]ともあるように、絵画の中に表現されたものも確かに「気韻」と呼んでいるのである。つまり、たとえ気韻は画家自身が身につけている能力であったとしても、それは当然絵画に表現されているべきであり、画家に内在するものを絵画に外在化させることがむしろ求められているのである。

ただ問題は、上のような選ばれし人間のみが表現できるところの気韻なるものが、果たして何であると言っているのかは、判然としないという点である。しかし、このことは逆に言えば、気韻の定義自体は従来と大きく変わっていないと見なせるのではないだろうか。

⑤黄公望（一二六九年～一三五四年）

郭若虚の気韻論（生知論、内在論）は、あくまで一つの論であり、それが当時の人々の一般的な認識となったとは言い難い。というのは、『図画見聞誌』よりおよそ二百年が経った後の元末四大文人画家の一人である黄公望なども、それとは全く無関係な発想のうえに気韻について語っているからである。彼は次のように簡単に述べる。[*13]
建物を上り、空中に広がる気韻を望めば、雲は山の風景のように見える。李成や郭熙は皆この方法を用いた。郭熙の描く石は雲のようである。

この言葉は、気韻をいかにして表現するかという課題には答えていないものの、気韻が何であり、どういったものに備わっているかという、より根本的な疑問に対して、端的な例を挙げているものと見ることができる。即ち、気韻は画家本人にあるものでも、生命を持つものに宿っているものでもなく、あらゆるものに備わっていること、そしてまた、気韻は必ずしもそれぞれの物に固有のものではなく、他の物と関連を持つことがあり得る、ということである。

おそらくこれを最も単純に解釈すれば、「気韻」は事物や空間から感じ取れる外面的なイメージだということである。雲と山が物質それ自体として共通の気韻を持っていると考えているわけではないことは、「郭熙は石を雲のように描いた」と言っていることからも明らかである。この言葉には、荊浩に見られるような「物象の根源を明らかにする」といった客観的・科学的な姿勢は特に見られない。しかし、互いに異なるものの間から共通するイメージを感じ取ることは、決して画家の恣意性を意味するものではないだろう。むしろ、後述するように、黄公望はその絵画論においては様々な面から写実性を強調しているのであり、そこから窺うに、画家たるものは物の基本的な性質を理解したうえで、なお広く自然を関連づける視点や感覚が必要だと言っているのだと思われる。

⑥董其昌（一五五五年〜一六三六年）

明末の大画家である董其昌もまた、有名な絵画論を著している。その『畫禪室隨筆』でも気韻について論じている部分があり、これは先人の気韻論をふまえているという意味でも重要である。まずは以下にそれを引用する。[*14]

画家の六法は、第一には気韻生動である。気韻は学ぶことができず、自然にこれ知るには、天授の才能というものがある。しかし学んで習得できるところもあり、万巻の書を読み、万里の道を行き、胸中は雑念を取り払えば、自然に丘壑が内に宿り、すぐに鄄鄂となって、手の動くままに描けば、すべて山水の核心を伝えるものとなるだろう。

この論ではまず、「画家の六法は、第一には気韻生動である」と述べているが、この「第一」はどのように解釈すべきであろうか。これはやはり「気韻生動」が絵画の内容として最重要事項だと言っていると見るべきであり、「(謝赫が)最初に述べている」という客観的なことを言っているのではあるまい。なぜなら、主語が「謝赫の六法」と特定されていない以上、普遍的な理念として述べていると思われるし、それが「核心」を伝えるものになると言っているからである。

では、その気韻とはどのようなものかと言えば、学んで得られるものではない「才能」によって感得する部分があるとは認めつつも、さらにそれは努力次第で習得可能であるとも言うのである。その努力とは具体的には、先人の教えと自らの見聞に他ならない。

このような董其昌の「技巧的気韻論」(川上)は、郭若虚以来の閉塞的な気韻観を打開したとして少なからぬ評価を得ているようだが、[*15] そもそも郭若虚の説が支配的であったとは見なせない以上、歴史的意義としては過大に評価するべきではあるまい。あくまで気韻に対する一つの見方を提供したものとして重要だとするのが本稿での立場である。

さて、気韻習得の手法はともかく、そもそも気韻とはどのようなものか、という点については、「自らのうちに取り込んだ山水の核心」というようにまとめられるのではないだろうか。これは外在的なものではないが、かと言って画家の恣意的なものではない。董其昌の独自の気韻観の中にも、やはりこれまでの画論と共通する要素が根幹にあるように思われる。

⑦鄒一桂（一六八六年〜一七七二年）

最後に、清代中期の宮廷画家として活躍した鄒一桂の気韻論を見ておく。彼は従来とは大きく異なる視点から、気韻の表し方について以下のように指摘する。*16

私が思うに、六法について言うと、……気韻は絵画が完成して初めて得られるものである。描き始めるときに気韻を考えるなら、どこから着手すれば良いのだろうか。気韻を第一とする者は、鑑賞者の言葉であり、作家の方法ではない。

つまり、ある絵画において気韻が生動であるか否かは、絵画に描かれた個々の事物について当てはめれば良いのではなく、全体として見るべきであるという。そして、だとすれば、それは画家自身が率先して宿せるものではなく、作品を見たときにはじめて判断可能である、というのである。

この言葉から、気韻がどういうものを指しているかを特定するのは困難であるが、かろうじて「どういうものでないか」はわかるだろう。即ち、個々の事物に表現され得ないなら、対象に客観的に存在するものではない。他方、「作家の方法ではない」と言うなら、主観的なものでもない。「鑑賞者」という新たな立場を置くことによって、これと完成された作品との関係において発生する何かだということになる。

一見すると、画家が絵を描くときに能動的に意識できないという点で、鄒一桂が気韻を怪しげな概念ととらえ、鑑賞者の勝手な言い分だと考えているように読み取れる。しかし、描かれた絵に気韻が宿り得ることを否定してはいないし、絵が完成した瞬間、画家は鑑賞者に変わるのであるから、そこで気韻が第一に論じられることも受け入れているようである。結局、この気韻論は、気韻というものが容易に定式化して表せるものではないという共通理解をふまえて、その曖昧さに対する苦悩の表れと見るべきなのではないだろうか。

(三) 小結

以上、各時代からそれぞれの絵画論をとりあげ、「気韻」についてどのように考えているかを見てきたが、この解釈の幅は、時代ごとの社会通念というよりは個人の経験や感覚に依存するものが多いように思われ、であれば、ここに単線的な方向づけをするのは困難である。しかし一方で、謝赫以来通底する気韻観がないとは言えず、それは積極的な形であれ消極的な形であれ、言葉を変えて表現され続けているので、これをまとめて本節の総括としたい。

「気韻」は絵画が非凡な価値を有するためには重要な要素であり、これは「目の前にある事物を忠実に描く」(形似)という行為のみでは得ることのできないものであった。これを張彥遠は「生命」の躍動感に限定したが、荊浩はさらに広げて「物象の根源」と考えた。黄公望にとっては、気韻は描きたい対象それ自体にのみ存在するものでもなかった。これらを総合するに、気韻とは「ある物をその物たらしめている何か」ということができるのではないだろうか。もちろん、その方向性として、純粋に客観的であるというよりは、往々にして「生命」や「神気」といった動的な存在が志向されはしたが、気韻は何よりもまず、物事の「本質」あるいは「イデア」と言っても差し支えないように思われる。

しかし、この「気韻」はただ客体として存在するのではなく、それを見出し、描き出す人間と不可分だと思われていたようである。郭若虚は、それができる人間は限られていると考えていたようであり、教育を通じて伝えられるようなものではないと説いた。董仲舒は、あらゆる努力を尽くすことによる能力獲得の可能性を信じた。鄒一桂は、鑑賞者という立場を置き、その関係のなかで成立するものと考えた。いずれにせよ、「気韻」の表現は容易に定式化できるものではなく、「才能」あるいは「センス」が必要なのである。

以上の事柄を極度に単純化すれば、次のようになるだろう。即ち、「気韻」とは、才能やセンスを備えた人間が見出し描き出すことのできる物事の本質でありイデアである、と。歴代の気韻論は、本質やイデアはどのようなところに存在しているのか、それを見極める才能やセンスはどのようにすれば身につけることができるか、これらについて様々な観点を提供したものだと言うことができよう。

2　山水画に何を求めたのか

本節では、「風景」というテーマに立ち返り、中国絵画のなかでも宋代以降に隆盛を見た「山水画」というジャンルに限定して、ここに表現されるべきものは何だったのかという問題について考察する。本稿の冒頭でも述べたように、我々が中国絵画において「風景」を見ようとするとき、まず山水画が念頭に置かれるだろうと思われるからである。一方、前節に見たように、山水画においても「気韻」という要素は不可欠だったのだが、その気韻を表現しようとするとき、「風景」という視点はどのような形で存在し得るのだろうか。前節と同様、これまでの研究を振り返ったうえで、疑問点を指摘し、歴代の絵画論を分析することにする。

（一）　先行研究に見る「山水画」の意味

気韻の役割といった、いわゆる中国絵画の枠内での概念分析に比べて、そもそも山水画とは何か、というような問いについては、テーマとして大き過ぎるためか、十分に論が深められていないように思われる。ここでは、代表的な山水画論として新藤武弘氏とマイケル・サリバン氏の論をとりあげ、考察しよう。まず、新藤氏は山水画と風景画の関係について、以下のように述べている。[*17]

なぜ山水画であり、風景画ではないのか。西洋画については風景画の語を用いるのに、たしかに東洋では風景画とはいわない。……本来、「風」は空中の大気のことであり、「景」は光ないし影を意味している。……「山水」や「山河」などの語が自然の形質を表しているのに対して、「風景」は自然の天候や気象などの現象を指している。詩人や画家の眼が、自然の形質に向いているか、現象に向いているかによって、作品の性格も大いに違ってくる。……中国では、一時期、「風景画」に近いものも流行したが、全体の流れとしては、それは山と川との自然の形質を直接いいあらわした「山水画」の語のほうが適した芸術であるといえる。

このように、新藤氏は「風景」と「山水」という語を比べたとき、風景には形質以外の要素が含まれ、山水には含まれないと言い、だからこそ「山水画」という呼称は「風景画」よりも適切だと結論づけているのである。

しかしながら、これまでの気韻論をふまえるなら、このような山水画の解釈は大きく修正される必要があると思われる。「風景」と「山水」という概念解釈の問題もさることながら、山水画が自然の形質を直接表したものとは到底言えないからである。そして、むしろ現前する実景を直接に描こうとした西洋の風景画こそ山水画と呼ばれるにふさわしいことになってしまう。とはいえ、中国の山水画をどう呼べば良いかという問題をここで考えようというのではない。逆に、中国でしきりに描かれた山水画はどのような意味を持ったのかが問題なのである。

一方、サリバン氏は「普遍性」という概念から中国の山水画と西洋の風景画との違いを語っている。それは例えば以下のようである。[*18]

中国の芸術家が描き記そうとするものは単なる視覚的に対処している事物ではなく、自然の美にふれ一瞬にして止揚し投射される美的経験の集積である。造形の中に集約的に伝播されるその美的経験は、普遍的性格を有するばかりでなく、高度に象徴的でもある。この種の普遍性は、あのクロードやプッサンなどの田園風景が意図的にひとつの黄金時代を彷彿せしめるのとはかなり性質を異にしている。中国の各時代の画人は廬山の風景を描いているが、かれらは廬山の現実の姿に興味があるのではなく、その山について思索し、そこを彷徨し、それを描き、みずからにとって廬山とは何か、真にそれを山の姿にしているものは何かを理解した時はじめてこの山が意義をもって来る。

このように、サリバン氏は山水画を眼前にある風景ではなくその奥にある普遍的意義を描くものととらえており、ある一時の現実をそのまま描写した風景画とは異なると言うのである。

この論は、以下に考察していくように、半分は正しいが、半分は間違っている。半分正しいというのは、山水画が必ずしも眼前にある風景そのものを描こうとしたものではなかったという点である。半分間違っているというのは、山水画は現実に存在する姿を決して軽視したわけではないということである。サリバン氏は、また別の箇所で山水画が西欧の常識である遠近法を「故意に避けた」と言っている。[*19] しかし、これもまた根拠のない主張であり、「現実軽視」論を行き過ぎたものにしているようである。

上の二者の山水画論はある意味正反対の主張をしており、それはそれで興味深いのだが、どちらの論にせよ「現実」とそれ以外の要素についての考察が極端になっているように思われる。それでは、山水画には何が求められていたのか。より正確な解釈を目指して、歴代の絵画論を読み解いていくこととする。

（二）歴代の画論から見る「山水画」の意味

山水画の意味を考察する前に、「山水」について見ておこう。新藤氏の言うように、山水とは自然の形質を表した語なのか。これを考えるに、孔子の次の言葉が有力な手がかりになると思われる。[*20]

孔子は言った。知者は水を楽しみ、仁者は山を楽しむと。

儒教が定着して以降の中国社会において、この言葉は当然ながら知識人に浸透しているはずであり、とすれば、「山水」に対して単なる物質以上の意味、即ち君子が楽しむものの象徴としての意味が込められていることは明白である。同様のことは、謝赫より前に出た宗炳の以下の言葉からもうかがえる。[*21]

聖人は道を取り入れて物を照らし、賢者は懐を澄まして像を味わう。山水においては、物質として存在しても、精神的な趣がある。

宗炳は東晋から宋（南朝）にかけての隠者であり、当時流行した清談・道家の流れを汲むものなので、儒教的な文脈とは異なるかもしれないが、主張の主旨は全く同じである。山水は物質として存在するのは疑いないが、それを聖人や賢者の目を以て見れば、精神的に趣のあるものとして立ち現われてくるというのである。

言うまでもなく、こういった「山水」認識が山水画に反映されていないはずはあるまい。では、そうした形質を超える存在としての山水をどのように描き、どのような意味を持たせれば良かったのだろうか。以下、具体的に見ていく。

①荊浩（生没年不詳）

後梁の荊浩は、気韻を描くことは「物象の根源を明らかにする」と言った画家であるが、山水画に何をどう描くかという問題についても、自身の体験談を語るような形式で以下のように述べている。[*22]

太行山に洪谷というところがある。……ある日、神鉦山に登って辺りを眺め、徘徊すると、大岩の扉があった。……この変わった景色に驚いたので、じっくりと観賞し、翌日から筆を携えてこれを描き、数万本ほど描いて、ようやく本物のように描けるようになった。……私は言った。画とは華である。本物そっくりに描ければ良く、そんなに面倒なものではないでしょう。……老人は言った。そうではない。画とは画（はかる）である。物象を測ってその真を取るのである。物の華からは華を取り、物の実からは実を取る。華を実と考えてはならない。もしその術を知らなければ、似せることはできても、真を捉えることはできない。

ここでは、大きく二点のことが語られている。一つには、本物そっくりに描くだけでは絵画として十分だとは言えず、「真を捉える」ことが大事であること。これが「気韻」の問題と密接に関わることは明らかであろう。もう一つ興味深いことは、「変わった景色」に対して驚き、それを描こうとしたということである。

この二つの論点は、一見すると、「描き方」と「描く対象」という別の事柄を指しているようではあるが、実は根底においてはつながっているのではないだろうか。つまり、山水画には平凡なありふれた景色をそのまま描くのではなく、驚きをもって見るべき景色にこそ、描き出すべき「真」があり、それを表現しなくてはならない、ということである。

ただし、誤解してはならないのは、どのような山水を描くにせよ、決して現前する物象の「形」を離れているのではない、ということである。立ち現れる「真」を見抜くことは必要でも、そこに画家の意図をむやみに注入することを説いているわけではない。むしろ逆に自らの理解を超える存在を山水の中に探し求めてすらいるのである。換言すれば、山水は、単に画家が気韻を吹き込むことで山水画に仕立て上げるのではなく、気韻を表すに足る対象として画家の前に立ち現われるものでもある、ということである。

②郭熙（一〇二三年頃～一〇八五年頃）

ありふれた景色に対する「異」という観点は、北宋の郭熙が『林泉高致』の「山水訓」において別の角度から指摘していることでもある。[*23]

君子が山水を愛する理由はなぜか。……仁者が隠遁して世間から離れるような行いをするだろうか。……ならば林泉を志し、煙霞を友とするようなことは、夢では見ても、実際に見聞きすることはできない。今、名手が山水を描き出せば、室内から出ずに、座して泉・谷を楽しみ、猿や鳥の声が耳に入るようで、山水の風光が目を奪うことだろう。これは人の心を楽しませ、我が心をつかむものではないだろうか。これが世の人が山水画を尊ぶ本来の理由である。

ここでは、都市に居住する士大夫が現実の政務から解放されて自然を楽しむための手段として、山水画の意味が語られている。いわば「日常」に対する「異」の存在としての山水である。

しかし、この主張をそのまま読む限りでは、郭熙が言う山水画とは、自然の風景をそのまま描けば良いことになる。実際、「山水訓」や後段の節である「画訣」では、山や川、石の性質や描き方などに多くの記述が費やされており、現実に即した自然の有様を写生することをいかに重視していたかが窺える。とはいえ、必ずしもそればかりではない。というのも、郭熙は「画意」という節で「ただ描く」ことを否定し、次のように言っているからである。[*24]

世の人は私が筆で絵を描くことを知るのみで、絵が容易でないことを知らない。荘子は、画家が衣服を脱いで胡坐をかいてこそ画家の法を真に心得ていると言ったが、人は胸中を晴れやかにし、意識を快適にすべく修養しなくてはならない。……そうすれば、人の表情や物の形が自然に心の中に浮かび、無意識のうちに筆に表れてくるのである。……しかしそれ（良い詩――引用者註）は、じっと静かに座り、窓を明るく机をきれいにし、一本の香をたいて数多くの思索に沈むのでなければ、佳句の良さを見出すことはできず、美しい情景も思い浮かべることはできない。絵画の主意もまた得やすいものであるだろうか。

つまり、形式ばってただひたすら描くのではなく、環境を整えて意識を十全に働かせてこそ、描くべき自然の姿が見えてくる、というのである。そして、目の前に存在するかのように描くとはいえ、そのためには自分の心の中に自然を取り込み、それを浮かべられるようにならなければならないとも言っている。その過程で「真に描くべきもの」を再構成しているとすれば、これは「日常に対する異」を超えた何かであるだろうことは、容易に推測できるだろう。

③**黄公望**（一二六九年〜一三五四年）

時代背景として言えば、宋代は比較的写実的な画風の絵画が多く現れる時期であり、その意味では絵画論として現実を描くことを強調するものが出ることは、いわば自然なことである。では、時代が少し下って、その画風からは必ずしも写実的な絵画を追究していないと見られる元末の文人画家の代表格の一人である黄公望は、山水の描き方についてどのように述べているのだろうか。

彼の著した『写山水訣』は、事物の描き方を断片的、散発的に記したものであり、まとまった世界観を見出すのは難しいのだが、総じて言えば、郭熙と同様、樹木や石の描き方を個別具体的に記したものであり、決して現実を離れた内面を描けば良いというような類の主張は見られないのである。例えば、水の描き方について以下のような記述がある。[*25]

水は高い水源から出て、上から下に流れる。くれぐれも脈を断ってはならず、活きた流れの源を描かなくてはならない。

もっとも、これは現実を客観的に見る姿勢と言える一方で、「本来あるべき姿」を先験的に決めているとも言える。つまり、仮に事実として脈が断たれているように見える風景が存在したとしても、それは描かれるべきではない、ということである。このような側面は、石の描き方についてより顕著に表れている。[*26]

石を描く方法で、最も重要なのは、形が悪くないことである。石には三面があり、上にあることも左側にあることもあるが、すべて面をなしている。筆を執るときには、必ずそれを捉えなければならない。

真に描くべき石というのは、偶然目の前に存在する石ではなく、描くに値する形を持っている石だということである。

一見すると、このように現実を追究する姿勢と現実とは別の理念を追究する姿勢とは、同居しがたいようにも思われるのだが、こうした主観性と客観性の間を埋める手がかりとして、以下のような言葉が示唆的である。[*27]

皮袋の中に筆を入れておき、眺めの良いところで奇怪な樹木を見れば、すぐに模写して記録するのが良い。格別に生気を発するものがあろう。

他の主張と同様、言葉は短く、その真意を汲み取るのは難しいのだが、「奇怪な樹木を模写する」という発想は、すでに見た荊浩のそれに通じるところがある。しかも、荊浩が「本物そっくりに描くだけでは不十分」と言ったのに対し、むしろ模写という行為には肯定的なのである。もちろん、このことは樹木に限ったことではあるまい。以上を総合するに、現実には確かに存在するが、自らの経験や常識を超えるような「異」なるものにこそ大いなる価値、いわば「真」があり、それを写し取る眼力と技術が重要だと言っているのであろう。

④董其昌（一五五五年～一六三六年）

董其昌は気韻論の節でも見たように、「万巻の書を読み、万里の道を行き、胸中は雑念を取り払」うことで先天的な才能に匹敵するものが得られると考えた人物である。では、そうした経験は山水を描くときにどのような意味をもたらすのだろうか。彼は山水の描き方について以下のように述べている。[*28]

画家は古人を師とするが、すでにある程度の技量を持つ者は、さらに進めて、天地を師とすべきである。毎朝起きて、雲気の変幻を見れば、画中の山に似ている。山を行くとき、変わった樹を見れば、四面よりそれを描き取るべきである。樹によっては、左から見れば絵にならなくても、右から見れば絵になるものもある。前後もまた然りである。繰り返し見れば、自然にその本質がわかる。本質を伝えるのは形によらざるを得ず、形と心や技術は相集まったのちに相忘れてこそ、本質を伝えられるのである。

ここには大きく分けて三つの事柄が語られているように思われる。以下、順に考察していく。

まず一つには、「ある程度の技量を持つ者」と限定した上であるが、自然を直接観察することが最も重要であるということ。これは既存の解釈や技法を必ずしもすべて踏襲する必要はないということだと考えられる。とはいえ、「天地を師とすべき」とあることからも明らかなように、画家自身の個性や内面を追究するべきだと言っているわけではない。

次に、これまでの絵画論でも言われているように、「異」なるものに注目すべきであること。これはおそらく「天地を師とすべき」という主張のもう一つの意味でもあろう。即ち、自然は古人の作品を超えて尊重すべき対象であるとともに、画家自身をも超える存在であるので、その驚きや畏敬の念を常に持つことを勧めているのではないだろうか。そして、「絵になる」見え方をする状態を描き写すことが肝要なのであり、この点は先に見た黄公望の石の描き方に非常によく似ている。

もう一つには、本質を伝える手段は形であり、心や技術は忘れるくらいが良いのだということ。気韻論でも見たように、董其昌は山水の核心を自らの内に宿すことを主張しているものの、それは決して画家の恣意的な描写を認めているわけではない。むしろ意識せずに描けるレベルに達するほどまで自然に従うことを要求しているのである。そして、それらは形として表現されてこそ価値を持つ。こうして見れば、雲気が山に通じるのは、形が似ているからである。明代の文人画家の代表である董其昌をしても、形を差し置いて内面を強調するような発想は持たなかったのである。

結局、叙述方法こそ異なってはいても、「人知を超える自然の形」を尊ぶ想いが山水画に込められていることは、時代が移り変わっても変化していないように思われる。しかもその形に対する評価は、樹や川といった風景を構成するそれぞれの要素に独立して適合することが可能であり、必ずしも集合体としての風景全体の価値を問題としているわけではなかった、という点も共通しているのではないだろうか。

⑤鄒一桂（一六八六年〜一七七二年）

鄒一桂は画家の立場から気韻の捉えどころのなさを論じたことを前節で見たが、それだけに客観的なものに対する意識は強かったようである。必ずしも山水画について論じたものではないのだが、「形」についての彼の主張は以下のとおりである。[*29]

蘇東坡はこう詠った。絵画を論じるに形似を云々するのは、子供と似たようなものである、と。……これは詩について論じるなら正しいのだが、絵画について論じるなら間違っている。形が似ることなく、その本質を得ているものはない。この方は絵画が描けないのだろう。

伝統中国の代表的な文化人である蘇東坡に対するにはあまりに率直な批判であるが、それだけにこの主張には鄒一桂の信念が表されていると見るべきであろう。形を似せるということは、本質を得るための必要条件なのであり、それはこれまで見てきた絵画論とおおよそ軌を一にするものである。そして、先に見た気韻論と併せて考えるならば、形を似せることは必ずしも十分条件ではなく、その点でも他の論者と同様である。異なるのは、描くべき対象の選び方についての言及がないことであり、ここに関する彼の思想は不明というほかはない。

写実性という点について言えば、鄒一桂の生きた時代はすでにヨーロッパでオランダなどの写実的な画風が隆盛し、それが中国にも伝わっていた。中国絵画史上でも写実の重要性を強く唱えた彼は、西洋絵画をどのように見たのだろうか。以下のような興味深い記述がある。[*30]

西洋人は三角法を得意とし、それゆえ絵画の陰陽と遠近は寸分も違えず、描かれた人物・家屋・樹木にはすべて光と影がある。使用する絵具と筆は、中国と大きく異なり、キャンパスの広いところから狭いところへ、三角でこれを測っている。壁に宮廷を描けば、入って行きたくなるほどであり、絵画を学ぶものは少し参考にすれば、目から鱗が落ちるだろう。しかし筆法は全くなく、技術には長けているが、絵画と呼べるものではない。

正確な測量をもとに現実そのものを描いたような西洋絵画の写実性は、中国のそれをはるかに上回るものであると認めており、それは確かに参考にするべきものだったのである。しかしながら、それはあくまで技術の話であり、絵画としての到達点だとは考えなかった。その要因は「筆法」にあると言うのである。では、その筆法とは何を指しているのだろうか。同書の冒頭に「画の八法」として以下のような論がある。[*31]

第二は筆法である。意識は筆より先にあるもので、胸中に完成したものがあり、その後に筆を動かせば、素早く勢いがある。そうすれば、一筆とて増減できないものができる。一つ一つがすべて筆であり、何一つ無駄なものはない。一つ一つがすべて筆ではなくなり、自然を極めることができる。……絵画というものはすべて象形から始まるのであり、書画が同源であるという道理である。

ここからわかることは、「筆」というのは持つ者の意識をそのまま表現するものであるということ、そして絵画も書も人間が物事を書き表すための重要な手段であり、その根源は「筆」を用いて「形を写す」ことであるということ、である。おそらくは、外部世界に対する認識——外部世界そのものと考えられていたかもしれないが——を表す最良の手段が「筆」と考えられていたのではないだろうか。

この点においては、鄒一桂とてただ形を写すことを求めているわけではなかった。それが前節で見た「気韻」と同義かどうかは定かではないが、筆による画家の意識の表現が絵画には不可欠であり、それは言わば形に魂を与えるものだったのではないかと思われる。

（三） 小結

本節では、山水画には何が求められていたのか、という問題について、写実性に関する絵画論という角度から考察した。時代が主として宋代以降になったのは、やはり中国絵画史において山水画が隆盛をみたという歴史的背景によるものである。とはいえ、山水そのものに対する認識は唐代以前にもすでに存在しており、その大きな影響下にあることも見たとおりである。

宋代以降とはいえ、千年に近い歴史をもつのであるから、実際の絵画にも流行があったように——それを個人差と見るか時代の潮流と見るかはともかくとして——絵画論もまた固定したものではなかった。しかしながら、現実に山水画をどのように描いたかという絵画そのものの変遷に比べれば、何をどう描くべきかという意識は、時代を通じて共通するものが確かに存在していたようにも思われる。

つまるところ、自然界の形を鋭く捉える目、そこから本質を感じ取る心、そして表現する技術、換言するなら、対象の発見、分析、表現という一連の作業によって山水画は完成する。そこには、あくまで写実性を求めつつ、普遍的な意味において現実を乗り越えようとする試みがあったのである。

おわりに

以上、本章では、まず中国絵画でたえず問題にされてきた「気韻」という概念について考察し、それを山水画において表現するとき、写実性という側面はどのように捉えられるのか、ということを論じてきた。ここからは、これまでの考察を振り返るとともに、現代的な「風景」認識も交えつつさらに少し考察を加えて、「中国文化における風景」という課題について論じることとしたい。

「気韻」は「見た目」を超えた存在であり、それは「生命」や「神気」といった動的・霊的な存在が志向されることが少なくなかったが、より広くは、ある物をその物たらしめている「本質」あるいは「イデア」と言えるものであった。そして、目に見えない以上、この「気韻」を客観的に描き出すことは難しく、その表現方法は容易に定式化できるものではなく、描き手には――ときに先天的なものと認識されるほどの――「才能」あるいは「センス」が必要だと考えられた。

そして、当然ながら、それは山水を描くときにも重要視された。山水画は写実性を否定するものではないが、写実的であれば良しとするものではない。山水は、知者や仁者が楽しむべき対象であるがゆえに、山水画にはただ見た目を写すのみならず、気韻を感じ、表現することが求められたのである。そのためには、画家の観察眼、教養、人格が、物事の本質を見抜き、描き出すための必須条件となる。

とはいえ、そこには画家の恣意的な個性を表現するといった考え方は見られない。つまり、中国絵画は現実そのものを知ることを目的としないが、必ずしも非現実的な理想を追い求めたものでもない。あくまで現実的存在として、より本質的なあり方を描き出そうとしたのである。
しかしながら、逆に言うと、山水画にとっての現実世界は、画家が描こうとする対象を見つけ、本質を感じるための材料に過ぎず、唯一無二の存在として「実景」そのものを尊いとする発想はない。とすると、この山水画に見られる風景観とは、どのようなことを意味するのだろうか。このことについては、小松光彦氏の「風景」概念に関する考察が示唆的である。*32

ごく一般的に見れば、風景という存在を成り立たせている不可欠の条件は次の三点であると思われる。まず第一に、当然のことながら、風景の中の個別的事物は同一の空間と一定の時間に所属しているということである。第二に、それらの事物は風景にとってそれぞれが孤立した無意味な点なのではなく、多数の意味によって貫かれた関係構造の中で己れの場所や方向づけや状況を獲得するということである。しかし第三に重要な点は、それらの意味や関係はどのような生の目的、あるいは美への意志によっても導かれてはおらず、かえってまったくの偶然にゆだねられているように見えることである。

この実景を風景の基礎に置くような現代的風景観と、風景を表現したように思われる山水画との違いは、現実かどうか、ということではない。というのは、絵画である以上どのような風景画も完全に現実にはなり得ないからである。それよりも、目に映るものに対する意味の持ち方の違いが決定的なのである。小松氏によれば、風景にとって重要な要素は、存在するそれぞれの物体それ自体よりも、その物体間の関係性であり、しかもそれが偶然にゆだねられているように見える、ということである。一方、山水画においては、少なくとも絵画論で説かれている限り、個々の物象の意味が大きな関心事であり、関係性を論じたものはなかった。また、逆に全体を統合する意図としては、「生の目的」や「美への意志」が感じられるものであった。小松氏のいう風景が「統一的意味が存在しない事物の関係の集合」であるとするならば、山水画は「個々の事物の本質が調和的に存在すべき空間」を目指したという意味で、正反対なのである。無論これはどちらがより優れているか、という問題ではない。

なぜ山水画がこのような方向を目指したのか、ということになると、もはや本稿で私の論じられる範囲を超えているのだが、最後に若干ながら私見を記しておきたい。それは、中国世界において、彼らの目指すべき「意味」は目の前に既に存在しており、それを読み取ることで十分だったから、ではないだろうか。逆に言えば、彼らに既存の意味体系を超えるような「異世界」は存在しないか、価値を持たなかったということである。すでに見たように、彼らは「奇異」なものに注目し、そこに本質を見ようとすることはあった。だが、それすらも、ある事象の新たな「側面」を見出すことで既存の意味体系を補完するものであり、全く新たな発見ではなかったはずである。おそらく人は、「解釈不能だが看過できない現実」を目前にしたとき、はじめて既存の統一的意味を離れて客観に忠実に従うものである。言い換えれば、これまでに構築してきた意味の枠が新たな現実の前に無力であると実感するとき、「統一的意味が存在しない」＝「無意味性」を風景に見出すのではないだろうか。であれば、常に文明の中心にあった――と本人たちが考えていた――中国であるがゆえに、彼らはそのような「無意味性」に出会うことなく、山水の意味を掘り下げ続けることにより、中国ならではの山水画の世界を作り出したのだと思われる。

注

1　もちろん、仏教すらも起源であるインドの思想を離れて、中国独自の仏教文化を開花させたと見ることもできる。

2　以下は特に新しい知見があるものではなく、いわば中国絵画史の常識に相当する部分であるが、代表的な文献として、次の三つを挙げておく。①松原三郎編『東洋美術全史』（東京美術、一九七二年六月）、第三章「中国美術」第五節「絵画」。②新藤武弘『山水画とは何か』（福武書店、一九八九年二月）。③マイケル・サリバン著、新藤武弘訳『中国美術史』（新潮社、一九七三年九月）。

3 田中豊藏「氣韻生動に就て」、『中國美術の研究』（二玄社、一九六四年一二月）、九六～九七頁。

4 山田利明「気韻生動――宗教としての山水――」（『東洋大学中国哲学文学科紀要』一〇、二〇〇二年三月）。

5 松原三郎編『東洋美術全史』（東京美術、一九七二年六月）、第三章「中国美術」第五節「絵画」、三〇三頁。

6 ［南齊］謝赫『古畫品錄』序、「雖畫有六法、……六法者何、一氣韻生動是也、二骨法用筆是也、三應物象形是也、四隨類賦彩是也、五經營位置是也、六傳移模寫是也」。

7 ［唐］張彥遠『歷代名畫記』「論畫六法」、「古之畫、或能移其形似、而尚其骨氣、以形似之外求其畫、此難可與俗人道也。今之畫、縱得形似、而氣韻不生、以氣韻求其畫、則形似在其間矣。……至於臺閣、樹石、車輿、器物、無生動之可擬、無氣韻之可侔、直要位置向背而已。顧愷之曰：「畫人最難、次山水、次狗馬、其臺閣、一定器耳、差易爲也。」斯言得之。至於鬼神人物、有生動之可狀、須神韻而後全。若氣韻不周、空陳形似、筆力未遒、空善賦彩、謂非妙也」。

8 ［後梁］荊浩『筆法記』、「曰、何以爲似、何以爲眞。叟曰、似者、得其形、遺其氣。眞者、氣質俱盛。凡氣傳於華、遺於象、象之死也。……子既好寫雲林山水、須明物象之原。夫木之爲生、爲受其性。松之生也、枉而不曲。……勢既獨高、枝低復偃、倒挂未墜於地下、分層似疊於林間、如君子之德風也。有畫如飛龍蟠虬、狂生枝葉者、非松之氣韻也」。

9 ［宋］郭若虛『圖畫見聞誌』卷一「論氣韻非師」、「六法精論、萬古不移。……如其氣韻、必在生知、固不可以巧密得、復不可以歲月到。默契神會、不知然而然也。嘗試論之、竊觀自古、奇迹多是軒冕才賢、巖穴上士、依仁遊藝、探賾鉤深高雅之情、一寄於畫。人品既已高矣、氣韻不得不高、氣韻既已高矣、生動不得不至」。

10 古原宏伸『画論』（明徳出版社、一九七三年三月）。

11 ［宋］郭若虛『圖畫見聞誌』卷一「論氣韻非師」、「凡畫必周氣韻、方號世珍」。

12 同、「論用筆得失」、「凡畫、氣韻本乎游心、神彩生於用筆」。

13 ［元］黄公望『寫山水訣』、「登樓望空濶之處氣韻、看雲采卽是山頭景物。李成郭熙、皆用此法。郭熙畫石如雲」。

14 ［明］董其昌『畫禪室隨筆』「畫訣」「畫家六法、一氣韻生動、氣韻不可學、此生而知之、自有天授、然亦有學得處、讀萬卷書、行萬里路、胸中脫去塵濁、自然丘壑內營、立成鄄鄂、隨手寫出、皆爲山水傳神矣」。

15 例えば他にも、今里朱美「董其昌の画論に関する一試論」（『美術科研究』六、一九八九年三月）などがある。

16 ［清］鄒一桂『小山畫譜』卷下「六法前後」、「愚謂卽以六法言、亦當以經營爲第一、用筆次之、傅彩又次之、傳模應不在畫內、而氣韻則畫成後得之、一擧筆卽謀氣韻、從何著手、以氣韻爲第一者、乃賞鑑家言、非作家法也」。

17 新藤武弘『山水画とは何か』（福武書店、一九八九年二月）。

18 マイケル・サリバン著、新藤武弘訳『中国美術史』（新潮社、一九七三年九月）、二三八〜二三九頁。

19 同、二三六頁。

20 『論語』巻三「雍也第六」、「子曰、知者樂水、仁者樂山」。

21 ［劉宋］宗炳『畫山水序』、「聖人含道暎物、賢者澄懷味像。至於山水、質有而靈趣」。

22 ［後梁］荊浩『筆法記』、「太行山有洪谷。……有日登神鉦山四望、迴迹也大巖扉。……因驚其異、遍而賞之、明日攜筆復就寫之、凡数萬本、方如其眞。……曰、畫者華也、但貴似得眞、豈此撓矣。……叟曰、不然、畫者畫也、度物像而取其眞、物之華、取其華、物之實、取其實、不可執華爲實、若不知術、苟似可也、圖眞不可及也」。

23 ［宋］郭熙『林泉高致』「山水訓」、「君子之所以愛夫山水者、其旨安在。……豈仁人高蹈遠引爲離世絶俗之行。……然則林泉之志、煙霞之侶、孟寐在焉、耳目斷絶。今得妙手鬱然出之、不下堂筵、坐窮泉壑、猨聲鳥啼、依約在耳、山光水色、滉漾奪目。此豈不快人意、實獲我心哉。此世之所以貴夫畫山之本意也」。

24 同、「畫意」、「世人止知吾落筆作畫、卻不知畫非易事。莊子説畫史解衣盤礴、此眞得畫家之法、人須養得胸中寬快、意思悅適。……則人之笑啼情狀、物之尖斜偃側、自然布列於心中、不覺見之於筆。……然不因靜居燕坐、明窗淨几、一炷爐香、萬慮消沈、則佳句好意、亦看不出、幽情美趣、亦想不成。卽畫之主意、亦豈易及乎」。

25 ［元］黄公望『寫山水訣』、「水出高源、自上而下。切不可斷脈、要取活流之源」。

26 同、「畫石之法、最要形象不惡。石有三面、或在上、在左側、皆可爲面。臨筆之際、殆要取用」。

27　同、「皮袋中置描筆在内、或於好景處、見樹有怪異、便當模寫記之、分外有發生之意」。

28　〔明〕董其昌『畫禪室隨筆』「畫訣」、「畫家以古人爲師、已自上乘、進此、當以天地爲師。每朝起、看雲氣變幻、絕近畫中山。山行時、見奇樹、須四面取之、樹有左看不入畫、而右看入畫者、前後亦爾、看得熟、自然傳神、傳神者必以形、形與心手相湊而相忘、神之所托也」。

29　〔清〕鄒一桂『小山畫譜』卷下「形似」、「東坡詩、論畫以形似、見與兒童隣。……此論詩則可、論畫則不可、未有形不似、而反得其神者、此老不能工畫」。

30　同、「西洋畫」、「西洋人善勾股法、故其繪畫於陰陽遠近不差錙黍、所畫人物屋樹、皆有日影。其所用顏色與筆、與中華絕異、布影由闊而狹、以三角量之。畫宮室於牆壁、令人幾欲走進、學者能參用一二、亦甚醒目、但筆法全無、雖工亦匠、故不入畫品」。

31　同、卷上、「一曰筆法。意在筆先、胸有成竹、而後下筆、則疾而有勢。增不得一筆、亦少不得一筆。筆筆是筆、無一率筆。筆筆非筆、俱極自然。……蓋繪事起於象形、又書畫一源之理也」。

32　小松光彦「風景的思考／風景的実存」（柴田陽弘編著『風景の研究』慶應義塾大学出版会、二〇〇六年四月）。

V 「装い」の中の「風景」、「風景」の中の「装い」

――江戸名所景物としての「都鳥」意匠の位置――

大久保尚子

はじめに

江戸時代後期の江戸の風俗を描いた浮世絵の画中描写を詳細にみてゆくと、特定の場所（江戸名所）を背景に、その場所と繋がりを持つ景物の意匠をまとった人物を描いた作例が見出される。たとえば、渓斎英泉画「桜下遊宴の二美人」（錦絵狂歌摺物　文政後期　**図1**）では、季節は春、場所は隅田堤、満開の桜の下で宴を楽しむ女性の纏った小袖の裾に、隅田川の景物である「都鳥」が流水文様とともに描かれる。裾に描かれた花びらは、文様の一部かとみせながら実は背景の桜樹から舞ってきたものであり、あたかも人物の背景と装いの中の景物が一続きの風景であるかのような表現がなされている。隅田川周辺とみえる風景の中に佇む女性の装いに「都鳥」あるいは「流水に都鳥」意匠を描いた例は文政期以降の複数の浮世絵師の作品に見いだされ、意匠と背景とが呼応した表現も右の例にとどまらない。同時期の浮世絵にはこの主題の他にも、「梅花と鷽《うそ》」の意匠を鷽替神事の時節の亀戸天神周辺を背景にした女性の装いにあらわすなど、江戸の名所景物意匠を関連する空間の中に描いた作例をみることができる。

筆者は以前、一八世紀後期に著された山東京伝の見立小紋集以来の、戯作浮世絵の表現と深くかかわって生み出された江戸の意匠表現を探る中で、一九世紀前期に現実に行われた江戸の名所景物に取材した意匠の事例として「流水に都鳥」等をとりあげ、右の狂歌摺物を含むいくつかの作品を例示した。[*1]その際、画中意匠と背景の風景との繋がりにも注目したが、意匠の題材の性格を論ずる範囲での言及にとどまった。

江戸後期の浮世絵においては、作品の主題に関連づけて画中画を描く、あるいは画中の小道具を主題の読み解きにつながる別の何かに擬えるなどの趣向は珍しいものではない。しかし右のような例では、描かれた意匠は江戸の

同時代文化とも関わり現実の服飾に展開したものであり、単に画中の趣向として片づけることのできない主張を持つ。これらは、「風景」と「装い」に向けられた視線の問題として検討する必要があるように思われる。谷田閲次氏は日本の文様には作品の外部に中心を持つ例が多いことを指摘された。[*2] 風景に取材した意匠と背景の風景とが呼応するかのように繋がり、時に装いと風景とを一体のものであるかの如くに意図的に描く、いわば「外にある中心」の設定を可視化したかのような表現はどのように成り立っているのであろうか。

風景を装いの装飾意匠の題材とすること、すなわち装いの中に風景の要素を取り入れることは、日本では古くから行われてきた。その一方で、人とその装いを風景の一部を成すものとしてとらえる視線も存在し、様々な芸術作品に反映され、時に実生活の中でも意識される。

本稿では背景空間との繋がりを意識して江戸の名所景物意匠を描いた前掲のような江戸後期の浮世絵作品の表現を、「風景」の意匠化のあり方、また風景の中の装いに

図1　渓斎英泉画「桜下遊宴の二美人」ベルリン東洋美術館所蔵
『秘蔵浮世絵大観 12』所載

向けられた視線に注目してとらえ直してみたい。

このため、第一に江戸後期に至る「風景」を題材とする服飾（染織）意匠の系譜を概観して、服飾意匠にみられる「風景」の捉え方、意匠化の手法を整理し、江戸後期に登場する江戸名所景物意匠の位置付けを考える。第二に、前述のような浮世絵作品にみられる隅田川の景物としての「都鳥」意匠の表現について、名所風景と景物への視線、また名所風景の中の装いへの視線という観点から再検討する。

1　服飾にみる「風景」表現の系譜と江戸名所主題の位置

（一）平安時代における和歌にちなむ景物の意匠化と空間表現

日本の服飾にみられる「風景」の意匠化のわかりやすい例として、江戸中期以降にあらわれる、山水図や名所図などを描絵や友禅染めであらわした小袖をあげることができる。しかし空間的な広がりを持つ絵画的表現に限定せず「風景」を主題とした意匠の系譜を辿れば、平安時代後期、一一世紀から一二世紀にかけて、日記や歴史物語等に記された、晴儀における女房たちの唐衣や裳、表衣などの装束（女房装束）に施された和歌の主題に基づく装飾意匠を、その早い例と位置づけることができるであろう。古歌に詠まれた歌枕などの名所あるいは季節の景趣を主題とし、それらを表象する景物を核として意匠を形作り、刺繍その他の加飾技法によって装束の上に表す趣向は、従来の研究で歌絵意匠と呼ばれている。絵画としての歌絵については本来判じ絵的性格が強いものととらえる見方もあり、[*3]多くの人々に知られた古歌を示す意匠はむしろ「歌意絵意匠」呼ぶべきかもしれないが、ここでは先行研究に倣い「歌絵意匠」と総称する。

歌絵意匠は文芸主題の意匠化という観点から論じられることが多く、[*4]切畑健氏はこれらを江戸時代の小袖に展開する文芸意匠の源流と位置づけている。[*5]そのような中でより早く歌絵意匠に注目し、服飾における象徴の問題としてその表現を考察した塚本瑞代氏の論考[*6]では、歌絵意匠が和歌により象徴された自然の理念を更に装束によって象徴していることをとらえ、異なるジャンルの象徴が複合して、自然のイメージがより豊かに立体化して表現されることが指摘されている。装束の歌絵意匠を理念化された自然景観をあらわすものとしてとらえた塚本氏の見方と、「風景」の意匠化という観点から歌絵意匠をとらえる本論の視点には重なる側面もあるが、以下では平安朝の歌絵意匠を、名所や季節の風景を主題とした意匠の系譜の原点としてとらえ、景物の意匠化のあり方という観点から改めてその特質を整理してみたい。

『紫式部日記』や『栄花物語』、『今鏡』をはじめとする諸資料にみえる歌絵意匠の記述のうち、天喜四年（一〇五六）四月三〇日「皇后宮寛子春秋歌合」における方人たちの装束の趣向は、風景表現につながるものとして特に注目される。左方は春、右方は秋と定めたこの歌合においては、方人の女房の装束にも左春、右秋の主題の意匠が施された。

『仮名日記』によれば、左方の方人の装束には、梅襲、桜襲、柳襲、藤襲など春の襲色目の袿に、各々春の季節の歌をあらわす装飾が施されたようである。たとえば「八重山吹には、井手のわたりを絵に描きて、かねしてその花の影を映したり。[*7]」とあるのは、井手の渡りの描絵とともに同所の景物である山吹を、金属を花の形に細工した飾りを付けてあらわした趣向と考えられ、「山吹」は襲色目（八重山吹襲）によっても示されている。一方、右方は、右の頭である新宰相の君の装束が、紅葉襲の袿、檀、楓の文様の青色の二重織物の表衣、裳と唐衣は千種の花を織り出した蘇芳の二重織物の地に「かねして」（金属の飾りで）「紅葉を橋に」と作り渡したものであった[*8]のをはじめとし、方人のうち東廂にいる人々は、同じ襲色目の袿に、表衣、裳、唐衣はみな二重織物として「文に秋の古き歌を、心〳〵に織りつけられて」（文様には秋の古歌を思い思いに織りあらわし）、さらに葦手文様の刺繡、大堰川や嵐山の描絵、その他、古歌に拠った各種の装飾を付加したという。[*9]

これら歌合の装束の趣向は古歌に詠まれた春秋の情景を歌のことばに拠って装いの意匠に置き換えたものである。和歌においては季節の景色を詠ずるに際して景物が叙景の拠り所とされ、時に特定の名所とも結びつけられる。その表現を描絵や、各種素材、技法による付加的装飾、あるいは色彩（襲色目）に置き換える時、山吹、紅葉などの景物が意匠の核となるのは必然である。このように景物を造形の拠り所とし、情緒的にとらえた「景色」を意匠化する手法は、江戸時代の小袖文様にも受け継がれていくものと考えられる。

一方、このような装束の意匠を眺める際には、元となる特定の古歌を推量するに止まらず、意匠の核となる景物から、より大きな「風景」（景色）へと広がる想像力が働くと考えられる。このことに関して、『仮名日記』に、春の歌に拠る意匠を装った左方の方人の女房たちの居並んだ様子を「霞の間よりこぼれ匂ふ花の心も、春山べに来たりと覚ゆ」と記していることが注目される。眼前の空間に想像の中の風景が広がるような心地にさせる方人たちの装いの印象は、この場合、襲色目を施した袿類の、量感のある色彩表現によるところが大きいと考えられるが、装束に施された、風景の構成要素を抽出した景物による意匠もまた、常に大きな風景の一部であり、風景の広がりを想起させる力を持つ。[*10] たとえば先の井手の玉川の趣向における山吹の花の飾りを付けた意匠は、古歌そのものだけでなく、人々が共有する歌枕のイメージを想起させるであろう。景物を核とした意匠は、平安朝の盛儀の歌合においては洲浜などの調度の飾りにも行われたが、特に服飾においては、身体に纏われることによって眼前の空間に意匠から導かれる情景が広がるかのような訴求力を持つと考えられる。[*11]

ただし、平安時代にみられる和歌の世界の景物による意匠は、名所や季節の風景を視覚的に再現しようとしたものとは考えられない。部分的に描絵が施されることがあるにせよ、歌のことばを造形化した装飾物を細工して装束の表面に付ける、あるいは歌の一部の文字を（絵と融合した葦手がきを含め）刺繡等であらわすなど、言語を飾りに置き換えて形作られている。このような意匠から導かれる「風景」は、明瞭な輪郭をもつ図像イメージではなく、「風景」というよりも「景色」という語が相応しい、言語により構築された観念的なイメージである。この点では、実在感のある名所図に連なる江戸後期の景物意匠とは隔たりがある。

(二) 江戸時代の小袖意匠にみる「風景」表現の諸相と江戸名所主題の位置

歌枕など和歌の世界で共有される風景主題を歌のことばに由来する景物等によってあらわす意匠は、江戸時代の小袖にもみることができ、『源氏物語』や『伊勢物語』、謡曲にちなむ風景を主題とした同種の意匠も江戸時代を通じ好まれた。このような意匠は、文芸主題の意匠の一類型として、特に意味を読み解かせる寓意の趣向が濃厚な作例を中心に論じられてきた。[*12] 一方、江戸時代の小袖には絵画表現に接近した意匠の展開がみられる。最も絵画に近いのは小袖地に墨や絵の具で絵を直描きした描絵小袖であるが、精緻な刺繡や友禅染などの手法によって絵画的表現を追求する指向も生まれ、「風景」は花鳥と並び小袖類における絵画的意匠の主要な題材となる。絵画的意匠が広がる江戸中期以降には歌枕などの情景を示す主題が、風景図あるいはその一部としての景物図の形式でもあらわされ、またより現実的な名所図の意匠も登場してくる。

本論で注目する「都鳥」は『伊勢物語』第九段の東下りの挿話ともなった『古今和歌集』巻第九にみえる在原業平の「名にし負はばいざ言とはむ宮こどりわが思ふ人は有やなしやと」の歌以来、歌枕としての隅田川の景物とされている。[*13]「都鳥」は本来、古典文芸に連なる名所景物意匠の性格を持つと考えられるが、冒頭に示したような浮世絵からは、究めてリアルな江戸後期の名所風景イメージとも連続していることがうかがえる。以下では絵画的意匠表現の展開との関係に留意して、従来主に文芸主題の意匠化という観点から取り上げられてきた古典による景物意匠と、より現実的な名所図意匠とを通し、江戸時代の小袖にみられる「風景」の意匠化の系譜の概容をとらえ、その中に「都鳥」のような江戸名所景物意匠の占める位置を考えてみたい。

①江戸前期における古典景物意匠と「風景」

江戸時代の小袖意匠を伝える基本的な資料として、実物遺品の他に、意匠見本集である小袖雛形本や、個別の注文制作に際し描かれた意匠図（注文制作を記録した控え図や、制作の下絵など）がある。中でも一七世紀半ば、寛文期以降一八世紀末まで版本として多数出版された小袖雛形本は、この間の意匠の展開を知る参考となる。

小袖雛形本出版に先立つ時期の御所における小袖意匠の好みを伝える資料に、尾形光琳の生家、呉服商雁金屋に伝わった、東福門院の注文により制作された小袖類の意匠図集がある。このうち万治四年（一六六一）から寛文三年（一六六三）頃の誂えを記録した綴り[*14]（大阪市立美術館所蔵「雁金屋衣裳図案帳」）の中には、和歌の主題による景物を端的に図像化したモチーフを、しばしば文字と取り合わせてあらわした意匠の例がみられる。たとえば岩に山吹の

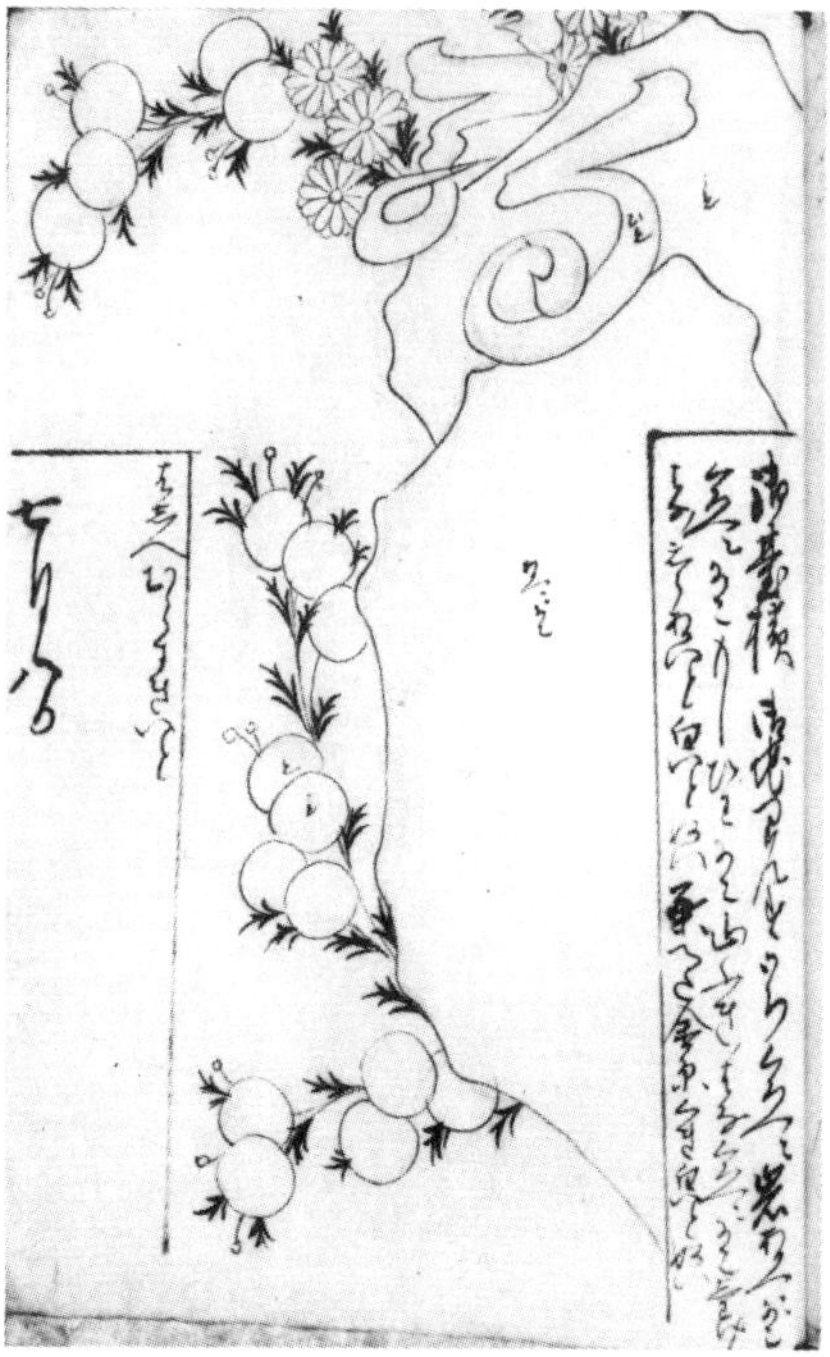

図2　「雁金屋衣裳図案帳」大阪市立美術館所蔵（「雁金屋御画帳」C本 C-217）

花、「駒」の文字から成る意匠（図2）[*15]は、『新古今和歌集』巻第二にみえる藤原俊成の「駒とめてなほ水かはんやまぶきの花の露そふ井手の玉河」を示すものと読み解くことができる。井手の玉川の山吹を主題とした意匠は先に示した歌合の方人の装束にもみられた。山吹という景物により歌枕を暗示し、さらに文字を配することによって特定の古歌に思い至らせる仕掛けは、歌合わせの装束にみられた歌絵意匠の着想の延長上に位置づけることができるであろう。

この「衣裳図案帳」には物語や謡曲の主題もみえ、たとえば杜若と橋（『伊勢物語』第九段、謡曲『杜若』）、「若草」の文字と薄（『伊勢物語』第一二段）など、和歌の主題同様、鍵となることばを文字もしくは図像により大胆に表現する手法がとられている。

版本として出版された最初期の小袖雛形本である寛文七年（一六六七）刊『御ひいなかた』[*16]にも、景物のモチーフに、時に文字を加えて歌枕などの名所をあらわす同様の趣向をみることができる。寛文期の小袖に特徴的な大胆に身頃を斜めに区切る構図を洲流し様にかたどり、紅葉を散らし「龍田」の文字を配した「たつたのもみぢのもやう」（龍田川の景物紅葉による）、短い橋板をずらしながら継いだ橋と杜若を取り合わせた「八はしにかきつはた」（『伊勢物語』第九段による）、蔦の葉に笈、山道（波打った筋模様）をとりあわせた「おひにつたのもやう」（同前）などがその例である。これらは眼でとらえた空間としての風景を図像化したものではないが、享受者たちの文芸主題に対する共通理解のもと、言語表現に由来する端的なモチーフや文字から特定の古歌や物語の情景が想起されることを前提としている。

②江戸中後期の小袖意匠における絵画的表現の広がりと景物意匠の変化

一方、一七世紀後期には、絵画表現を小袖意匠に取り入れることへの関心が目立ち始める。最も絵画に近い手法である「描絵」の例では、一八世紀以降には、尾形光琳筆「白綾地秋草模様描絵小袖」（一八世紀前期　東京国立博物館所蔵）、呉春筆「白魚子地楼閣山水模様描絵小袖」（一八世紀後期天明年間頃か　国立歴史民俗博物館所蔵）など小袖を一続きの画布として風景の主題を描いた著名絵師による作品も存在する。このような一幅の絵画に接近した描絵の装いが文献資料にあらわれる早い例として、一七世紀後期、天和から元禄期に書かれた井原西鶴の浮世草子の描写があげられる。よく知られた例であるが、『好色一代男』巻七（天和二年一六八二）に京島原の薫太夫の衣装の物好きとして描写される「狩野の雪信に秋の野を書せ」た白繻子の袷は、「是によせての本歌公家衆八人の銘々書」を添えたものであった。[*17]「秋の野」という主題が和歌の世界に連なるものとして描かれたことがわかる。

貞享年間頃よりみられる、人気扇絵師友禅斎の絵柄を模した「友禅風」の流行も、絵を小袖意匠に写すことへの関心の高まりを反映している。友禅の扇絵は、古歌から当世の俗語まで含む主題を、洒落味を効かせて繊細に描くものであったが、友禅風を模した日置清親画『友禅ひながた』[*18]（貞享五年一六八八）凡例に「難波津浅香山の歌の心を顕ハし」とあるとおり和歌は主要な題材の一つであった。扇絵師友禅斎自身による小袖雛形本、元禄五年（一六九二）刊『余情ひながた』[*19]は和歌の類題集のように四季恋雑に巻を分かち、和歌や物語による主題を多数含んでいるが、その多くで簡略ながらも一定の広がりを持つ空間をとらえた一種の風景表現が採られている。たとえば同書

図3　「駒とめて」宮崎友禅画『余情ひながた』第一巻東京藝術大学附属図書館所蔵

春夏の巻にみえる「駒とめて」と題した例（図3）は、先の雁金屋の資料の例（図2）と同じ俊成の歌によるが、歌のことばのみを抽出したような表現とは異なり、肩には山吹の枝、裾には水の流れを配し、裾に配された「駒とめて」の歌意を示す一対の鐙が判じ物風であるものの、川のほとりに山吹が枝垂れ咲く光景の一部を大写しにして切り取ったかのような構成である。このような「友禅風」の流行は、繊細な線描表現が可能な糸目糊と色差しによって絵画に近い表現効果が得られる染め技法「友禅染め」の確立にもつながった。

一方、一八世紀前期、享保期には画譜、絵手本類が盛んに出版されはじめ、鑑賞や教養のための出版物の挿絵表現も充実してくる。それらの中には、小袖意匠にも好まれた風景図や花鳥図、またそれらの要素を含む古歌や物語の主題も含まれている。筆者は花鳥画題に関し、画譜、絵手本また鑑賞向け絵本の染織意匠への応用の一端をとらえることを試みたが、[*20] 出版物を通した図像イメージ受容の拡大の、絵画的な意匠の展開への直接間接の影響は、歌枕や物語の情景による風景意匠にもあてはまるものと考えられる。たとえば橘守国画『絵本通宝志』[*21]巻之三（享保一四年一七二九）には「六玉川」「鳴立沢」「伊豆国田子浦」などの歌枕の画題が示され、その多くは景物を中心としながらも空間的な広がりを持つ一種の風景図として表現されている。「六玉川」のうち、先の図2、図3の意匠の

図４　「井手玉川」橘守国画『絵本通宝志』巻之三東北大学附属図書館狩野文庫所蔵　狩野文庫マイクロ版集成

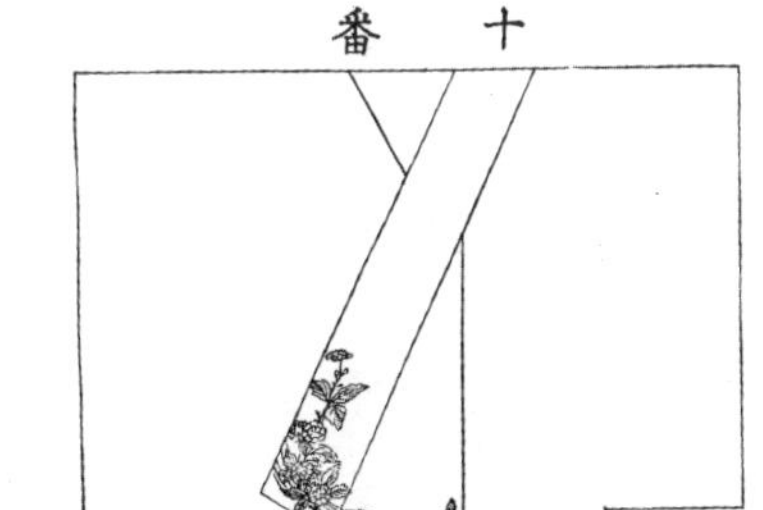

図６　「なかれ水にあじさいぞろへ」『新雛形千歳袖』『小袖模様雛形本集成四』所載

図５　「玉川」『雛形千代の秋』国立国会図書館所蔵

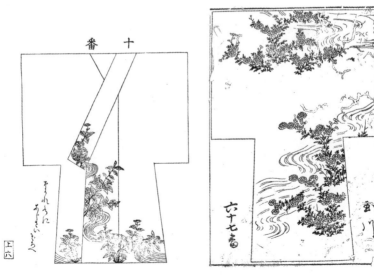

題材でもあった「井手玉川」は、供人を連れた貴人が馬に乗り堤に山吹の咲く川を渡る様を描くが、水流は画面奥から豊かに流れ、遠景に木立や家屋もみえる風景として表現されている（図4）。出版物を通し、現実に眺めることのできそうな風景、その中に存在する花鳥などとして、歌枕と景物の図像イメージが共有されはじめたことは、同様の図像表現が小袖意匠として受容されてゆく流れに一定の影響力を持ったと考えられる。

一八世紀前期以降の小袖雛形本には、描絵（墨絵）および友禅染めなどの染め技法による絵画的な意匠の展開がみられるようになるが、和歌に詠まれる名所や季節の景物、物語や謡曲の情景についても、端的な装飾モチーフの取り合わせにとどまらず、空間的な広がりを持つ風景図意匠、あるいは風景図の一部を抽出したような近景図意匠によって、より多くあらわされるようになる。たとえば宝暦三年（一七五三）刊『雛形千代の秋』[*22]（元文六年一七四一刊『雛形萩の野』の改題再版）では「田子の浦」「竜田河」「玉川」などの歌枕の主題がみえるが、富士を遠景に松原の広がる浦辺をあらわした「田子の浦」が天地の広がりを一領におさめているのに対し、山吹が咲く川辺をあらわした「玉川」は間近な光景のみをとらえている（図5）。前者のように天地を一望するような空間的広がりを持つ景観をとらえた構図を風景図意匠の典型と考えると、後者はその典型からは外れるが、これもまた人々が共通に抱く井手の玉川の風景像が前提にあって、その大きな風景から景物を中心とした近景のみを抽出したものととらえることができるのではないだろうか。

山吹の咲く「井手の玉川」など六玉川は文芸に基づく風景主題の中でも好まれたようで、今日に伝わる小袖遺品にも多様な例がみられる。「野田の玉川」、「調布の玉川」など、六玉川に数えられる他の歌枕の主題とともに、一続きの風景の一部分として、岸辺に山吹の咲く川を渡る人物像を含めあらわしたもの（例「千鳥流水模様振袖」江戸中期　国立歴史民俗博物館所蔵）、山吹が咲く水辺の風景に、人物は省き歌意を示す胸懸、轡など馬具のみを配したもの（例「山吹流水模様帷子」江戸後期　国立歴史民俗博物館所蔵）などを挙げることができる。前掲『雛形千代の秋』「玉川」

のような近景の一部だけがクローズアップされた意匠も、小袖の構図の枠外に、これらの小袖にみるようなより大きな風景イメージの広がりが想定されていると考えてよいであろう。

以上のように歌枕や物語、謡曲の情景の意匠は、景物を拠り所としてことばを直裁に形に置き換えた、知的な読み解きを伴う趣向から出発したが、小袖意匠に絵画的表現が広がった江戸中期以降には、景物の描写を含む風景図、あるいは風景の一部としての景物図としてあらわされることが多くなり、それぞれの図像イメージの定型が整い定着していったものと考えられる。

江戸時代後期には、後世「御所解」と称される意匠系統の武家女性の小袖類においては、風景表現は様式化され、文芸主題を示すモチーフの寓意性が際立つが、[*23]実在感を追求する表現が展開した同時代絵画の影響下に制作された小袖類においては、和歌などに基づく風景主題の意匠は、風景図の形をとれば、主題を読み解く鍵となる景物をことさらに強調しない自然景観図に近づき、景物を抽出すれば、一種の花鳥図の形がとれられることになり、結果として本来の主題の主張は後退する。上流層の正装などを除き、一八世紀後期以降の模様小袖の構図は裾模様や散らし模様が主流となる。たとえば『新雛形千歳袖』[*24]（寛政一二年一八〇〇）には井手の玉川を示す流水に山吹図が、細かな裾模様として「なかれ水にあじさいぞろへ」という誤った題とともにあらわれる（図6）。主題の主張が弱まり、時にこのような誤認が生ずることもあるが、文芸主題による「風景」に連なる景物意匠は裾模様の小袖においても微細な花鳥のモチーフの形で継承されてゆく。

さて、本論で注目する江戸後期にあらわれる「都鳥」意匠も、小さなモチーフではあっても、基本的には歌枕としての隅田川の風景、あるいは『伊勢物語』の情景に連なるものと考えられる。ところが、江戸時代の小袖雛形本を見る限り、この隅田川の都鳥という景物意匠は極めて稀で、同じ『伊勢物語』第九段、東下りの挿話のうち三河の「八橋」、駿河の「宇津の山」、「富士の山」にちなむ意匠が小袖雛形本にも繰り返し登場し、特に「八橋」が近世を通じ上流層の女性の晴着に多く見られるのとは対照的である。[*25] なお『伊勢物語』は江戸時代初期の嵯峨本以来、絵入り本を通しても受容されており、隅田川の渡しの場面が描かれる場合は、渡し舟に乗り込んだ貴人が水面の都鳥を眺める図であらわされるが、この図様に基く小袖意匠の定着もみられない。

「八橋」の主題が謡曲「杜若」によっても親しまれたのに対し、「都鳥」は、謡曲の世界では『伊勢物語』第九段の歌を引用し、恋しい我が子を尋ねる母の心に重ねる「隅田川」と結びつく。小袖雛形本にみえる都鳥をとらえた僅かな例のうち元禄一一年（一六九八）刊、井村勝吉画『和国ひいなかた大全』[*26]「夕ぐれさゝに都鳥のもやう」は幾筋もの細く撓う篠竹（笹）と略画風の都鳥を取り合わせた意匠である。能における狂女の持ち物である「狂い笹」を思わせる細い篠竹に注目すれば、都鳥との取り合わせは謡曲「隅田川」を暗示すると解することができよう。少なくともこの意匠は、浮世絵に描かれたような当世名所としての隅田川風景につながるものではない。

失った我が子への想いを語る謡曲「隅田川」の哀傷に満ちた主題が装飾性の求められる小袖の意匠にそぐわないことを措いても、江戸後期に出現する「都鳥」意匠は、和歌や物語、謡曲による景物意匠と異なる性格の「風景」に属している。「流水に山吹」や「八橋に杜若」などの古典文芸主題に基づく意匠が連なるのは、ことばによる叙景を拠り所として形作られてきた仮想の風景であったが、江戸後期にあらわれた「都鳥」、あるいは「流水に都鳥」意匠は『伊勢物語』や謡曲「隅田川」と間接的に繋がるにせよ、直属するのは冒頭に挙げた浮世絵に描かれたような、同時代人が視角的に共有する当世の名所としての隅田川風景であると考えられる。では、当世の現実の名所を意識した風景の主題、中でも江戸の名所風景は、小袖意匠においてどのように展開してきたのであろうか。

③名所図意匠の展開と江戸名所主題の位置

一八世紀前期、墨絵や友禅染めにより絵画表現を写す趣向が小袖に展開する中には、より具体的な景観把握を背景とした名所図意匠も登場する。正徳期の小袖雛形本、たとえば墨絵風意匠ばかりを集めた吉田光義画『ひなかた都商人』[*27]（正徳五年一七一五刊）には「山水のもやう」「山里のもやう」「滝のもやう」などの類型的な風景画題とともに、「近江八景」「宇治はしのもやう」などがみえる。後者のような同時代人が訪れうる現実味のある名所図の意匠は、享保期以降の小袖雛形本には多く見出されるようになる。一八世紀の小袖雛形本にみえる名所図意匠の殆どは、写生的にとらえた景観を再現しようとするものではないが、山、川、瀧などの地形、寺社、城郭、橋などの建造物や人々の営み等、土地ごとの景観の特徴的要素が反映されている。たとえば野々村氏画『雛形染色の山』[*28]（享保一七年一七三二刊）には淀、嵯峨、近江の三題の八景図意匠がみえるが、「淀八景」では淀城、水車、引き舟など、「嵯峨八景」では紅葉、桂川、渡月橋、筏士などが八景図の規範の中にあらわされている。

前節でとりあげた歌枕など古典文芸にかかわる風景主題の題材が長年にわたり継承されてきたものであったのに対し、現実的な名所図は新たな主題である。これらの展開についても、享保期に入り相次いで出版されはじめた画譜、絵手本類や、地誌絵本等の挿絵の充実が刺激を与えたと考えられる。小袖雛形本中の名所図意匠の中には絵本にみえる名所図と相当に類似した例も見受けられる。たとえば佐々木清兵衛画『雛形袖の山』（宝暦七年一七五七）「松島の景」は松島の俯瞰図が小袖全体に展開され特異な印象を与えるが、橘守国画『絵本故事談』（正徳四年一七一四）巻一「奥州松島風景」図三丁裏と類似しており、何らかの影響関係が推測される。[*29] 下絵作成にかかわる影響関係に限らず、出版物を通した名所風景の図像イメージの共有は名所意識自体の確立にも影響力を持ち、新たな「風景」主題の意匠を生み出す力となっていったのではないだろうか。

ただし小袖雛形本に登場する名所図の主題は、近江八景や日本三景のほか、京、淀、宇治、奈良など上方が中心であり、さらに京であれば、清水や四條、七野など洛中洛外の細部に焦点を当てた意匠も登場するのに対して、江戸の周辺をとりあげ現実の風景とつながる名所図としてあらわした例は稀である。この種の名所図意匠は現実に目にしうる景観として名所をとらえたものであり、大半が上方の書肆を主版元として出版された小袖雛形本においては、上方周辺の名所が多く取り上げられるのは当然の成り行きであろう。画譜、絵手本に取り上げられる名所画題についても、一八世紀前期から中期に多くの画譜類を手がけた橘守国の編著を参照すれば同じ傾向にある。一八世紀前期に出版されはじめた画譜や絵手本は守国をはじめ上方の絵師たちによるものであり、版元も上方書肆であった。

なお小袖雛形本にみえる江戸名所に取材した希少な例として『雛形袖の山』の「角田川八景」と題した意匠が挙げられる。「隅(角)田川八景」は「富士暮雪」「駒形帰帆」「洲崎晩鐘」「真乳晴嵐」「橋場夜雨」「関屋落雁」「潮入夕照」「角田川秋月」とされるが、小袖の上に置かれた隅田川周辺の風景モチーフの何れが何れにあたるかは、記号的な要素により辛うじて判別できる。[*30]「隅田川八景」は橘守国画『画典通考』[*31](享保一二年一七二七刊)に取り上げられており、同書にみえる「富士風景」(田子浦、宇津山など歌枕を含む)と並び、上方文化圏でも認知されていた数少ない東国の名所の一つであったことがうかがわれる。ただし「隅田川八景」図には都鳥は描かれない。

このように主として上方文化圏で展開した一八世紀後期までに出版された小袖雛形本には、隅田川を含め、江戸名所やその景物が取り上げあれることは稀である。当世の名所風景、あるいは名所に連なる景物の意匠は、基本的に、その風景の属する文化圏の人々、江戸名所であれば、江戸に親しみと愛着を持つ人々によって求められ、描かれるものであろう。

今日伝わる江戸時代の小袖類の中には少数ではあるが江戸の名所風景を主題とした作品が知られており、その一つに「茶地吉原細見模様小袖」(女子美アートミュージアム所蔵)がある。江戸の新吉原遊郭の風景を、友禅染めと刺繡によって腰高模様の構図であらわしたもので、俯瞰的にとらえた廓とその周辺の景観が小袖の前後身頃一続きにひろがっている。裾には山谷堀と日本堤があらわされ、駕篭の向かう大門の中は、吉原風景を特徴付ける天水桶を屋根に上げた妓楼が軒を連ね、編み笠を被った遊客、供奴、遊女達や振袖の禿など通りを往来する人物の姿もあらわされている。人物の風俗描写の細かさと姿態の表情の豊かさは、一八世紀前期から中期の浮世絵作品を思い起こさせる。たとえば宝暦三年（一七五三）刊の江戸名所絵本、西村重長画『絵本江戸土産』[*32]中の、引き手茶屋の並ぶ吉原仲之町の賑わいを俯瞰した「新吉原夜見せの景」と並べてみると景観年代は異なるものの、画題については通ずるところがある。この小袖の具体的制作背景は不明であるが、当世風俗と一体となった名所図意匠や名所風景を表象する景物図意匠の下絵自体、あるいはその参考とされた図像表現は江戸の絵師により描き出されたものと考えられ、中でも浮世絵師の仕事との重なりが大きいと推測される。また吉原風景を愛でる注文者により誂えられたと考えられるこの主題に関しては、着用者として想定されていたのも吉原の中の女性であったのではないだろうか。

ただし、一八世紀の浮世絵に描かれる吉原の遊女たちの装いを見る限り名所風景やその景物図の意匠として多く目にとまるのは、六玉川などの古典的な歌枕の主題や近江八景などである。筆者は山東京伝の見立小紋集中の意匠およびこれと類似の着想による主題の意匠の出現を辿り、京伝が見立小紋集『小紋裁』（天明四年一七八四刊）にとりあげた「よしハらやね」や江ノ島土産の「貝屏風」などのような当世の江戸周辺の名所や景物の主題を身につけることは、天明期前後には、遊里や芝居の世界における特殊な試み、いわば虚実の境にとどまっていたことを指摘した。[*33]一八世紀後期には吉原にせよ隅田川にせよ江戸の名所風景や江戸近郊の名所景物の意匠は、大胆な遊びが試みられる芝居や遊里の装いにおいても異色の趣向であったと考えられる。しかし、江戸の名所とその景物の主題は一九世紀前期、文政天保期には江戸の人々の間に広がっていったとみられ、中でも注目されるのが隅田川の都鳥という主題である。

2　江戸名所風景の中の「都鳥」意匠と装い

江戸時代の小袖意匠にみる「風景」表現の展開の中でとらえると、本論冒頭に示した狂歌摺物（図1）にみるような「都鳥」は、微細なモチーフながらも、より大きな風景イメージに連なる景物意匠の一例であることが再認識される。「都鳥」という主題は、基本的には古典文芸の世界で表現されてきた隅田川の景物としての側面を持つはずであるが、前掲の摺物に描かれるのは、明るい華やぎのある花見時の隅田川周辺であり、『伊勢物語』や謡曲にあらわされた隅田川の、風流を解する人も無い辺鄙な土地の哀しく侘しい風景とはかけ離れている。文政天保期の「都鳥」意匠には、江戸の人々が親しんだ当世の江戸名所としての隅田川に連なる情趣が託されていると考えられる。

江戸時代には隅田川の上流下流で呼称を分け、吾妻橋から下流を「浅草川（宮戸川）」、それより上流を特に「隅田川」と呼ぶ場合もあった。景物としての都鳥は特に隅田川の渡し、そして江戸後期に花の名所となった隅田堤、つまり狭義の「隅田川」に連なる。江戸の人々は「隅田川」と「都鳥」をどのようにとらえてきたのだろうか。

①「都鳥」意匠の展開

隅田川の都鳥をあらわす「流水に都鳥」あるいは「都鳥」の意匠はどのように展開し、またどのような表象を担ってきたのか。ここで改めて浮世絵にみられる図像表現を検討してみたい。「都鳥」の意匠が錦絵や肉筆浮世絵、あるいは戯作挿絵に目立つようになるのはおよそ文政期以降のことのようである。浮世絵の中では本稿冒頭で述べたように隅田川周辺を背景にした美人像に描かれるという特徴的な様相が注目される。以下に四点の典型例を挙げ

図７　魚屋北渓画「開帳札と芸妓」千葉市美術館所蔵

図14「隅田川焼　楽焼都鳥香合」
『モントリオール美術館所蔵
クレマンソー・コレクション「香合の美」』所載

図7（部分）

てその画中表現を検討してみたい。

〈例一〉　渓斎英泉画「桜下遊宴の二美人」（錦絵狂歌摺物　文政後期　前掲図1）

本稿冒頭で述べた通り隅田川を背景に桜樹の下に毛氈を敷き花見に興ずる二人の女性を描いた狂歌摺物である。二枚続きの左側に描かれた芸妓の着物の裾模様が流水に都鳥であり、散りかかる花びらも意匠の一部のように見せている。都鳥は多様な角度から鼠色を帯びた羽先、赤い嘴や足なども比較的写生的にとらえられている。小舟を舫った対岸が橋場の渡しだとすれば場所は白鬚社と木母寺の間にあった東岸の渡し場からさほど遠くない辺りとなるであろう。川面にも小さく都鳥が描かれている。柳桜亭江戸廼花也、すなわち長州藩主毛利斉元[*34]による狂歌二首はいずれも花見を楽しむ女性たちの当世風の装いを詠み込んだものである。

〈例二〉　魚屋北渓画「開帳札と芸妓」（錦絵狂歌摺物　天保四年一八三三　図7）

場所は遠景に筑波山を望む隅田堤の上、満開の桜の下に建てた開帳札の傍に佇む芸妓の着物の裾に流水に都鳥文様がみえる。頭部の丸みや鼠色の羽先などの特徴はとらえているがこの都鳥の姿は焼き物の玩具のように簡略化されている。この作品でも小袖の上に散る花が意匠と風景を繋ぐ。下着の衝羽根文様も「筑波嶺」にちなむ趣向であろう。画中の開帳札は天保四年二月、寺島村蓮花寺で実際に行われた富士山本尊大日如来出開帳にちなむと考えられ[*35]、この芸妓が立っているのは隅田

図８　歌川広重画「名所江戸八景 三囲の春の雨」太田記念美術館所蔵

川東岸寺島村付近であることを示している。富士と筑波を見渡す眺めは、江戸自慢の一つであり、絵画の中では隅田川とともに両山を描く類型ができあがっていた。[36] 本作では「東海へ富士をうつせしすみた川堤の花を雪かとそ見る　楽聖館一止」「筑波嶺は霞にこめて名にしおふ江戸紫の春のあけほの　芝廼門真種」と、二首の狂歌には富士と筑波が詠まれているが、画中で大きく描かれるのは筑波山のみであり、芸妓が望む方向にあるはずの富士は富士山本尊の開帳札に仮託されている。隅田川も、背景に控えめに描かれた川の流れ以上に小袖の意匠で暗示することが意図されていたのではないかと考えられる。

〈例三〉　歌川広重画「名所江戸八景　三囲の春の雨」（錦絵　弘化年間　図8）

隅田川をはさみ三囲社の鳥居が視界に入る、西岸の今戸、橋場辺りの閑雅な座敷を近景とし、対岸向島の春雨に煙る花盛りの土手を遠景としてとらえている。墨東の花を望む窓辺には品の良い二人の女性が配されているうち、座っている年長の女性の小袖に流水に都鳥の裾模様がみえる。都鳥はやや簡略ながら頭の向きなどに変化をつけて描かれている。この意匠は実景の花との取り合わせを意図したものとみえる。立っている若い女性の振袖は白揚げで桜の花を敷き詰めた上に流水文様を重ねた意匠であり、これもまた隅田川の花を示している。なお都鳥文様の女性の髪形は主に妾に結われたという三つ輪髷[*37]であり、富裕層の寮（別宅）か、料亭の二階座敷の光景を想定したものと推測される。

〈例四〉　歌川豊国画「角田川　新梅屋敷之図」（錦絵　図9）

向島寺嶋村に開かれた新梅屋敷（百花園）の白梅の園に集う芸妓あるは遊女風の女性達を描いた三枚続きの中央、立姿の女性の小袖の裾模様が流水に都鳥である。彩色を控えた表現ながら鼠色の羽先などの特徴をとらえ、紋も都鳥と都鳥尽くしである。四季折々に花の絶えない百花園にちなむかのように女性達の小袖文様を春の梅、夏の藤、秋の紅葉、蔦と並べる中で、中心となる位置に流水に都鳥意匠が配されていることも何らかの意図をうかがわせる。

これらの作例には、いくつかの共通項が認められる。

第一に場所を具体的に特定する表現がなされている。例一、二では隅田川東岸、向島の桜の咲く堤、また例三は堤を対岸に望む橋場の渡し辺りが舞台として設定されている。例四は川からは離れるが、同じく向島の百花園

図９　歌川豊国画「角田川　新梅屋敷之図」東京都江戸東京博物館所蔵　東京都歴史文化財団イメージアーカイブ

（新梅屋敷）が舞台であることが題字に明示されている。

第二に季節は春、花見あるいは梅見の情景である。例一、二、三では隅田堤の桜樹が描写されている。例四では桜ではなく百花園の呼び物の梅林が描かれる。

第三に墨堤で都鳥意匠を装う人物像は、芸妓風（例一、二）、あるいは妾風（例三）の女性、すなわち流行の粋を尽くした洒落た装いが期待される女性たちである。芸妓風の女性像は文政天保期頃の浮世絵に多く描かれるため、このことだけを取り上げて特別視することはできないが、少なくともこの意匠は正統的、古典的な好みではなく、洒落味の強い当世風の好みととらえられていたといえよう。さらに例一、二については墨堤の花見を楽しむ芸妓風の美人が狂歌摺物の画題とされていること自体が注目される。当世風の装いに身を包んだ女性像は同時代の江戸名所としての隅田川風景のイメージと結びついているように見受けられる。

第四に同時代の文芸活動との繫がりがうかがわれる。例一、二はいずれも狂歌摺物である。文政天保期頃の江戸では隅田川の花はもちろん俳諧や和歌の題材ともされたであろうが、画中に描かれたような花見風俗や江戸自慢の眺望は、この時期の江戸狂歌が好んでとらえた題材であり、都鳥はそのような主題に連なる景物であったことがうかがわれる。また例一、三では画中人物が狂歌や俳諧などを詠む姿が表現されている。例一では毛氈に座った女性が短冊を手にし、例三では都鳥の裾模様の女性が硯を前に筆を手に取る。いずれも結髪は三つ輪髷であり、芸妓でもお内儀でもなく、日々の現実に煩わされることのなさそうな風流な女性像には、狂歌摺物の制作者をはじめとする同時代の趣味人たちが共有していた隅田川周辺の気分が託されているように見受けられる。なお例四の飲食を楽しむ女性たちは文芸趣味とは結びつかないが、百花園自体が文人たちが集う場という性格を持っていた。

これらの事項は、一九世紀前期の江戸名所景物としての「都鳥」の性格を示していると考えられる。特に風景と呼応し、その一部であるかのように表現される様子からは、この意匠が自ずと隅田川の風景、特に春の花見時の風情を思い起こさせるものであったことがうかがわれる。

「都鳥」意匠が描写される浮世絵作品が全て右のような条件を満たすものではないが、いずれかの要素が含まれる作例は他にもあげることができる。たとえば蹄斎北馬筆「桜花美人図」（絹本著色　文政年間頃　ウィーン国立工芸美術館所蔵）には、満開の桜の下、二人の女性が描かれるが、土筆や菫を摘む女性の下着、間着は梅花氷裂文入りの流水に丸みのある装飾的な都鳥のモチーフをとりあわせたものである。この作品では画中の桜の枝に吊された短冊に、浅草庵の門下であったとみられる北馬自身による狂歌が記され、季節だけでなく狂歌との繫がりという要素も備えており、都鳥の意匠から導かれる隅田堤を絵の舞台として想起することが許されるであろう。また浮世絵に都鳥意匠の描写を探すと、意匠自体に桜もしくは梅のモチーフを加えた例が少なからず見受けられる（三代歌川豊国画

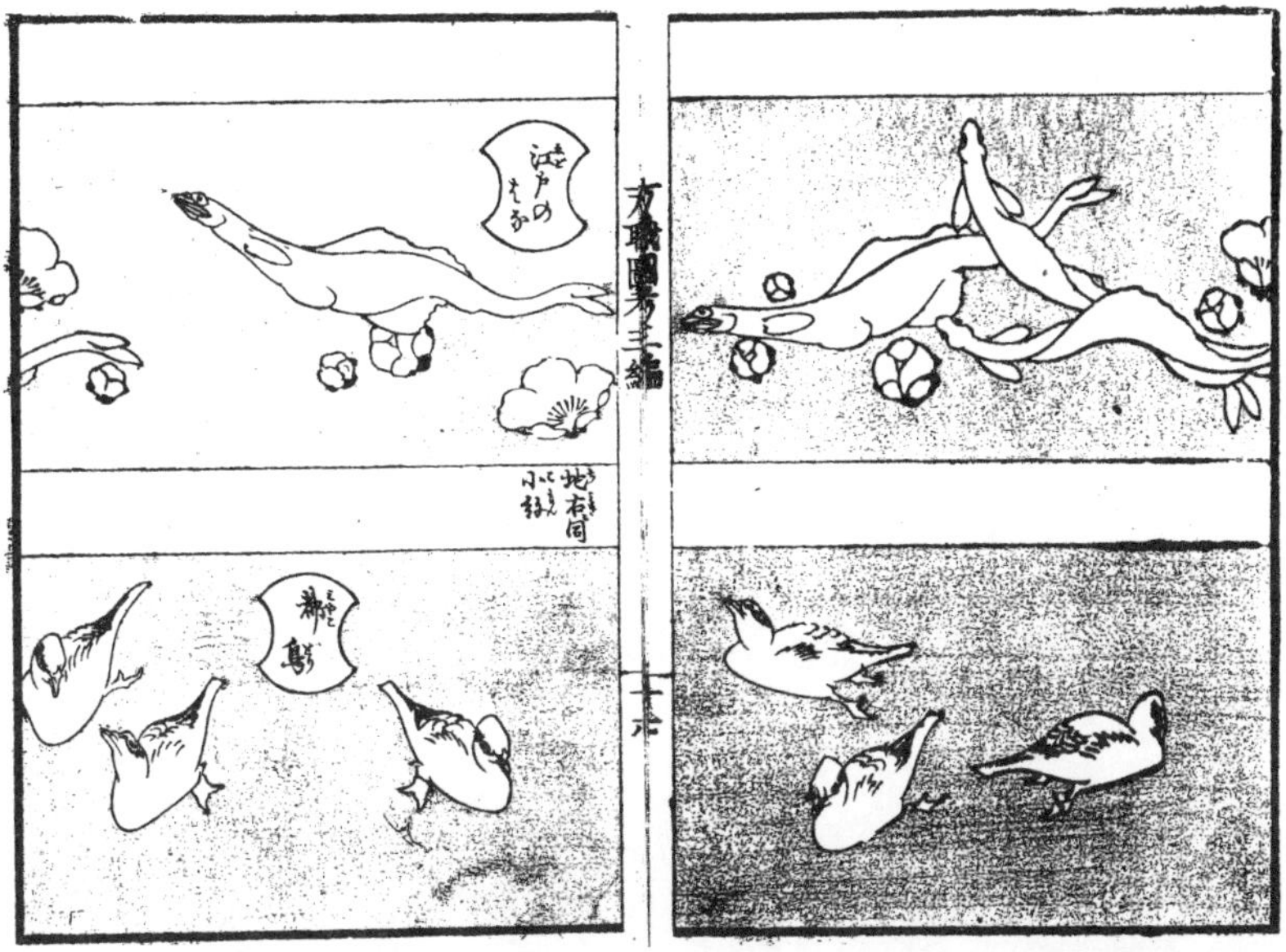

図10　「江戸のはな」「都鳥」二代葛飾戴斗画『萬職図考』東北大学附属図書館狩野文庫所蔵
狩野文庫マイクロ版集成

「東都名所合　永代」正月の永代橋に立つ芸者の小袖に流水に都鳥、桜の折り枝散らしの裾模様、同画「春遊十二時　卯ノ刻」安政三年　吉原の遊女の小袖に流水に都鳥、花びら散らしの裾模様など）。

前掲のような画中の表現は、背景となる隅田川風景の中に存在するはずの都鳥を人物の装いの中に描き込んだ、見立の技巧のようにもみえる。しかし都鳥の意匠は現実に同時代の江戸で好まれていたものであり、単に絵画表現上の趣向としてのみ片づけることはできない。「都鳥」は文政期以降出版された江戸の浮世絵師による職人向け絵手本類に取り上げられており、実質的に浮世絵師の手によって意匠として提供されたことが確かめられる。美人画や名所図を描いた英泉は複数の絵手本を手がけているが、その一つである諸職下絵のための絵手本『画本錦之嚢』[*38]（文政一一年一八二八刊）には「都鳥」の題で桜花の散る流れに浮かぶ都鳥をあらわした図がみえる。また北斎の門人二代葛飾戴斗の『萬職図考』[*39]中、染織意匠を集めた三編（天保六年一八三五序）には、「都鳥」の題で水面を泳ぐ都鳥を様々な角度から写生的にとらえた意匠が、同じく隅田川の名物である白魚をこぼれ梅ととりあわせ「江戸のはな」と題した意匠と並んで登場する（**図10**）。同書初編（同前）には、喫煙具向けの彫金意匠ではあるが略画小モチーフを集めた中に「うめわか」（木母寺の梅若塚）「つくば」（風景図では隅田川と共に描かれる筑波山の稜線と落雁）「りやうこくはし」（橋脚と都鳥）「三囲」（三囲社の鳥居が覗く土手）などの江戸名所略図と並び「みやことり」（流水に都鳥図）がみえる。『萬職図考』には隅田川に関わる江戸名所、景物主題が多く登場し、江戸の人々の隅田川周辺の風景への愛着のほどがうかがわれるが、繰り返し登場する都鳥はその代表格といえよう。

　都鳥の意匠が現実のものとして展開したことは染め見本帳や意匠雛形類からも確かめられる。幕末から明治初期頃使用されていたと考えられる東京国立博物館所蔵の中形の見本帳にも複数の型がみえ、この題材が型染め意匠としても様々な変化形を生み、広く愛好されたことがわかる。型の種類は、水と都鳥、桜を山道形に配した型（和２１２４　２－１『中形本』百三十八、同２－２八十八）、都鳥と桜を散らした型（和２１２１　３－３『新中形見本』四拾九）、水に浮かぶ都鳥と梅花の型（和２１２１　３－３『新中形見本』九拾三）、都鳥のみの型（和２１２１　３－１廿弐番）の四種がみられるが、うち三種が桜あるいは梅との取り合わせである（**図11**）。

図11　『新中形見本』（和 2121　3－3）
「四拾九」東京国立博物館所蔵
TNM Image Archives

　なおこのような花の名所としての隅田川を

示す都鳥の意匠は近代にも継承された。たとえば大正四年（一九一五）籾山書店版、永井荷風『すみだ川』の橋口五葉による装幀は桜の散る水の流れに浮かぶ都鳥をモチーフとしている。

②「隅田川」と「都鳥」への視線

前項で注目した画中の服飾描写にみえる「都鳥」意匠は、江戸後期の装いの好みを反映し微細な裾模様や型染めの形をとり、写生的なものから簡略化されたものまで幅があったが、いずれの「都鳥」も隅田川東岸、向島、特に渡し場近くの桜が咲く堤、あるいは百花園という極めて具体的な名所風景、また春の遊興の情景とつながっていた。部分のみをみると小さな鳥のモチーフに過ぎない「都鳥」意匠であるが、隅田川周辺の名所風景のイメージに連なる景物として受容されていたと考えてよいであろう。

桜、あるいは花見との取り合わせに注目すれば、「隅田川の都鳥」を示す意匠が文政頃から目立つようになる直接的な背景として、江戸随一の花の名所への墨堤の変貌があると考えられる。隅田堤の桜は享保年間に将軍吉宗の命で植えられたのが始まりで上野や飛鳥山の花よりも歴史が浅い。その後延享、明和、寛政年間と増やされ（十方庵敬順『遊歴雑記』初編下「四十七隅田川木母寺の事実」）[*40]、天保年間には三囲神社から木母寺の際まで堤の左右に桜に加え桃、柳も植えられていた（斎藤長秋編斎藤月岑校正『江戸名所図会』巻七「隅田河の堤」天保七年一八三六刊）[*41]。花盛りの隅田堤は文化一一年（一八一四）の記事を収めた『遊歴雑記』で既に「世上の春を爰にあつめたるが如し」と形容されており、文政天保期には「隅田川は江戸第一の花の名所」（岡山鳥『江戸名所花暦』巻之一文政一〇年一八二七刊）[*42]「今は則ち上野を罩め（略）花時の雑踏、亦復た江都の第一たり」（寺門静軒『江戸繁昌記』二編「墨水の桜花」天保五年一八三四刊）[*43]などと言及され、上野をも凌ぐ花の名所と位置づけられるに至る。同時に墨東は遊楽地として繁栄していった。「安永の末までは、梅若辺至って田舎（略）今はいづれも料理屋ありて繁昌す」（青山白峯『明和誌』文政五年一八二二序）[*44]、墨東の賑わいが年々増していった様子が伝えられている。

「今はこの堤年々に賑はひまされば」(喜多川信節『嬉遊笑覧』巻七「向島」文政一三年一八三〇自序)[*45]など特に文政頃には

しかしそれ以前に「都鳥」は本来歌枕としての隅田川の景物であった。文政期以降におけるこの意匠の広がりが遊楽地としての墨東の繁栄に直結するにしても、和歌の景物としての認識が前提にあるはずである。江戸後期の「都鳥」意匠の成立に至るまでに、江戸の人々に隅田川と都鳥はどのようにとらえられてきたのだろうか。

最初の江戸名所記として知られる寛文二年(一六六二)刊、浅井了以『江戸名所記』[*46]巻三「角田川」の項には、隅田川を詠んだ古歌数首を引き、「伊勢物語に業平のあづまにくだりし時に名にしおはゞと詠ぜられし都鳥の歌は此川にての事なり」述べ、梅若丸の墓があること、三月一五日の忌日に多くの人々が寺に詣で、詩歌を作ることなども記し「一興ある景地たり」としている。以来、天保期刊行の『江戸名所図会』に至るまで、江戸の名所記には業平が隅田川の渡しで都鳥の歌を詠んだこと、これを踏まえた隅田川および都鳥を詠んだ数々の和歌、木母寺の梅若丸の墓所と梅若忌の件は繰り返し記されており[*47]、歌枕としての隅田川、隅田川の渡し、梅若塚などが古跡としてよく知られていたことがわかる。貞享四年(一六八七)刊、藤田理兵衛『江戸鹿子』[*48]には「隅田川渡」の項に「名にあふ此所は名所なれども(略)むかしのわたしは此所より少川上なりと所の古き人は物がたりする也」とあり、かつての渡しの場所を考証するなどしながら、「はしと足との赤き鳥もいまは折ふし見ゆるにやなにしあふたる鳥なれはとて所のものもめであひするなり」と都鳥に触れ、この鳥が業平の歌以来、隅田川の景物とされてきたことへの認識が、土地の人々にも浸透していた様を伝えている。

明和二年(一七六五)には隅田川周辺の名所巡りを題材にした禿箒子撰『隅田川往来』[*49]が出版される。両国橋から舟に乗り、木母寺まで溯り梅若忌詣の後、浅草寺、牛の御前と、再び川に沿って永代島八幡宮まで名所を辿り、汀から安房上総、筑波、富士、浅間嶽を見渡すという内容である。木母寺参詣の前、渡し場から上がるくだりには業平の「名にし負はばいざ言とはむ宮こどり」の歌の一節も引かれる。幕末期まで長く版を重ねたこの往来物ひとつをとっても、隅田川両岸の名所と富士筑波まで見はるかす景色の見事さを称揚する意識の浸透、東下りの挿話と業平の歌についての知識の共有の拡大をうかがい知ることができる。一八世紀半ば以降、江戸文化の充実は生活の様々な側面にも及んでゆく。「江戸自慢」意識が高まり「江戸っ子」像の鮮明化に至るには安永天明期をまたねばならないが[*50]、明和期はその前段階にあたるであろう。隅田川周辺の名所を一連のものとしてとらえ、江戸の繁栄のしるしとして誇る意識も明和期頃から明確になり、年代が下るごとに共有が広がっていったと考えられる。

名所意識や景観イメージの共有に対しては、各種絵入り出版物、特に浮世絵が少なからぬ影響力を持ったと考えられる。当世の江戸の誇る名所としての隅田川と都鳥とは、錦絵や絵本にはどのように描かれていたのだろうか。

大久保純一氏は、浮世絵の名所絵において和歌のイメージが最も強く反映されている主題として隅田川を挙げ、隅田川の渡し（橋場の渡し）に重ねられた『伊勢物語』、とくに都鳥のイメージが浮世絵の江戸名所にもみられることを、明和末頃の歌川豊春の「浮絵三廻之図」や天明前期の鳥居清長による「隅田川渡し舟」、さらに数々の広重作品を例に示し、また場所が特定しにくい北斎の《雪月花》「墨田」を例に、描かれた場所が隅田川であることを表象するモチーフとして都鳥が描かれることを指摘している[*51]。大久保氏の例示された作品のうち、本稿の注目点にかかわる風俗図の要素が強い鳥居清長「隅田川渡し舟」、歌川広重「東都名所図会　隅田川渡しの図」はいずれも様々な当世風俗の人々を乗せた渡し舟を中心に描いたものである。この構図には、前章で言及した江戸前期の『伊勢物語』絵入本にもみられたような隅田川の渡し図を拠り所とした古典への擬えを汲み取ることができ、この趣向を成立させる上で「都鳥」は欠かせない要素である。東下りの挿話を踏まえて都鳥を隅田川の景物とする認識は、前述のように一八世紀半ばの時点で相当に広く共有されていたと考えられ、豊春の「浮絵三廻之図」や清長の「隅田川渡し舟」についても、多くの鑑賞者が都鳥に目を留め意味を読み解いたことと思われる。

図12　「はしばの舟わたし」西村重長画『絵本江戸土産』『新編稀書複製会叢書』第三六巻所載

その一方で、一八世紀半ば以降、江戸名所をとりあげた絵本、狂歌絵本が多く出版されるようになる中、東下りの故事を意識して隅田川の渡しを描くにもかかわらず、画中に都鳥が描かれない例も見受けられる。

宝暦三年（一七五三）刊、西村重長画『絵本江戸土産』は、序文[*52]に述べるように、日々繁華になりゆく江戸の、四季折々の名所での遊びを描くことを旨とした絵本である。「両国橋の納涼」「みめぐりの春色」に続く「隅田川の青柳」では、「都鳥も水上に浮む風情は。往昔在五中将の。いざことゝはんといはれしは。問ふ人もなきさひしき様子。今は引かえ繁花にして。河の面には屋かた。屋根舟。猪牙なんど。所せきまでこぎならべ。（略）牛の御前より堤つたへの余情はさながら蟻のあゆむがごとしとかや」と東下りの挿話を踏まえながらも、それとは対照的な当世の春の木母寺の梅若忌詣の賑わいが綴られる。隅田川沿いの各名所の挿図に注目すると、三囲土手を歩く人々や遊山舟（「みめぐりの春色」）、梅若塚を弁当なども携えて訪れる人々（「隅田川の青柳」）、さらに続く「はしばの舟わたし」（図12）では、橋場の渡しを行き交う渡し舟が描かれ、いずれも遊山客の風俗と賑わいをとらえることに主眼が置かれている。ただし橋場の渡しの図にも都鳥は登場しない。

江戸名所を主題とした天明五年（一七八五）刊、鳥居清長画『画本物見岡』[*53]上巻には、橋場の渡しを過ぎたあたりの夏の隅田川の景色を、そぞろ歩きの男女を中心に描いた図（図13）があり、「いせ物かたりに遠くもきぬるもの

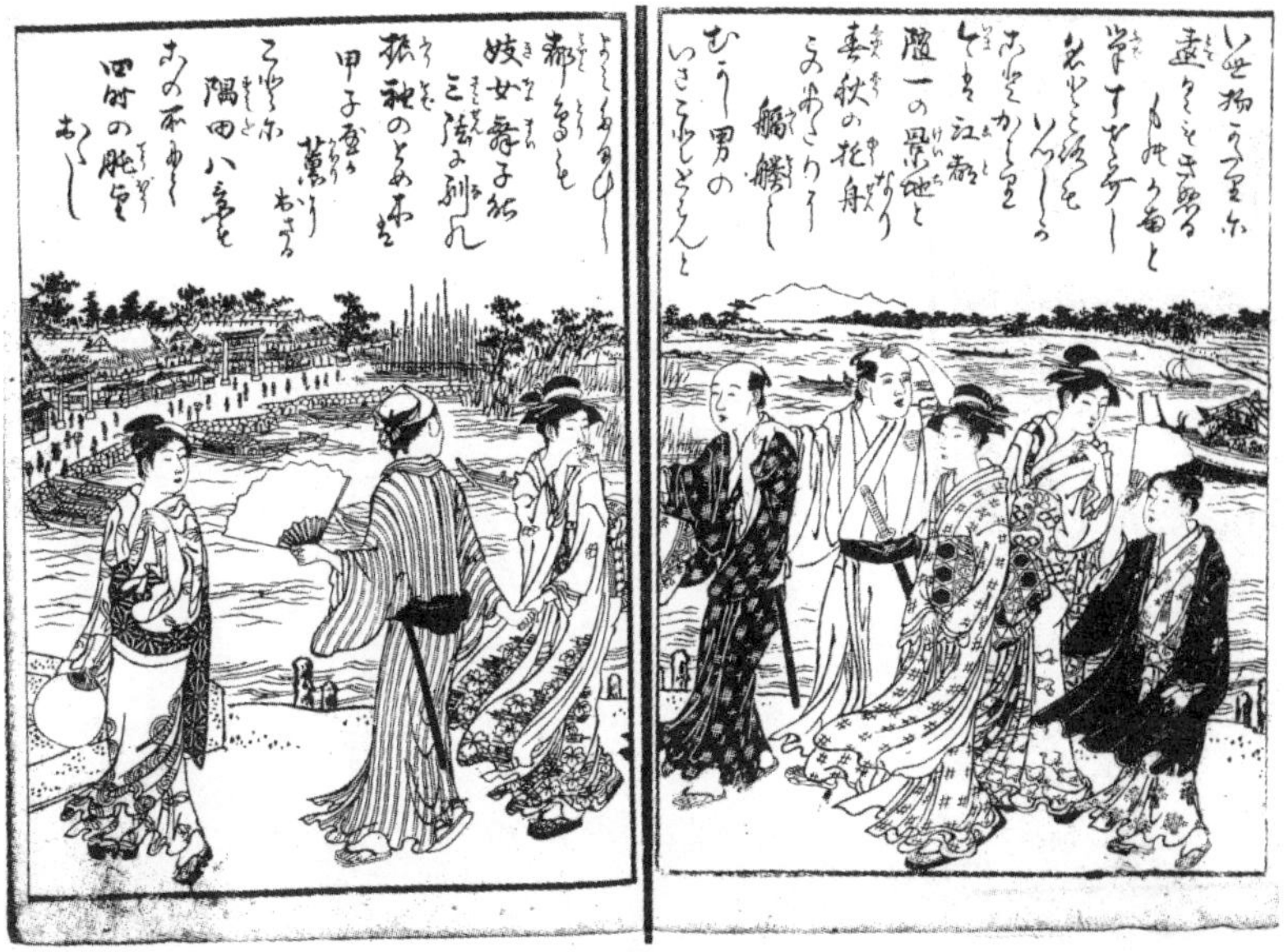

図13　鳥居清長画『画本物見岡』上巻　東北大学附属図書館狩野文庫所蔵　狩野文庫マイクロ版集成

かなと筆すさみし名ところもいつしかことかはり今は江都随一の景地となり春秋の遊舟このあたりに艑艘《ふくそう》しむかし男のいさこととはんとよみたまひし都鳥も妓女舞子の三弦に馴れ振袖のとめ木は甲子屋か薫におさることに隅田八景もこの所にて四時の眺望おゝし」という文を添えている。「江都随一の景地」としての現在に、『伊勢物語』に綴られた寂しい景色は打ち消されている。川面には涼み舟が浮かび、薄物の振袖を風に靡かせた踊子らを伴った遊客は思川を渡り、田楽の甲子屋もある真崎の方に歩みを進めている。本文にいう「妓女舞子」の姿は大きくとらえるが、都鳥はみえない。また寛政一二年（一八〇〇）刊の狂歌絵本、葛飾北斎画『東都勝景一覧』[*54]では、「隅田川」の題で、渡し場に立つ二人の女性が川風に吹かれる様を近景として夏の風景を描いている。挙げられた狂歌には「隅田川すめばゐなかも都鳥わたりに舟のともは有けり」という都鳥を詠み込んだものも含まれるが、画中の川面には都鳥の姿はない。描かれた渡し場は、橋場の渡しか、あるいは猪牙舟が描かれていることから橋場より川下の竹屋の渡しの可能性もある。三囲土手から望む川面に都鳥を多く描いた歌川豊春「浮絵三廻之図」の感覚からすれば、いずれにせよ隅田川景物としての都鳥が描かれうる範囲と思われるが、その選択はなされなかった。

渡し場付近を取り上げながらも、東下りの故事に語られるのとは打って変わった遊楽地となった名所風景を、流行の装いを纏った女性などを交えた遊興風俗を中心に描こうとする場合、『伊勢物語』や謡曲「隅田川」に語られた遠い昔のもの寂し情景につながる「都鳥」はそぐわないという感覚が、一八世紀中後期の江戸の人々には持たれていたのではないだろうか。少なくとも、文政期以降、都鳥の意匠が、花見時の墨堤周辺の景色との繋がりを意識して、洗練された女性たちの装いに意図的に描写される状況とは落差がある。「名にしおはば」の歌にちなみ隅田川の景物として浮世絵に描かれた「都鳥」は、一八世紀中後期には、古典の世界を指し示すキーモチーフであるにとどまり、文政期以降に展開する都鳥意匠のように遊興に華やぐ当世の隅田川の景趣と積極的に結びつけられるものではなかったと考えられる。

一八世紀半ば以降、隅田川周辺の名所とその風景について、故事来歴を持つ古跡としての側面だけでなく、当世の江戸の繁栄とともに賑わいを増してゆく変化の様が注目されていたことは、先の『絵本江戸土産』や『画本物見岡』の記述にもうかがわれた。また、この時期に隅田川両岸の風景図を流れに沿って描くことに的を絞った作品があらわされ、出版物として展開していったことも江戸の人々の隅田川風景への意識のあり様を物語っている。天明元年（一七八一）には木版手彩色ながら軸装または折本の形で伝存している鶴岡蘆水画『隅田川両岸一覧』[*55]が版行される。川下から筑波山を望む千住大橋までの東岸を描く東巻、川上から河口に至り富士を望む西岸を描く西巻の二巻から成り、寺社古跡に限らない両岸の建物、納涼や花見などの遊興と日々の営み、大小の舟と橋梁など実在感のある両岸の風景を展望したものである。この作品は宝暦から明和前半期に描かれたと考えられる狩野休栄筆「隅田川長流図巻」（紙本著色全三巻　大英博物館所蔵）を参照し、安永三年（一七七四）架橋の吾妻橋、明和八年（一七七一）竣工の中洲を描き加えるなど風景と人物の風俗を同時代のものに修正して描かれたことが小林忠氏により指摘されている。[*56]『隅田川両岸一覧』の国会図書館本には地名その他の書き入れがなされているが、[*57]その中には料理屋の所在を店の名を含めて記したものが散見される。「隅田川長流図巻」からの修正に注目すれば『隅田川両岸一覧』刊行にあたり名所古跡とともに最新の景観と風俗を示すことが重視されているとわかるが、この書き入れにより鑑賞者の関心も享楽的要素を含む「現在」の風景を絵の中に辿ることにあった様子が読み取れる。この後、文化期に『隅田川両岸一覧』（壺十楼成安序、葛飾北斎画）、文政六年（一八二三）年には『狂歌隅田川名所図会　東岸之部』（浅草庵守舎ほか撰、蹄斎北馬画）と、隅田川沿いの風景を主題とした狂歌絵本が出版される。前者が西岸を近景、東岸を遠景として描くのに対し、東岸側に的を絞った後者のような作品が編まれるようになることは隅田川をめぐる視線の変化をうかがわせる。

両岸の繁栄の中でも三囲から木母寺の間の堤が花の名所として賑わいを増していったことは、一九世紀初頭にかけての大きな変化であったが、それに劣らず墨東の変化に影響力を持ったと考えられるのが享和末から文化初年、道具屋を営んでいた佐原鞠塢が文人諸家の支援を得て向島寺島村に開いた百花園[*58]（新梅屋敷）である。鈴木章生氏は寛政の改革以後の中洲の撤去を契機に江戸の文人知識人の関心が吾妻橋以北に移ったことを指摘し百花園にも言及されている。[*59]一方、百花園が開園当初、享和期の文化の一特色である「みやび」を受け容れながら運営された様子が、鈴木淳氏によって、京の文化とゆかりの深い歌人橘千蔭、江戸千家の茶人川上不白らによる雅会の催しの場となったことへの注目を通し解き明かされている。[*60]鈴木淳氏はまた鞠塢の蔵板と推測される一枚刷り、鍬形蕙斎画「隅田川梹屋図」（文化初年前後成立）を取り上げ、開園当初の百花園の性格を検討されている。[*61]当初は教養層を中心に営まれた百花園と鞠塢の諸活動は、やがて幅広い層の人々の目を墨東の地に向けさせたことに加え、都鳥という景物に新たな光を当てる材料も提供したのではないだろうか。

鞠塢は「隅田川梂屋図」をはじめとした様々な出版物を手がけるなどして墨東の名所古跡の中に自身が開いた百花園を位置づけるための布石を重ねていったことが指摘されているが、[*62] それらの中には「都鳥」という古歌による景物を百花園に結び付けようと企図した形跡が見受けられる。鈴木氏が検討されている「隅田川梂屋図」は、開園当初の百花園を近景として俯瞰し、他の隅田川両岸の名所の中に描いたものである。筆者としては、同図標題の下に百花園の景物が列記される中に、一般的な四季の景物である鶯、雉、郭公、雁などと並び「都鳥」が挙げられていること、また画中にも、橋場の渡しの東岸近くには都鳥が描かれていることに注目したい。景物として「都鳥」をあげるところにも、百花園を他の古跡に並ぶ、文雅の趣に彩られた名所として位置付ける鞠塢の指向を汲み取ることができよう。なお「隅田川梂屋図」との関連で鈴木氏が紹介されている「武蔵国隅田川名所絵図」および「武蔵第一名所角田河絵図並故跡附」[*63]も、何らかの形で鞠塢が関与したと考えられる百花園を含む隅田川周辺の名所絵図であるが、いずれにおいても『伊勢物語』の挿話の舞台ととらえられていた隅田川の渡しのやや上流、水神の森のあたりの川に「此へん都どりいる」(「武蔵国隅田川名所絵図」)、「都どり多し」(「武蔵第一名所角田河絵図並故跡附」)と書きこまれている。また鞠塢は都鳥に関する考証書『都鳥考』(文化一二年一八一五刊)を著している。百花園の呼び物であった秋の七草に関し同種の考証書『秋野七草考』(文化九年一八一二刊)を著していることを考えあわせれば、『都鳥考』にも、古歌に詠まれた隅田川の景物「都鳥」を現在の百花園に結びつけようとする意図が含まれていたのであろう。

鞠塢は園内に窯を設け乾山流の陶器を制作し、これを「すみだ川やき」と称して売り広めたが、その定番の品に都鳥の香合があった。隅田川両岸の古跡名所を紹介した鞠塢の『墨水遊覧誌』(文政一一年一八二八序)には「すみだ川やき」の品目の筆頭に「都鳥の香合」をあげている。[*64] 現存する隅田川焼香合には、都鳥の形を象ったもの(例 図

14 181頁参照）が多いが、他に水面に浮かぶかのような都鳥を蓋に付けたものがある。[*65] いずれの「都鳥」も丸みを帯びた素朴な姿をしている。なお前節にあげた魚屋北渓画「開帳札と芸妓」（図7）に描かれた裾模様の都鳥意匠は、隅田川焼の「都鳥」の形によく似ている。この例は特殊な趣向であるにしても、隅田川焼は、都鳥のイメージを親しみやすい意匠に落とし込み身近な品々に展開する一つのきっかけとなったのではないか。

このように「都鳥」は、鞠塢によって、墨東の古跡の中の名所として百花園を位置付け、その正統性を演出するモチーフとして活用された。このことは、「都鳥」に改めて人々の関心を引き寄せる一つのきっかけとなったと考えられる。その一方で百花園は、小山田与清『松屋叢話』（文化一一年一八一四序）巻二には「浮宕遊行の徒、幇間声妓の輩、花鳥に、月雪に、まらうど引てきたりつとひつゝ」[*66] と記され、開園およそ一〇年を経た頃には、文人墨客の集う風雅な園であると同時に俗人たちでも大いに賑わうようになっていたことがわかる。前節に示した歌川豊国画「角田川　新梅屋敷之図」（図9）は遊興の場としての百花園の側面を伝えるものといえよう。百花園は文政一一年刊岡山鳥『江戸名所花暦』、天保六年刊寺門静軒『江戸繁昌記』四編にも取り上げられ[*67]、墨東の名所として確固たる位置を占めるに至る。後者では「新梅園」の題で無学の町人、漢詩を吟ずる書生、和歌、俳諧を詠む人々、お忍びの遊女など多様な人々で賑わう百花園が描かれている。この間に墨東一帯が江戸郊外の遊楽地として発展していったことは前掲の『明和誌』等の伝える通りである。

墨東は天保期の人情本の舞台として取り上げられることも多く、料理茶屋や通人の住む寮（別荘）、隠居所がしばしば描かれる。[*68] 為永春水作『春色梅美婦祢』[*69] は向島周辺を主な舞台とする作品だが、「流行に遅れざる人と、喜久得が庭の梅文好むてふ客人に、酒をたしなむうかれ男も、四季の詠めに欠る事なき東の名所」[*70]（初編巻三天保一二年一八四一刊）と、雅俗両様の性格を持つ流行の名所として、百花園を描いている。

さらに『春色梅美婦祢』には隅田川そのものへの名所意識を語る次のような文辞（二編巻之四天保一二年刊）もみえ

る。

そも〳〵此隅田川の説、むかし彼是と言ぬれど、古のさまは知らず、今の詠めの風流《みやび》なる、四季の風景和らかに、流れに遊ぶ鳥の名の、都にまけぬ名所とは、都人も賞られしぞ、東へはむきの耳言《せじ》にはあらず。実に絶景の詠めにて、猶更ものいふ花の堤に絶ず、舟と陸との遊び、雪月花の風流、三国無双といふべきのみ。[*71]

古典文芸に詠われた古跡としての認識を持ちながら、それをそのまま名所意識の拠り所とするのではなく、春の花をはじめ四季折々に遊山客で賑わう当世の「隅田川」風景そのものを、都を凌ぐ江戸自慢の名所として誇る、この文言は、天保期の江戸の大方の人々が共有する隅田川に対する感情を伝えているのではないだろうか。

③江戸名所景物としての「都鳥」と装い

文化期の百花園周辺では、古雅な事物が称揚され、「都鳥」もその対象であったが、文政天保期には、墨東の花の隆盛と相俟って文人たちと俗人たちの文化が合流したような様相を呈し、「隅田川」の古跡としての側面と、流行を追う人々が集う遊興の地という側面は矛盾なく共存するに至ったと考えられる。この時期に浮上した「都鳥」の意匠は、歌枕としての隅田川、あるいは東下りの挿話や梅若伝説自体を指し示すものではなく、そのような故事来歴も包括する当世の江戸名所としての「隅田川」を表象する景物と理解できる。

『春色梅美婦祢』巻之三には百花園を語る一節に続き深川芸者米八と恋敵の仇吉がうしやの雁木で屋根船に乗る場面があり、挿絵（巻之三、一三丁裏一四丁表）には二人の乗った舟の傍らに都鳥が描かれる。実はこれは米八の夢であったという設定で、巻之四では現実に、梅見帰りの米八、粂吉、房吉が同じ場所で屋根舟に乗りこむ。三美人を描いた挿絵（巻之四、四丁裏五丁表）には都鳥はみえないが、少し後の見開き（九丁裏一〇丁表）に川に浮かぶ都鳥をとらえた小図（図15）があり、これに当世の隅田川を称揚する前掲の一節が続く。都鳥図には「富士筑波右と左に都鳥ひなに隅田のはなもしづけき」という狂歌が添えられており、同時代におけるこのモチーフの意味を知ることができる。隅田川から望む富士と筑波の眺めは江戸自慢の風景の最たるものであった。ここで両山の真ん中に置かれた都鳥は言うまでもなく「絶景の眺め」「雪月花の風流」を誇る隅田川そのものを表象している。

　隅田川の景物について考えるとき、この一連の描写と挿絵において、もう一点、注目されるのが、繰り返し描かれる隅田堤に遊ぶ美人たちの姿である。前掲の当世の江戸名所隅田川を語るくだりには「実に絶景の詠めにて、猶更ものいふ花の堤に絶ず」とあった。舟遊び、堤の逍遥などの遊楽自体を隅田川の四時の風情を伝える風物としてとらえる視線は、先にあげた『画本物見岡』をはじめ数々の絵本や錦絵作品の描写に明

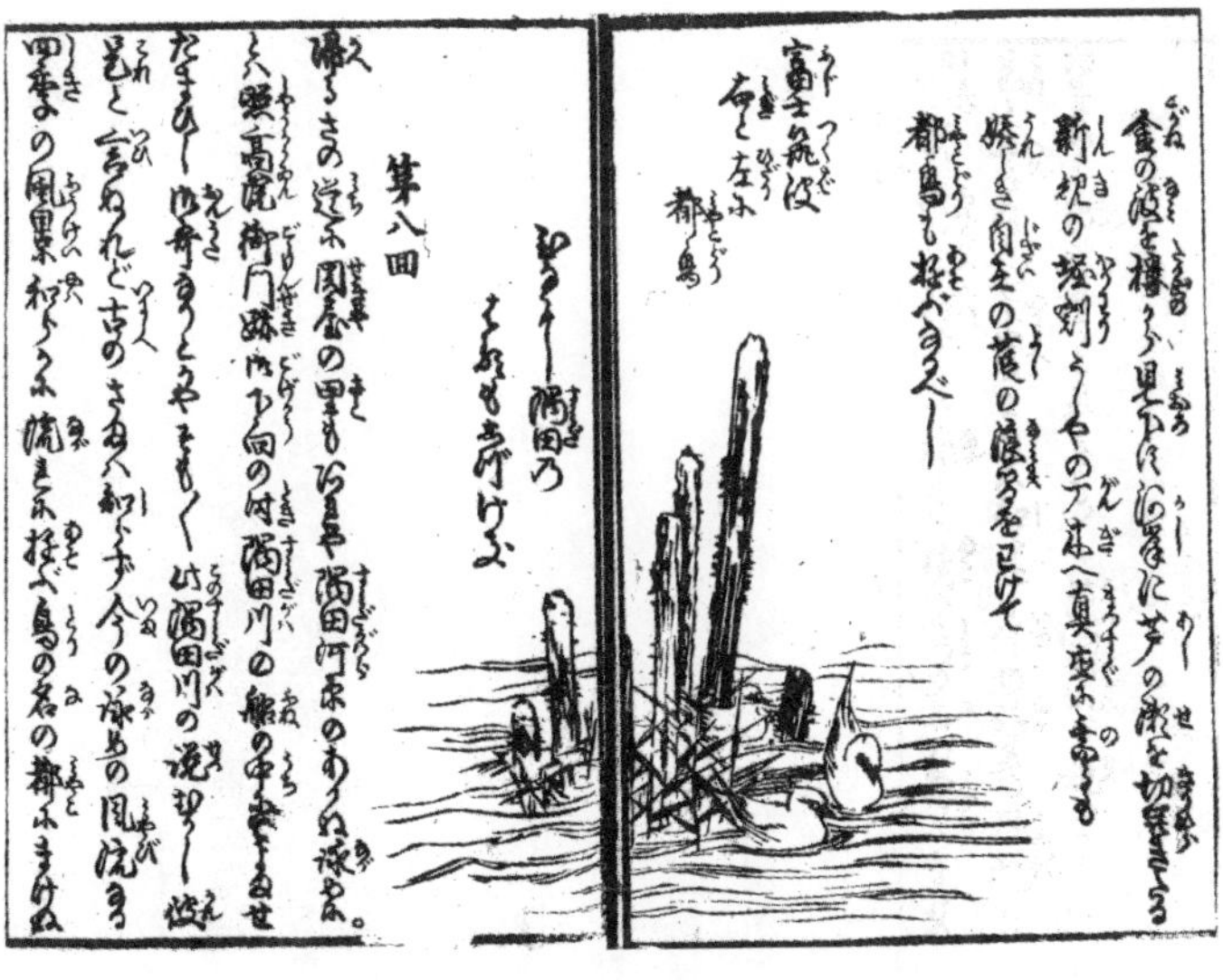

図15　為永春水作歌川国直、静斎英一画『春色梅美婦祢』巻之四九丁裏一〇丁表
東北大学附属図書館狩野文庫所蔵　狩野文庫マイクロ版集成

らかであるが、墨堤周辺で遊ぶ人物像として特に強く想起されたのが「ものいふ花」、人情本に描かれるような洗練された装いの女性たちであったのではないか。特に春の花見には装いを凝らして楽しむ文化が江戸時代にはあり、花を眺めるほかに人のいでたちを眺めることが常よりも強く意識された。

狂歌摺物「桜下遊宴の二美人」（図1）では、江戸廼花也による二首の狂歌「伊勢桜香に誘れてひとむれのをつこち髷もいさむ駒下駄」「青空は盛りの花に隠されてあたに目たちしおなんとの帯」は、いずれも当世風の装いの女性たちの花見の様を詠んだものである。駒下駄で闊歩するひと群れとは、江戸芸者の花見姿そのもの、「あだ」な御納戸色の帯が似合うのも同種の江戸好みの美人であろう。英泉が描いたのも江戸芸者、あるいは芸者上がりを思わせる女たちである。春の隅田堤の景物としての江戸好みの装いの女性像自体が、本作の主題である。

もう一点の狂歌摺物「開帳札と芸妓」（図7）では、隅田堤に立つ芸妓像は、当世名所隅田川を表象する景物としての性格をより技巧的に負わされている。富士、筑波を詠んだ狂歌を掲げた本作において、画面左手に描かれる筑波山に対し、右手の富士山本尊の開帳札が富士を示すと考えれば、両者の間に立つ芸妓の流水に都鳥の裾模様が隅田川を暗示するだけでなく、江戸好みの装いの芸妓像そのものが、華やかな当世の江戸名所としての隅田川を表象する役割を負うものと読み解くことも可能であろう。

このような江戸の人々の誇る当世の名所としての隅田川とその景物に対する意識は、「江戸自慢」を一つの基本主題として共有する江戸狂歌の周辺に確かめることができる。小林ふみ子氏によれば天明期の狂歌においては「江戸」に取材しながらも各地の景を具体的に描くのではなく、当然の前提とされた景の型に絡める技巧・趣向に主眼が置かれていたのに対し、寛政期以降、狂歌が大衆化する中で江戸の風景、風俗が具体的に描かれるようになる。[*72]本稿で注目する文政天保期には狂歌人口が拡大し、多数の狂歌本が出版されるが、江戸名所の中でも隅田川の景況、特に春の花時の様子は多くの江戸狂歌作品に詠まれている。その中には「隅田堤花の雲間にをり〳〵は空のいろみ

る妹か青傘　春明」(臥龍園撰『狂歌合両岸図会』[*73]文政一〇年一八二七刊　女性客の青日傘を花の雲間の青空に擬える)など、花見客の姿をとらえた作も見受けられる。

文政六年(一八二三)刊行の、浅草庵守舎ほか撰、蹄斎北馬画『狂歌隅田川名所図会　東岸之部』[*74]は前述のように墨東の名所、景物のみを取り上げた狂歌絵本である。二代浅草庵による序文には、明和頃に写されたという「両岸一覧といふ絵まきもの」を目にする機会があり、吾妻橋もない風景の珍しさに、栄えゆく大江戸の内で開けくるにつれ家居木草も変化してゆくことを思い、隅田川の名所を写した本書も後の人々にとって「今」を偲ぶよすがとなろうことが記されている。[*75]北馬による挿絵は殊更に名所古跡に焦点を当てたものではなく、東橋下での涼み舟の図に始まり、上流へと遡るように水上から東岸側を望む視点で日常風景をありのままに写し、これと区別して梅若伝説の一場面を加えている。「当世」の隅田川東岸をあらわすことへの意識は、兼題にも反映され、「隅田川」「隅田堤」「木母寺　梅若塚」「関屋里」「白鬚社」「花屋敷」「請地　松造」「秋葉」「牛島　長命寺」「三囲稲荷」「小梅」「大川橋　一名吾妻橋」等、当世の墨東の見どころに続き、「桜」「都鳥」「白魚」「鯉」「蜆」「舟」「釣」「筏」と隅田川の景物があげられている。墨堤の「桜」や春季の夜漁で知られた「白魚」、向島の料理屋の名物「鯉」などと並ぶ「都鳥」は、リアルな名所風景の表象として選ばれたものであろう。本書の表紙も流水に都鳥図で飾られており「都鳥」を江戸自慢の名所隅田川の景物とする意識の定着がみてとれる。「都鳥」の入集歌には「影うつる花の錦に織こめるもやうのやうにみやこ鳥かな　千廣」という一首がみえる。「都鳥」を花に配し織文様に擬える表現には、「都鳥」を装飾意匠としてとらえる感覚がうかがわれ、先にあげた画中の服飾描写や現存する中形見本などとも重なり興味深い。また兼題中の隅田川景物のうち、「白魚」も前述のように『萬職図考』にも都鳥と並び「江戸のはな」の題で登場するなどこの時期小袖意匠にも取り上げられる。狂歌の世界で育まれた江戸自慢の景物の中から、装いの意匠にまで展開する素材が誕生した様をうかがうことができる。

おわりに

人々が共通の思いを寄せる名所の「風景」は、歌に詠まれ、絵に描かれるほか、装いの意匠にも取り入れられ楽しまれてきた。「風景」に思いを馳せ、言葉や図像によって表現しようとする時、拠り所とされたのが景趣を特徴づける景物である。景物を拠り所として名所風景の主題を意匠化し、その細部である小モチーフから大きな風景を想起させる表現手法は、平安時代の歌絵（歌意）意匠にまで溯ることができ、江戸時代の小袖意匠にも形を変えながら続いてきた。

絵画的な表現が小袖意匠に広がった江戸後期には、和歌や物語、謡曲による風景の主題も、より現実味のある名所風景の主題も、空間的な広がりを持つ風景図としてあらわされることが多くなる。ただし、この時期の模様小袖に多い裾模様の構図がとられる場合は特に、景物を中心にした近景図、あるいは景物としての花鳥図のモチーフを微細にあらわす形式が、風景主題を示す意匠の一典型となっていた。本稿で注目した隅田川の景物である都鳥の裾模様も、このタイプの意匠といえる。

長年にわたり広く受容されてきた歌枕など古典文芸による景物とは別に、江戸時代後期、文政期頃以降の江戸では、江戸を代表する名所隅田川とその周辺の風景に関し、少なくとも江戸名所に関する知識を共有する人々の間で共通認識が持たれる景物が成立し、装いの意匠にも展開していた。都鳥はその代表格である。古典的な歌絵意匠が言語表現に依拠して意匠化された後に風景図、景物図意匠として展開することとなったのと異なり、「都鳥」をはじめとする江戸名所景物意匠については、おそらく意匠が一般化するよりも先に、景物の属する風景イメージは狂歌本を含む江戸名所絵本や錦絵に描かれ共有されていた。風景とその細部としての景物のイメージとを繋ぐ想像力も自ずと浸透していたと思われる。本稿では十分に検討できなかったが、この時期における江戸名所景物に対する知識、感情の共有の広がりには、大衆化の進んだ狂歌を中心とした同時代の江戸における文芸活動が介在すると考えられる。一方江戸名所景物を図像として浸透させ、意匠への展開を先導したのは、名所風景を描くほか、時に摺物などに景物図を描き、絵手本の題材にもとりあげた浮世絵師たちであるといえよう。

文政期頃から浮上する江戸の景物意匠の中でも「都鳥」意匠の特異な点は、この景物が、はるか昔の都人が旅愁を詠った古跡と、華やかな遊楽地の顔を持つ当世の江戸名所という、隅田川の二つの側面に連なっている点にある。文政天保期には、後者の側面が前者の要素を包括し、「都鳥」は江戸の人々が誇る名所隅田川を表象する景物となるが、そもそも隅田川に対する強い愛着と名所意識が共有されるに至ったのも、故事による価値づけという下地があってのことである。本論であげた複数の浮世絵作品にみられた、画中の当世風美人のまとった都鳥の意匠と背景となる墨堤周辺の風景の繋がりは、この時期、多くの江戸の人々に共有されていた都鳥という景物と隅田川の風景イメージとの対応関係に基づくものと考えられる。江戸名所景物意匠の中でも背景と呼応しあうような画中表現が特に多くみられる隅田川と都鳥は、古典の裏付けを持つ格別の存在であったのであろう。

また、春の花時の隅田川について、華やかな花見風俗、特に装いを凝らした女性たちの姿自体が風景を特徴づける一種の景物として意識される場合があったことも注目される。当世の江戸名所に対し、風景の一部として人とその装いをとらえる視線が向けられていたからこそ、このような興味深い設定が繰り返しなされ得たものと考える。

なお、風景を題材とする意匠が、装いの背景となる空間と繋がるような表現は、本稿でとりあげたような江戸後期の江戸名所景物意匠の例にとどまらない。たとえば「道成寺」、「鷺娘」などの歌舞伎舞踊の衣装にも、今日の舞台では、背景と連続するかのような意匠が選ばれ、着衣が空間的な広がりを感じさせる演出が行われる。このような表現の成り立ちについてさらに検討を加えることにより、日本の服飾文化と「風景」の関係をより深くとらえることができるものと考える。

注

1 拙著『江戸の服飾意匠』(中央公論美術出版　二〇一五年)「第五章京伝作見立小紋と江戸の意匠」二八二―二八四頁。
2 谷田閲次「外にある中心」『虚構の真実』(光生館　一九七六年)。
3 白畑よし「歌絵と芦手」『美術研究』一二五号(美術研究所　一九四二年七月)。
4 白畑よし「平安時代の工芸的文様」『工芸にみる古典文学意匠』(紫紅社　一九八〇年)、森田直美「平安中・後期の女房装束に見る「歌絵意匠」考」『和歌文学研究』一〇七号(二〇一三年一二月)等。
5 切畑健「近世染織における文芸意匠」『工芸にみる古典文学意匠』前掲注4。
6 塚本瑞代「平安朝服飾における象徴」『服飾美学』七号(一九七八年三月)。
7 「天喜四年四月三十日皇后宮寛子春秋歌合」『日本古典文学大系74歌合集』(岩波書店　一九六五年)一八三頁。なおこの歌合における方人の装束については『栄花物語』巻三十六にも記述がある。
8 前掲書注7、一八三頁参照。この意匠は「天河もみぢを橋にわたせはやたなはたつ女の秋をしもまつ」(『古今集』巻四秋上)などの古歌に連想を繋げることを意図して着想されたものと受け取られる。
9 「われも〳〵と同じ襲に、表衣・裳・唐衣、みな二重織物、文に秋の古き歌を、心〴〵に織りつけられて、繡文を葦手に書き、鏡の池を写し、大堰川・嵐の山を絵に描きて(後略)」前掲書注7、一八三頁。
10 『漢文日記』前掲書注7、一七九頁には、御簾際の女房たちの様が「或畫春花匂、或借秋葉色。鏤金銀摸草樹之形(略)透翠簾隠映矣。」と描写され、色目と具象的な装飾とを総合し景趣が見出されていた様がうかがわれる。

11　塚本氏は歌絵意匠につき、静止した歌絵屏風とは異なる、より生動する自然の美を人々に提供したのではないかと指摘されている。「平安朝服飾における歌絵意匠」『群馬県立女子大学紀要』二四号（二〇〇三年二月）六四頁。

12　総合的な論考として、小袖意匠の寓意性を論ずる中で謡曲による主題を分析した小寺三枝「小袖文様の発想法」『お茶の水女子大学人文科学紀要』一七号（一九六四年三月）、小袖における文芸意匠の変遷をとらえた切畑健「近世染織における文芸意匠」前掲注5などがある。個別の主題に関しては多数の論考がある。

13　『歌枕名寄』（万治二年序）巻第二一「住田河」の条には『古今集』の業平の歌以下、都鳥を詠み込んだ複数の歌がみえる。各地の名所とその景物を編纂した『名所部類』（宝永六年序）には「角田川　下総　都鳥」とみえる。

14　大阪市立美術館所蔵「雁金屋衣裳図案帳」三冊。塚本瑞代『雁金屋御画帳の研究』（中央公論美術出版　二〇一一年）参照。

15　『雁金屋御画帳の研究』前掲注14でC本とする一冊のうち、図版番号C－217、218の意匠図（年次不明）。「岩あかへにかのこくろへにかのこもしひわかのこ山ふきのはなくろへにかのこ」の墨書から題材が確かめられる。

16　『御ひいなかた』複製版『小袖模様雛形本集成壱』（学習研究社　一九七四年）参照。

17　井原西鶴『好色一代男』『日本古典文学大系47西鶴集上』（岩波書店　一九五七年）一七八頁参照。

18　日置清親『友禅ひいながた』複製版『小袖模様雛形本集成壱』前掲注16参照。

19　宮崎友禅『余情ひながた』東京藝術大学附属図書館蔵本参照。

20　『江戸の服飾意匠』前掲注1「第三章江戸時代後期の浮世絵師の画業と花鳥画風意匠の展開」一三一－一四七頁。

21　橘守国『絵本通宝志』（安永九年再刻版）東北大学附属図書館狩野文庫蔵本参照。

22　『雛形千代の秋』国立国会図書館蔵本参照。

23　江戸後期の武家女性の小袖類には、後世「御所解」と通称されるようになる、白上がりや刺繡で細かに表された類型的な自然景観の中に物語や謡曲の情景を暗示するモチーフを散りばめた意匠が展開する。この種の意匠では風景要素は背景に徹し、モチーフの寓意性により主題が効果的に示される。なお町方の小袖意匠に先行していた風景模様が「御所解模様」成立に影響を持った可能性が、鈴木理子「「御所解模様」に関する一考察」『MUSEUM』六五三号（東京国立博物館　二〇一四年一二月）で指摘されている。

24　『新雛形千歳袖』複製版『小袖模様雛形本集成四』（学習研究社　一九七四年参照）。

25　河上繁樹「小袖に見られる『伊勢物語』の模様について」『伊勢物語　享受の展開』（竹林舎　二〇一〇年）では桃山期の小袖において「八橋」の模様が婚礼を主題とする吉祥的な留守模様として成立していることが指摘されている。

26　井村勝吉『和国ひいながた大全』複製版（平安精華堂　一九二二年）参照。

27　吉田光義『ひなかた都商人』複製版『小袖模様雛形本集成三』（学習研究社　一九七四年）参照。

28　野々村氏『雛形染色の山』複製版『小袖模様雛形本集成三』前掲注27参照。

29　佐々木清兵衛『雛形袖の山』複製版『小袖模様雛形本集成四』前掲注24参照、橘守国『絵本故事談』国文学研究資料館蔵本参照。

30　左肩に富士（富士暮雪）、右肩に待乳山（真乳晴嵐）、右袖付けに雨の降りかかる茅屋（橋場夜雨）、左袖付け付近に駒形堂がみえ背に白帆が浮かび（駒形帰帆）、裾には梅若塚と落雁（関屋の落雁）。腰の鐘撞堂が洲崎弁天（洲崎晩鐘）、残る右裾の海辺が潮入夕照。この内容は橘守国画『画典通考』巻之二隅田川八景図と一致する。

31　橘守国『画典通考』巻之二、早稲田大学図書館蔵本参照。

32　西村重長『絵本江戸土産』『新編稀書複製会叢書第三六巻』（臨川書店　一九九一年）参照。ただし遊客が編笠を被ることは元文期には廃れたようであり「茶地吉原細見模様小袖」はそれ以前の光景をとらえたものと考えられる。

33　『江戸の服飾意匠』前掲注1「第五章京伝作見立小紋と江戸の意匠」二四六－二五〇頁。

34　江戸廼花也について津田真弓「柳花亭江戸廼花也（長州藩主毛利斉元）の狂歌摺物」『浮世絵芸術』一六一号（二〇一一年一月）参照。

35　斎藤月岑『武江年表』（嘉永三年刊）天保四年の記事に「二月朔日より、寺島蓮花寺にて、富士山本尊大日如来開帳」とある出開帳を示すと考えられる。『増訂武江年表2』（平凡社　一九九五年）八六頁参照。

36　江戸から眺める富士と筑波を一対の景物とする型の成立について、井田太郎「富士筑波という型の成立と展開」

37 『国華』一三一五号（二〇〇五年五月）に論じられている。
38 岡本昆石編『古今百風吾妻余波　第一篇』（森戸錫太郎　一八八五年）「東都婦女の髪風并考」に「三ツ輪髷徳川時代には妾多く此風に結びたり」とみえる。
39 渓斎英泉『画本錦之嚢』東京都立中央図書館加賀文庫蔵本参照。
40 二代葛飾載斗『萬職図考』東北大学附属図書館狩野文庫蔵本参照。
「隅田堤の花王は、享保年間に植させ給ひ、その後延享・明和・寛政年間と、度々に植添給ひ（略）往来の両側に狭（挟）んで、花王の古樹幾千株、花形又あざやかに（略）世上の春を爰にあつめたるが如し」。十方庵敬順『遊歴雑記』初編下「四十七隅田川木母寺の事実」、『遊歴雑記初編2』（平凡社　一九八九年）一一六頁。
41 『江戸名所図会』巻之七『新訂江戸名所図会六』（筑摩書房　一九九七年）二二三、二二四頁。
42 岡山鳥『江戸名所花暦』『改訂新装版江戸名所花暦』（八坂書房　一九九四年）二七頁。
43 寺門静軒『江戸繁昌記』二編『新日本古典文学大系100江戸繁昌記　柳橋新誌』（岩波書店　一九九三年）一一七頁。
44 青山白峯『明和誌』『鼠璞十種』中巻（中央公論社　一九七八年）一九七頁。
45 喜多川信節『嬉遊笑覧』『日本随筆大成新装版別巻九　嬉遊笑覧三』（吉川弘文館　一九九六年）二四〇頁。
46 浅井了以『江戸名所記』『新編稀書複製会叢書第三〇巻』（臨川書店　一九九〇年）参照。
47 『江戸雀』一二巻（延宝五年刊）、戸田茂睡『紫の一本』（天和三年奥書）、『古郷帰の江戸咄』五巻（貞享四年刊）、菊岡沾凉『江戸砂子温故名跡誌』巻之二、六（享保一七年刊）等参照。
48 藤田理兵衛『江戸鹿子』慶応義塾図書館蔵本参照。
49 禿箒子撰『隅田川往来』（文化八年再版本）、早稲田大学図書館所蔵本参照。
50 名物評判記出版にみる「江戸自慢」の現象について中野三敏『江戸名物評判記集成』解説（岩波書店　一九八七年）四一五頁、江戸ッ子気質の完成について西山松之助『江戸ッ子』（吉川弘文館　一九八〇年）九二から一〇三頁参照。
51 大久保純一「浮世絵の名所絵と和歌」『和歌をひらく第三巻和歌の図像学』（岩波書店　二〇〇六年）。
52 「武蔵野の月も。家より家に入る風情。繁花日々に盛なり。四季折々の壮観。中にも春は上野飛鳥の花盛。三囲

隅田の。つみ草野遊。（後略）」、西村重長『絵本江戸土産』序『新編稀書複製会叢書第三六巻』前掲注32。

53 鳥居清長『画本物見岡』東北大学附属図書館狩野文庫蔵本参照。

54 葛飾北斎『東都勝景一覧』国立国会図書館蔵本参照。

55 鶴岡蘆水『隅田川両岸一覧』国立国会図書館蔵本参照。

56 小林忠「「隅田川両岸図巻」の成立と展開」『国華』一一七二号（一九九三年七月）。

57 この書き入れの年代につき前掲注56小林氏論文において、寛政二年設置の人足寄場（「無宿島」）への言及から「寛政年間か、それ以後としてもさほど遠からぬ時期の記載と思われる」と指摘されている。

58 斎藤月岑『武江年表』「享和年間記事」では開園時期を「享和中にや有りけん」とする。『増訂武江年表2』前掲注35　二八、二九頁。

59 鈴木章生「『江戸名所図会』にみる隅田川名所と流域の地域特性」『国立歴史民俗博物館研究報告』第一三六集（二〇〇七年三月）。

60 鈴木淳「隅田川流域の雅事」『江戸のみやび』（岩波書店　二〇一〇年）。

61 鈴木淳「鍬形蕙斎画「隅田川楳屋図」を読む」『江戸のみやび』前掲注60。

62 鞠塢の事績と百花園につき、鈴木淳氏論考のほか、関根正直「鞠塢の園（附梅屋鞠塢の伝）」『国民之友』九三号（一八九〇年九月）同復刻版（明治文献　一九六六年）、竹之内知子「佐原鞠塢伝の再検討」『立教大学日本文学』第六一号（一九八八年一二月）、『江戸の花屋敷』（東京都公園協会　二〇〇八年）を参照。

63 「武蔵国隅田川名所絵図」「武蔵第一名所角田河絵図並故跡附」ともに国立国会図書館所蔵『扶桑探勝図』九参照。

64 「花屋敷にて、乾山流の陶器を製し、売ひろむ、都鳥の香合、あるひはさかづき（略）すみだ川やきといふ」、佐原鞠塢『墨水遊覧誌』一三丁表、国立国会図書館蔵本参照。

65 仲野泰裕「隅田川焼の系譜」『江戸の花屋敷』前掲注62、『「香合の美」展図録』（谷口事務所　二〇〇〇年）一一五、一二六頁参照。都鳥香合は今土焼でも制作された。

66 小山田与清『松屋叢話』巻二、『日本随筆大成新装版第二期第二巻』（吉川弘文館　一九九四年）。

67 『江戸名所花暦』前掲注42、巻之一「梅」、巻之三「七草」の項、『江戸繁昌記』前掲注43、四編「新梅園」。

68 為永春水『春色梅児誉美』三編巻之八（天保四年刊）、向島の料理屋平岩近くの情景描写に「住ば繁花の諺も、今は誠の並家（略）竹屋も呼ばで向越（略）風雅と洒落た茶会亭に、何某隠居何の寮と、柾木の垣根建仁寺」、『日本古典文学大系64春色梅児誉美』（岩波書店　一九六二年）一五五頁。たとえば為永春水『春告鳥』初編（天保七年刊）には、富裕町人の若隠居鳥雅の迎島（向島）の別荘（寮）での暮らしぶりが描かれる。

69 為永春水『春色梅美婦祢』『梅暦下』（岩波書店　一九五一年）、挿絵は東北大学附属図書館狩野文庫蔵本を参照。

70 『梅暦下』前掲注69、二七〇頁。

71 『梅暦下』前掲注69、二八四頁。

72 小林ふみ子『天明狂歌研究』（汲古書院　二〇〇九年）「第一章天明狂歌の特質」「第三節天明狂歌の「江戸」」。

73 臥龍園撰『狂歌合両岸図会』国立国会図書館蔵本。

74 『狂歌隅田川名所図会　東岸之部』東京都立中央図書館加賀文庫蔵本参照。

75 本書序に「絵まきもの」は、年代の点から狩野休栄筆「隅田川長流絵巻」の写本を指す可能性が考えられる。

Ⅵ 暮鳥の〈青空〉

――風景の中の詩人――

九里　順子

はじめに

〈風景〉は、近代詩の主要なテーマであり、モチーフである。柄谷行人は、「風景」とは「一つの認識論的な布置」であり、以下のように近代文学における「風景」概念が成立したと述べている。即ち、自己の内面を見つめ、外的世界に関心がない「内的人間（inner man）」が出現し、外を見ない人間によって外部が発見された時に、従来の場としての名所から切り離されたモノ、対象、主体が向き合う客体としての「風景」が発見されたと述べる（『日本近代文学の起源』講談社　昭55・8）。その記念碑的作品が、国木田独歩の「武蔵野」（『国民之友』365、366号　明31・1、2）「忘れえぬ人々」（『国民之友』368号　明31・4）である。

柄谷の論は、「風景」が先験的に存在する対象ではなく、認識の枠組みの変容と連動する近代の基本的概念であることを夙に指摘した点で重要である。しかし、枠組みの変換ということに力点を置く余り、近世と近代の切断を一面的に強調している偏りは否めない。これについて、堀切実は、話者が自らの観察・知覚に基づいて「実景実情」を詠み、描写するという動きは近世から着実に始まることを論じ、天明・寛政期の宋詩に倣った写実的な作風が、化政期の菅茶山の写生詩運動へと展開していく軌跡を辿って、近世における主体的な「風景」の存在を跡付けている（「近世における「風景」の発見」『日本文学』平14・10）。

〈風景〉を、主体がそれを通して自らの感受性や知覚のあり様を発見する対象かつ媒体であると定義する場合、堀切が指摘するように、そのような「風景」への志向性は、近世後半から近代にかけて形成されていったと考えられる。そこで発見された意味やイメージが、従来は見ていなかったものを前面化した時に、新しい風景が成立するのであろう。

このような視点で「風景」を捉えた場合、〈青空〉というモチーフが注目される。〈青空〉は、自然や風景を描く際の典型的な、あるいはありふれたモチーフのように感じられる。しかし、〈青空〉が独立して眺められる対象となるのは、近代以降である。古典的漢詩には、雄大な自然やトポス的場を構成する「青天」がある。それは、特定の風景の規範的要素であっても、モチーフとして自立している訳ではない。〈青空〉が遍在するモチーフとして自立するためには、認識主体の身体性に関わる受け止め方がなされ、従来の概念的構図が退いて、新たな意味が発見される必要があった。

近代詩において、二葉亭四迷によるツルゲーネフの翻訳「あひゞき」（『国民之友』25、27号　明21・7、8）を嚆矢として、従来にはなかった、観察的対象でもあり、主体と共振する対象でもある〈青空〉が出現する。「あひゞき」に感銘を受けた独歩の変化生成する〈青空〉、明治二十年代の「風景」観に大きな影響を与えた志賀重昂『日本風景論』（政教社　明27・10）の〈青空〉を経て、若山牧水や石川啄木の、主体が心情を投影する〈青空〉が現われ、大正期には、聖公教会の伝道師でもあった山村暮鳥が世界観の象徴とも言うべき〈青空〉を突出させる。暮鳥の〈青空〉は特異なようでいて、我々に共有されている、世界を包み込み人間を見守る擬人的なイメージの結節点になっていると考えられる。本稿では、暮鳥の〈青空〉を一つの到達点として、主体の感受性や身体性、ひいては世界の見え方を映し出す端的なモチーフとして、〈青空〉を巡る近代詩の表現を辿ってみたい。

1　翻訳の〈青空〉

二葉亭四迷が翻訳したツルゲーネフ「あひゞき」[*1]の「清新」な自然描写が、国木田独歩を初めとする明治の青年に大きな影響を与えたことは、文学史の定説になっている。「あひゞき」には、時間の経過に従って自然を観察する眼差しがある。

秋九月中旬といふころ、一日自分がさる樺の林の中に座してゐたことが有ツた。今朝から小雨が降りそゝぎ、その晴れ間にはおり〳〵生ま煖かな日かげも射して、まことに気まぐれな空ら合ひ。あわ〳〵しい白ら雲が空ら一面に棚引くかと思ふと、フトまたあちこちに瞬く間雲切れがして、無理に押し分けたやうな雲間から澄みて怜悧《さか》し気に見える人の眼の如くに朗かに晴れた蒼空がのぞかれた。自分は座して、四顧して、そして耳を傾けてゐた。（略）

何ン時ばかり眠ツてゐたか、ハッキリしないが、兎に角暫くして眼を覚まして見ると、林の中ハ日の光りが到らぬ隈もなく、うれしさうに騒ぐ木の葉を漏れて、はなやかに晴れた蒼空がまるで火花でも散らしたやうに、鮮かに見渡された。

「座して、四顧して、そして耳を傾けてゐた。」という箇所が、「自分」の自然と向き合う態度を端的に表している。自分の眼と耳で対象を捉えるのである。観察的態度ではあるが、メカニックではない。「生ま煖かな日かげ」「まことに気まぐれな空ら合ひ」「あわ〳〵しい白ら雲」「無理に押し分けたやうな雲間」と主体は自分の身体を介して対象と共振している。わが身の如く受け止める感性があるからこそ、擬人法が多用されているのであろう。空も、「澄みて怜悧し気に見える人の眼の如くに朗らかに晴れた蒼空」と視線を交し合う存在として、画竜点睛的に擬人化されている。まどろみの後で、主体の目が捉えるのも、まず「蒼空」である。「はなやかに晴れた蒼空がまるで火花でも散らしたやうに、鮮かに見渡された。」と鮮烈な美として形容されている。「人の眼」という精神性を与えられた「蒼空」は、風景の美の核心である。

それは、従来の和歌的な景色の枠組み、即ち、景物や類題として秩序化され高度に体系化された四季の中にはない風景である。和歌的な四季の枠組みからは外れている、新しいモチーフである。「清新」な自然描写とは、「蒼空」に象徴される、規範的な四季よりも対象と向き合う身体性を優先させる眼差しを指す。

青空を含む風景は、より明快な構図として『於母影』（『国民之友』58号夏期附録　明22・8）[*2]の「ミニヨンの歌」（訳者は森鷗外）で示される。

レモンの木は花さきくらき林の中に
こがね色したる柑子は枝もたわゝにみのり
青く晴れし空よりしづやかに風吹き
ミルテの木はしづかにラウレルの木は高く
くもにそびえて立てる国をしるやかなたへ
君と共にゆかまし
（其一）

「青く晴れし空」は、果実が豊かに実る林の背景にとどまらず、「レモン」「こがね色したる柑子」との鮮やかな色彩的対比によって、風景を構成する重要な要素となっている。青は、キリスト教では、「父なる神、三位一体、聖霊を表す色」であり、「青＋白は、マリアの色」である。金は、「神の霊、信仰の勝利の栄光」を表す。[*3]青と金は宗教画に用いられる色の取り合わせである。この該当部分の現代語の翻訳は、「知っていて、レモンの花咲く国を？／ほの暗い葉蔭にオレンジが燃え、／そよ風が青空からわたって、」（『ウィルヘルム・マイスターの修業時代』第三巻第一章　高橋義孝・近藤圭一訳）[*4]である。原詩は、「Gōldorāngĕn」（金色のオレンジ）と「blāuĕn Himmĕl」[*5]（青空）であり、高橋・近藤訳に比べて鷗外訳の方が、色の象徴性を重視している。

空を如何に形容するかの古典的美意識は、『和漢朗詠集』[*6]に見られる。劉禹錫の「野草芳菲紅錦地／遊糸繚乱碧羅天（野草芳菲たり紅錦の地／遊糸繚乱たり碧羅の天）」（「春／春興」一九）は、咲き匂う草花を紅の錦に、陽炎が揺れる空を「碧羅」即ち深緑色の薄絹に喩えている。おそらく、これを手本として、小野篁「著野展敷紅錦繍／当天遊織碧羅綾（野《や》に著いては展べ敷けり紅錦繍／天に当っては遊織す碧羅綾《りょう》）」（同、二一二）がある。対照的な色彩と人工の豪華な物によって、空と地が形容されている。この空の形容が独立して、麗景殿女御「あさみどり春立つ空に鶯のはつ声またぬ人はあらじな」（「春／鶯」七三）作者未詳「霞晴れみどりの空ものどけくてあるかなきかに遊ぶいとゆふ」（「晴」四一五）と和歌にも用いられる。あるいは、島田忠臣「雁飛碧落書青紙／隼撃霜林破錦機（雁碧落に飛んで青紙に書せり／隼霜林を撃つて錦機を破る）」（「秋／雁付帰雁」三二一）と空を飛ぶ雁を大きな青い紙に文字を書き連ねた様子に喩えている。菅原道真「碧玉装箏斜立柱／青苔色紙数行書（碧玉の装ひの箏の斜めに立てる柱《ことぢ》／青苔の色紙に数行《かう》の書）」（同、三二二）では、「碧玉の装飾を施した琴柱を箏の上に斜めにいくつも立て並べたようである」と雁の声と飛ぶ姿を連想させる、より技巧的な形容になっている。雁を青空の書に喩える形容は、白居易「風翻白浪花千片／雁点青天字一行（風白浪を翻せば花千片／雁青天に点ずれば字一行《いっこう》）」（「眺望」六二四）に基くと考えられるが、見立てが複雑化している。

『和漢朗詠集』における「碧羅綾」「青紙」「碧玉装箏」「青苔色紙」に喩えられる青空は、固有の色を持った固有の対象として捉えられているのではない。如何に天然を美として捉え得るか、いわば天然の人為化を、技巧と見立てを尽して行うのである。和文脈の「あさみどり」「みどりの空」も、春の景色を捉える型から派生した、概念的な空である。

これに対し、「ミニヨンの歌」の金と青は、その対象が持つ独立した色であり、景色を型として捉え、それを精緻に洗練させる美意識ではない。神の恩寵を受けた自然と見る主体がまっすぐに繋がっている印象を与える。それ自体で意味を持ち、モチーフになり得る〈青空〉が提示された。従来にはなかった、自立的な美としての〈青空〉が訳出されたのである。

2　独歩の〈青空〉

国木田独歩の「武蔵野」[*7]は、作中で語り手の「自分」が述べるように、四迷訳「あひゞき」の「此微妙な叙景の筆の力」に導かれて発見した、武蔵野の「落葉林の美」がテーマである。それは、比類なく「林と野とが斯くも能く入り乱れて、生活と自然とが斯の様に密接して居る処」の風景であり、動きを伴うことが前提になっている。刻々と変化する空にも注意深い眼差しが注がれる。

空は蒸暑い雲が湧きいでゝ、雲の奥に雲が隠れ、雲と雲との間に蒼空が現はれ、雲の蒼空に接する処は白銀の色とも雲の色とも譬へ難き純白な透明な、それで何となく穏かな淡々しい色を帯びて居る、其処で蒼空が一段と奥深く青々と見える。ただ此ぎりなら夏らしくもないが、さて一種の濁《にごつ》た色の霞のやうなものが、雲と雲との間をかき乱して、凡べての空の模様を動揺、参差、任放、錯雑の有様と為し、雲を劈く光線と雲より放つ陰翳とが彼方此方に交叉して、不羈奔逸の気が何処ともなく空中に微動して居る。

この描写について、森本隆子は、「何よりも印象的なのは、画面を貫く一種の運動性であろう。」と述べ、「雲に射す光線の悪戯で水蒸気が一際白くなりまさり、青空の青を攪乱する様に着目するラスキンの目は、空と雲のあわいを最高度に純白な「白銀」に喩え、その散乱する光で空の青色に深浅を読もうとする独歩の眼差しと、響きあっている。」と「ターナーの描く〈雲〉を〈震える気体〉と名付け、雲と空の関係は太陽光線によっていっそう際立つものとするラスキンの解釈」と「独歩や藤村に於ける雲の発見」との類似性、共通性を指摘している。[*8]

これは、ラスキン『近世画家論』[*9]（一八四三〜一八六〇）の、次の部分が該当するであろう。ラスキンは、「空の単純なる青」について、「其は其の中に浮遊せる水気多き水蒸気の変化する量によつて変化せしめられ、（略）太陽光線の暖い色調を受取り、其の量及び不完全的溶解によつて空をより蒼白ならしめ、同時に其の青と暖かい色合とを混ずることによつて多少灰色になるものである。此の灰色の水気多き水蒸気は其が圧倒的である時靄になり、局部的である時雲になる。故に空は透明な青い液体として考へらるべきである。」（「第二編　真理に就いて／第三項　空の真理／第一章　大空／第五節　大空の性質とその本質的特質」）と説明している。また、「晴澄なる空の純青」（'the pure blue of a serene sky'）[*10]は「平面的な死せる色ではなく、深く震へてゐる透明なる透徹的空気体」（'It is not flat dead colour,but a deep,quivering,transparent body of penetrable air.'）であり、そこに「眩眼的な光の短き落下し行く諸点とかすかなる影、暗き水蒸気の薄きヴエイルされたる痕跡」（'short falling spots of deceiving light, and dim shades,faint, vailed vestiges of dark vapour.'）を辿り、想像することができるとも述べている（「第二編／第三項／第一章／第七節　その非常なる深み」）。

ラスキンは、空の構成要素を科学的即物的に分析した上で、空気、水蒸気、太陽光線三者の関係性から空の魅力を描き出している。森本が指摘するように、三者の関係性に着目している点で、独歩とラスキンは共通する。しかし、独歩は、「動揺、参差、任放、錯雑の有様」と変化と多様性のダイナミズムに惹きつけられ、〈青空〉の魅力を「不羈奔逸の気」という言葉でまとめている。新体詩人としての独歩は、「山林に自由存す」（「独歩吟」／『抒情詩』民友社　明30・4）に見られるように、漢文脈に基づいていた。ここには、漢詩的な概念としての青空にはなかった、現前する青空の発見の喜びがあるように感じられる。

ラスキンは、空の真理を「凡ての其の職能に於て人間のハートを永久に慰め高揚する。」と定義し、「一瞬時が同一の状態であることは全然ない。その熱情に於て殆んど人間的であり、そのやさしさに於て殆んど霊的であり、その無限性に於て殆ど神的」であると述べている（「第二編／第三項／第一章／第一節　人を愉快ならしめ教へる特種性を空は有してゐる」）。これが、ラスキンが空を崇拝する根本的な理由であるが、独歩も、雲の存在によって「蒼空が一段と奥深く青々と見える。」と青空が無限へと繋がっていく精神的なるものを感じ取っている。この感受性は、愛読していたワーズワースによって養われたのであろう。「ウオーズヲースの自然に対する詩想」（『国民之友』368号　明31・4）[*11]で、ワーズワースを「彼の自然を愛するや、自然の美に浮かる、にあらずして、実に自然の美の力を信ずるなり。乃ち彼の自然の奥には神あるなり。」と紹介し、「チンテルン精舎数哩の上流ワイ河畔にて詠じたる一編」をその好例として訳出している。

されど我は此経過（引用者注：幼少期の「山河に対する此等の快感」が失われてしまったことを指す）を唸かず哀まざるなり。我は此損失を償ひて余ある者を得たり。乃ち我は思想なき童児の時と異り、今や自然を観ることを学びたり。今や人情の幽音悲調に耳を傾けたり。今や落日、大洋、青空、蒼天、人心を一貫して流動する処のものを感得したり。

約二年半後の短篇「小春」（『中学世界』3巻16号　明33・12）[*12]でも、一、二年ぶりに「ヲーズヲルス詩集」を読み返すという件があり、このソネット（‘Lines Composed a Few Miles above Tintern Abbey’）の大意が訳出されている。こちらでは、「今や落日、大洋、清風、蒼天、人心を一貫して流動する所のものを感得したり。」となっており、「青空」の代わりに「清風」が挿入されている。これは、重複を避けて、より造化、天の道理のイメージが強い「蒼天」を残したのであろう。
ちなみに、原詩の該当部分は、以下になる。[*13]

;a sense sublime
Of something far more deeply interfused,
Whose dwelling is the light of setting suns,
And the round ocean and the living air,
And the blue sky, and in the mind of man:
（それははるかに深く浸透した何ものかに対する崇高な感覚で、
それが存在するのは落日の光の中であり、
円い大洋であり、新鮮な大気であり、
青空であり、人の心の中であった。：山内久明訳）

藤森清が指摘するように[*14]、独歩は「a sense sublime」（崇高な感覚）を訳出していない。代わって前面化されるのは「人情の幽音悲調」であり、これは、引用の四行前の‘The still,sad music of humanity’の訳出である。「崇高な感覚」を捨象した理由について、藤森は、独歩は「ワーズワースを通してロマン主義の「精神化された風景のもちうる力」」に焦点を当てつつ、その自然観を学んだのであり、「ロマン主義にいたる階梯でしかなかった」からであると考察している。しかし、「彼の自然の奥には神あるなり」（「ウオーズヲースの自然に対する詩想」）「たゞ自然其物の表象変化を観て其真髄の美観を詠じた」（「小春」）という、神の力の表象ではなく、自然に内在するものの表現が普遍に到ったのだとするワーズワース評、「人情の幽音悲調」と「落日、大洋、清風、蒼天、人心を一貫して流動する所のもの」をほぼイコールで結び、自然と人間を環流するものとして精神を捉えていることを見ると、「崇高」の捨象は、神の力でも個人の精神の形象化でもない、造化と交響する人間の精神を読み取ったからという印象を受ける。

現前する青空の発見の喜びは、ワーズワース的自然の内奥性に支えられ、〈青空〉の普遍性を発見する眼差しが成立する。森本は、独歩の青空について、「空を〈地〉とする雲の動き」と述べているが[*15]、雲の変化と多様性を支える構造的青空とも言うべき視線は、志賀重昂の『日本風景論』（政教社　明27・10）を想起させる。

3　『日本風景論』の〈青空〉

内村鑑三は、「志賀重昂氏著『日本風景論』」（『六合雑誌』168号　明27・12）[*16]で、「余輩は著者に「「日本のラスキン」なる名称を呈することを吝《おし》まず、」と述べ、ラスキンの文章を引用対比しつつ、「是は桜花爛漫たる東土の作、彼は湮霧陰鬱なる西土の感、余輩は我邦のこの好詩人を産するありて人生の楽観的半面を歌はしめしを喜ぶ。」と「国粋保存論の提起者」重昂が「東洋の彩花島内において世界の凡ての美なるもの」を見ようとする姿勢を批判しつつも、「楽観的半面」（「園芸的に美」「公園的に美」）の称揚の記述については称賛している。

内村が重昂をラスキンに比しているように、「美」「崇高」（後述するように「跌宕《てっとう》」がこれに該当する）という主要な概念、水蒸気への着目において両者は類似する。もっとも、ラスキンは、エドモンド・バークの「崇高」と「美」を峻別する認識（『崇高と美の観念の起源』一七五七）に対して異議を唱え、「こゝに崇高なものと云つてゐるものは死の恐怖ではなく死の瞑想である。」として、「崇高なるものは美しきものと又は芸術上の自余の快源と識別されずして其等のもの、唯一様式と告示に外ならぬ。」と「崇高」も「美」の一種類であると見做している（『近世画家論』「第一編　総説／第二項　力に就いて／第三章　崇高なるものに就いて」）。

『日本風景論』は、重昂が地理学の述語を駆使して、日本の風景を近代的な美として捉え直した書であると位置づけられてきた。夙に小島烏水は、岩波文庫初版本（昭12・1）[*17]の「解説」で、「『風景論』が出てから、従来の近江八景式や、日本三景式の如き、古典的風景美は、殆ど一蹴された感がある。」「地学的の眼孔を以て、風光を洞観している。」と述べている。

しかし、『日本風景論』は、学術書ではない。内村は重昂を「好詩人」と呼び、烏水も、従来の「教科書用の地理学地文書」に比して、「叙景詩ともなり、詩文と画図《がと》とを兼ね備わる名所図会ともなって」と述べていることが注意される。内村や烏水が指摘するように、『日本風景論』には、漢詩、和歌、俳句が随所に引用されている。亀井秀雄によれば[*18]、重昂が風景を分析する視点として用いたのは、「地文学」（'Physical Geography'）であり、地理学的な学問ジャンルの言葉として関藤成緒『百科全書』（文部省　明10）に初めて出てくる。それは、「地球ノ表面ヲ論スルモノニシテ、海陸ノ位置大小高低深浅流動及ヒ一切ノ性質」の学問であり、「又地球ハ固有物質ト名ヅクルモノヽ外、猶気状体ノ覆被ヲ蒙レリ、即雰囲気ヲ包裹ス」と、「地球の表面を覆う空気をも研究対象に含めていた」学問である。「日本には水蒸気の多量なる事」という章（第三章）を立てて、日本固有の美を説明する『日本風景論』は、「地文学の延長」にあり、「従来の地文学や地理学からみれば過剰なほどの文学性を帯びた、地文学理念の「実現」」であると亀井は指摘する。これを受けて、齋藤希史は、「志賀にとっては、科学もまた風景の原理の表現の一つに過ぎないのであって、むしろ科学的表現と文学的表現を組み合わせて配置しているところが眼目となっていることが重要」であり、「「志賀の受け取った地文学」とは「景観の原理と歴史の可視化であり、景観を一つの表現と見て分析するもの」であると捉えている。[*19]即ち、地理学・地文学的記述も、漢詩・和歌・俳句も「風景を表現するエクリチュール」として等価に捉えられているという指摘である。齋藤によれば、それが可能であったのは、そもそも重昂の表現観の根底に「天文・地文・人文」という伝統的枠組みを繋ぐ「文」の概念が存在したからである。

亀井が指摘する、空気の変化も含めた地表の変動、変容を研究する「地文学」に導かれた、重昂描く風景の美は、齋藤が指摘する、異なるジャンルを繋ぐ「文」という単位によって、近代的な学問の術語と伝統的な文学表現をトータルな視点の下に接合する新たな表現として誕生し得たということになろう。亀井が「日本の景観の生成・変容する姿をダイナミックに描いた」例証として、齋藤が「どの語彙も近代のもの」であり「量的でエネルギッシュな修辞」として、共に挙げている（ただし、齋藤は、「緒論」が「日本の江山の洵美なる理由」として挙げている四箇条を引用している。二〜五に該当する）のが、『日本風景論』[20]の構成である。重昂が「九　雑感　花鳥、風月、山水、湖海の詞画について」で、「想ふ画人、俳人、詩人の要は、能く宇宙の機微を吹鼓し、神韻縹緲、恍乎として自然と同化冥合するにあり、」（「第三　詩文、俳諧、絵画は理学と調和適合せざるべからず」）と述べているのも、認識・表現の基本単位としての「文」が、「詞画」と「理学」を繋ぐ視点になり得たからであろう。

一　緒論
二　日本には気候、海流の多変多様なる事
三　日本には水蒸気の多量なる事
四　日本には火山岩の多々なる事
五　日本には流水の浸蝕激烈なる事
六　日本の文人、詞客、画師、彫刻家、風懐の高士に寄語す
七　日本風景の保護

八　亜細亜大陸地質の研鑽　日本の地学家に寄語す
九　雑感　花鳥、風月、山水、湖海の詞画について

烏水の「解説」によれば、『日本風景論』は、明治三十五年四月の増訂十四版まで改訂を加えつつ版を重ねた。「一　緒論」に「瀟洒」「美」「跌宕」という項目が付け加えられたのは、増訂再版（明27・12）からである。これについて、三田博雄は、重昂が、バーク以来の西洋的審美的範疇としての「崇高」と「美」を念頭に置きつつ、「西欧の「美」を二つに分けて、日本の春の「美」と日本の秋の「瀟洒」に当て、キリスト教を背景にした「崇高」に対しては「跌宕」つまり野放図をもってしようとするのである。」と推察し[*21]、藤森は、「「跌宕」（ほしいままなさま、広大なさま）は、菊池大麓が翻訳「修辞及華文」（明治一二年五月、文部省編輯局）でサブライムの訳語として使用した語である（「跌宕《サブライム》」。ただし、これは修辞学の文脈である。）」と指摘している[*22]。因みに、『修辞及華文』の該当箇所は、「跌宕ハ非常ノ勢力、威厳《グランデユアー》、高聳《ロフチネス》、豁達《エキスパンション》等ヲ表スルノ語気ニ因テ生ス即チ勢力ノ極度ニ達スル事物ヲ適当ノ言語ニ上セハ毎ニ跌宕トナルヘシ」と「其事物ノ至大至剛ノ状」を表す時に「跌宕ノ感覚」を自然と覚えさせると説明している（「跌宕《サブライム》」の項目[*23]）。

重昂は、「跌宕」の風景を「一、那須の曠野《こうや》、一望微茫、松樹あるいは三あるいは五、蒼健高聳す。」を初めとして、「佇立」「突兀」「芙蓉万仭」「飛噴逆上」「空を衝きて」「仰ぎて大川の天上より落つるを看、俯して奔雷を地下に聴く」とそのスケール感とダイナミズムに焦点を当て、漢文脈を生かして表現している。『修辞及華文』を踏まえていたかどうかは定かではないが、地文学的な視覚と漢文的文体が、「華文」即ち「凡ソ天地間ニ発スベキ人事ニ関スル最要ノ題目ハ尽ク之ヲ秀逸ノ文字ニ表シテ体格行文皆精粋ヲ極ル者ヲ云フ」（『修辞及華文』）という理想的文体へと昇華されていくという印象を受ける。根岸正純は、漢文体の特徴について、和文体の「外界をひとつの視

点で位置づけた、ある意味での内界の、厳密なパースペクティヴ（遠近法）による写実」に対し、「鳥瞰的」であり、「多くの表現部分が対等に屹立し合っている感をいだかせ」「視点は一先ず個々の対象と対応し、同時にもろもろの対象を所有するという関係になる。」と述べている。[24] 和文体に比べて、個別の対象の独立性が高い漢文体は、個々の要素に着目しつつ、生成変化する風景を描くのに適していると言える。

齋藤が指摘するように、重昂は、「日本風景の瀟洒、美、跌宕」を作り出す要因として、四つの要因を挙げている。その第二が「日本には水蒸気の多量なる事」であり、水蒸気がもたらす風景として「稜々たる峰頂斉しく白雪を冠」った立山を挙げ、これを描いた例として、池主の和歌「たち山にふりおける雪をとこ夏にみれ共あかずかむからならし」と共に、亀田鵬斎の漢詩が引用されている（第三章の「（四）山陰道、北陸道の水蒸気（夏）」）。

玉山壁立撫青空。鉄鎖援雲摩月宮。晩嚼会仙壇畔雪。朗吟飛下北溟風。立山
〔玉山壁立して青空を撫し、鉄鎖雲を援《ひ》きて月宮に摩《せま》る。晩嚼し仙に会う壇畔の雪、朗吟し飛び下る北溟の風。
立山〕

鵬斎が詠む立山は、「青空」を圧する威容であり、「青空」はその威容を表すための背景である。李白の「三山半落青天外　二水中分白鷺洲」（「三山半ば落つ青天の外　二水中分す白鷺洲」／「登金陵鳳凰台」[25]）や岑参の「四角礙白日　七層摩蒼穹」（「四角　白日を礙《さえぎ》り　七層　蒼穹を摩す」／「与高適薛拠同登慈恩寺浮図」[26]）という一節を思わせる古典的な漢詩の「青空」である。しかし、鵬斎の漢詩には、「鉄鎖雲を援きて」「朗吟し飛下る北溟の風」と目の前の動きに着目する視点がある。鵬斎は、宝暦二（一七五二）年に江戸で生まれ、文政九（一八二六）年に亡くなった文人であり、儒学者である。[27] 鵬斎の漢詩で青空が詠まれているものには、他にも七言律詩「航海到佐渡」[28]がある。

孤島藐然大瀛外
四垠積水望還空
青天低処乾坤尽
白日沈辺西北窮

孤島　藐然たり　大瀛《だいえい》の外
四垠《しぎん》の積水　望めども還《ま》た空し
青天　低き処　乾坤尽き
白日　沈む辺　西北窮まる

前半部分を引用したが、「青天低処乾坤尽き」（「青空が水と接する所で天も地も尽き」徳田武訳）という広大な視界は、「白日」との対句的構成と併せて、古典的な表現である。これに対し、「立山」では、唐詩の詠み方を手本としつつも、「朗吟し飛び下る北溟の風」というその場にいる個の身体が受け止めた自然が描かれているのが興味深い。堀切実は、近世の風景描写について、「文学や芸術における〝写実〟の時代は、少なくとも十八世紀の後半から着実にはじまっていたのであった。詩風からみれば、天明・寛政期における山本北山や江湖社の詩人たちの、宋詩に倣った現実的で写実的な作風は、六如上人を経て、化政期の菅茶山における「実境を写し、実感を歌ふ」ところの写生詩運動へと展開していった。」と述べている。[*29] 堀切の〝写実〟とは、「「姿」（景）と「情」の分離」による「主体・客体の二元化に基づく対象描写」を指す。

茶山の漢詩を見ると、[*30]「花作顛狂逐午風／半奔苔径半翻空／移茵就花前酌／時亦飛来帆酒中（花は顛狂を作《な》して午風を逐う／半ばは苔径を奔り半ばは空に翻る／茵を移して孤り花前に就いて酌めば／時に亦た飛来して酒中に帆す）」（「春日即事」文化二・一八〇五）と視線は花の行方を細やかに追いかけ、「垂楊交影掩前楹／下有鳴渠徹底清／童子倦来閑洗硯／本流触手別成声（垂楊　影を交えて前楹を掩う／下に鳴渠の徹底して清らなる有り／童子　倦み来たって閑かに硯を洗う／奔流　手に触れて別に声を成す）」（「即事二首」文化九・一八一二）と枝が縺れ合う枝垂れ柳、その下を流れる清らかな水、子供たちが硯を洗うことで立てる水音の変化にも耳を澄まし、繊細な動きと変化を見逃さない。確かに、これは、規範をなぞるのではなく、主体の目が描写した眼前の光景である。

茶山（延享五・一七四八～文政十・一八二七）と同時代人であり、漢詩を贈り合って交わりを結んだ鵬斎[*31]にも、主体の感覚を通した描写の意識が共有されていたと考えられる。重昂が引用した漢詩は、詠む主体の身体的感覚を通して、「跌宕」のダイナミズムが生動する例として見ることができる。

重昂は、「日本には水蒸気の多量なる事」の総括として「日本の水蒸気に関する品題」の節を設け、十四の題を挙げている。そこでも「四、峰腰一片雲。散作千山雨。茶山（峰腰（富士）一片の雲、散じて千山の雨と作《な》る。）」と茶山の五言絶句「富士図」の後半部分を引いて、水蒸気がもたらす自然の変化に注目している。更に、「十一」では、より具体的に変化する様相を挙げる。

十一、長空一碧、忽ちにして半天一点の黒雲を看る、雲疾く馳せて、地平線上に下降し、霞霧冥合、颶颰まさに来らんとして、汀上の椰樹三、五株、頂上の葉早く翻りて幹と漸く直角をなす。

広い青空に一点の黒雲が現れ、みるみる広がり、激しい風が椰子の木を大きく揺らす。時間の経過に伴う風景の変化が、個々の対象を独立的に扱い鳥瞰する、即ち構成要素の関係性を描き出す漢文脈の特徴を生かして描写されている。

これは、〈地〉としての青空に激しい雲の動きが展開するという点で、独歩と類似する。しかし、ここでの青空は、未だ概念的な青空である。漢詩は、明治期に最も隆盛を見たというのが、文学史の定説である。因みに、『明治文学全集62　明治漢詩文集』（筑摩書房　昭58・8）[*32]を紐解いてみると、「青空」は、「仙遊不必騎黄鶴／手把芙蓉嘯碧天（「仙遊　必ずしも黄鶴に騎らず／手は芙蓉を把り　碧天に嘯く」）」（長岡雲海「登嶽五首」）のように、山岳の偉容を表す典型的モチーフである。しかし、「漠漠秧田平似海／白帆低趁夕陽行（「漠漠たる秧《おう》田　平かなること海に似／白帆低く夕陽を趁《お》いて行く」）」（宮島栗香「七月二七日。本荘深谷之間。眺望頗佳。」）のように、写実的に描写されるのは、夕照、日没の光景であり、「青空」ではない。大島怡齋の「遥思」は、「涼入郊墟積雨晴／碧空如水玉蟾明（「涼は郊墟に入り　積雨晴れ／碧空　水の如く　玉蟾《ぎょくせん》明らかなり」）」と詠んでいるが、この「碧空」も写実的というよりも、雨後の澄んだ空に上る月（「玉蟾」）という美的文脈を構成する景物である。漢詩における「青空」は自然美の構成要素にはなっても、固有の存在として意味を見出される対象ではない。これは、「一」で述べた『和漢朗詠集』の技巧的人工的な空の形容とも呼応する意識である。

既存の形式の規範性がいかに強いかは、正岡子規の漢詩と写生文からも窺える。「岐蘇雑詩三十首」（『日本』明25・8・13）[*33]の「其一」は、「群峰如剣刺蒼空　路入岐蘇形勝雄　古寺鐘伝層樹外　絶崖路断乱雲中（「群峰　剣の如く　蒼空を刺し／路は岐蘇に入りて　形勝雄なり／古寺の鐘は伝はる　層樹の外／絶崖の路は断ゆ　乱雲の中」）」と身体の移動に応じた景色の変化を生き生きと伝える。富士川英郎によれば、「岐蘇雑詩」は、発表当時から評判が高く、時の漢詩人国分青厓も総評で「其詩則清健跌宕。超出時流。」（「其の詩は則ち清健跌宕、時流に超出す。」）と絶賛したという[*34]（『日本』の「文苑」欄　明25・8・18）。『日本風景論』とも重なる「跌宕」が評言として用いられているのも注意されるが、鳥瞰的でダイナミックな漢文の特徴を生かした実景的漢詩と言える。しかし、「青空」に関しては、鵬斎とも通じる威容の背景であり、伝統的な風景の構成要素にとどまっている。明治二十九年作の「木曾」（佐伯政直宛書簡）は、「羊腸峡桟入青空　一水斜開万嶽通　百里行程煙火少　人家半在白雲中（羊腸の峡桟　青空に入り／一水　斜に開けて　万嶽通ず／百里の行程　煙火少《まれ》に／人家半ば　白雲の中に在り）」と山岳の峻険さを表す古典的概念的な「青空」である。

これが、写生文「小園の記」（『ホトトギス』2巻1号　明31・10・10）[*35]では、「我に二十坪の小園あり。園は家の南にありて上野の杉を垣の外に控へたり。場末の家まばらに建てられたれば青空は庭の外に拡がりて雲行き鳥翔る様もいとゆたかに眺めらる。」とそれ自体を観察し鑑賞する対象になっている。病床からの眼差しという子規自身の身体的変化も影響していようが、漢詩という形式に、観察され自立する〈青空〉は整合しなかったということであろう。

重昂の変化生成する自然の描写は、漢文脈を介して独歩に継承され、ワーズワースや「あひゞき」によって開眼した自立的な〈青空〉に、現前性とダイナミズムを読み取る眼差しとして展開したように思われる。

4 浪漫的〈青空〉

ラスキンは、『近世画家論』の「第二編／第三項／第一章／第七節　其の非常なる深み」の冒頭で、ワーズワースの「旅行紀《エキスカーション》」第二巻（"the second book of The Excursion"）を好例として引用している。

私の頭上の空の割目は
天のこよなく深き紺碧である。此処に
浮気の生命《いのち》短き雲は占むべく
通過すべき国を持たない、蓋しそは
無窮の星の住む深淵である、
そのほの暗さと無限の深さは好奇の眼を
日中星を見るべく誘ふに足るものがある。

'The chasm of sky above my head
Is Heaven's profoundest azure. No domain
For fickle short-lived clouds,to occupy,
Or to pass through; —— but rather an abyss
In which the everlasting stars abide,
And whose soft gloom,and boundless depth,might tempt
The curious eye to look for them by day.'[36]

「天のこよなく深き紺碧」「無窮の星の住む深淵」という永遠を仰ぎ見る眼差しが印象的である。独歩も、「小春」でかつてのワーズワースへの傾倒を回想し、「『エキスカルシヨン』第九編中に在つて自分は之に太く青い線《すぢ》を引いてるではないか。」とその痕跡に驚く件があるので、第二篇も読んでいたことは考えられる。しかし、仰ぎ見る憧憬の象徴としての〈青空〉は、独歩ではなく、次世代の若山牧水や石川啄木に現れる。

大悟法利雄は、「牧水は、早稲田では英文科の学生として外国文学の講義などきいていたから、ボードレールやワーズワースの詩に出て来る旅なども知っていたし」と述べ[37]、啄木の日記にも、「近頃余が日課は殆んど英語のみとなれり。書はロングフエロー、ウヲルズヲルス、トリルビー等也。」（「秋韷笛語」明35・11・19）[38]「幼時嬉遊の昔を除いても、五年前友から借りたヲルズヲルスを最も面白く繙いたのもこの堤（引用者注：「用水沼の堤」を指す）の上であつた。」（「渋民日記」明39・4・8）[39]という記述がある。森一は、「渋民日記」の記述から、啄木がワーズワースに接したのは盛岡中学時代であろうと推測している。[40]牧水も啄木も、学生時代に授業を介してワーズワースを学んだということになろう。

牧水の第一歌集『海の声』（生命社　明41・7）[*41]は、〈青空〉と海が印象的なモチーフになっている。

風わたる見よ初夏のあを空を青葉がうへをやよ恋人よ
空の日に浸みかも響く青々と海鳴るあはれ青き海鳴る
白鳥《しらとり》は哀しからずや空の青海のあをにも染まずただよふ
闇冷えぬいやがうへにも砂冷えぬ渚に臥して黒き海聴く
海あをし青一しづくの日の瞳《まみ》に点じて春のそら匂はせむ
日が歩むかの弓形《なり》の蒼空の青ひとすぢのみち高きかな
海の上《へ》の空は真蒼に陸《くが》の上の山に雲居り日は帆のうへに
雲ふたつ合はむとしてはまた遠く分れて消えぬ春の青ぞら
恋人よわれらはさびし青ぞらのもとに涯《はて》なう野の燃ゆるさま

空に詠嘆し感慨を託すことは、伝統的な和歌の抒情である。春は霞や雲、夏は時鳥や五月雨、秋は七夕、月、時雨が空を形容する景物である。『新古今和歌集』[*42]を例に挙げると、「離別」では「君いなば月待つとてもながめやらん東の方の夕暮の空」（西行法師・巻第九・八八五）と別れた方角の空は人を思うよすがであり、「恋」では「つれなさのたぐひまでやはつらからぬ月をもめでじ有明の空」（藤原有家・巻第十二・一一三八）と男のつれなさを恨む心を託した有明の空であり、「ながめわびそれとはなしにものぞ思ふ雲のはたての夕暮の空」（左衛門督通光《みちてる》・同・一一〇六）と雲の彼方に果てもなき思いを投影する空である。和歌が特定の景物を結び付けて風景を成立させ、洗練と体系化を進めたのに対し、近代の短歌は、景物と向き合う抒情の主体でありつつ、取り合わせの規範性を外したのである。

牧水の場合、「空」も「海」も寂寥や感慨を託す対象であるが、〈青空〉はあくまでも高く、詠み手の視線を彼方へと誘い出す。これに対し、「海」は「空の日」の陰影となり、時に空と響き合い、「青き海」「黒き海」となって、より受動的な印象を与える。「空」と「海」の質感の相違が、異なる心象を形成している。「海」が牧水の悲哀と溶解し、心情の襞を波立たせるのに対し、「空」は〈青空〉として遥かな感情を呼び覚ます。それは、開放感であったり、孤独感であったりする。ここには、重昂や独歩のように〈青空〉を客体的に捉え、生動するダイナミズムに詠嘆する眼差しはない。ワーズワース的な青空の深淵が、畏敬と賛美の念としてではなく、個の心情と呼応し、その意味を拓いてくれるものとして個別化された存在となる。それは、独歩に見られた造化と交響する人間という自然観が、観念としてではなく心情として内面化された形とも言える。

牧水は、延岡中学卒業後、尾上柴舟に師事したが、初期の歌[43]を見ると、「露にさめて朝のまどひのさりげなく野面をちこちの白百合の花」（『日州独立新聞』明35・8・17）「紅ときて白菊にぬる若き子よ秋の女神の怒にふれな」（同、明35・10・24）「ほほゑみやなやみかなしみ血の瘠せに君入相の鐘きき給へ」（同、明36・8・5）と『みだれ髪』（新詩社　明34・8）張りの『明星』調であり、「里川に故郷《さと》なつかしみそぞろ立てば夕空遠くゆくは雁にや」（同、明35・12・2）「岨づたひつたふ蔦みち霧こめて見さくる空を雁金のゆく」（同）と伝統的な雁ゆく夕空を詠んでいる。

これが、明治三十八年になると、「秋の日の青澄むそらをわたり鳥大河越えて椋ちる森へ」（『新声』明38・10・20）と「青空」が現われ、新体詩「ゆく雲」（延岡中学校『校友会雑誌』明39・3）[44]でも「仰げば高し秋なれや／いやに澄みゆく青空を／西かひがしか行きわかず／白光ゆるく照りながら／夢かのさまにさまよへる／雲のかげこそ杳《はる》かなれ。」と雲がわたりゆく青空を歌っている。これ以前の美文「夕べの思」（『中学文壇』明34・7）では「西の空にはまだ入り残れる夕日が、妙に常よりも怪しう輝きて四方の山を照して居る。（略）妙に美はしう光つて居た夕陽は既に沈みかけて、あたりの雲を染めた此山の影も非常に長くなつて、向うの農家の軒まで達して居たが、それも暫時

的な「武蔵野」の世界に学び、啄木の自然に対する視線も変化を遂げている。

で消え失せてしまつた。」と徳冨蘆花『自然と人生』（民友社　明33・8）張りの夕景の描写があり、同時期の小品「武蔵野」（延岡中学校『校友会雑誌』明39・3）は、題名も独歩と同じであるが、「「武蔵野の美はたゞ其縦横に通ずる幾千条の路を当もなく歩くことに由つて始めて獲られる」と国木田独歩氏もその著作のうちに書いた。いで今吾人は其一つを選んでこの美の国の草深うわけ入らうと思ふ。」と文中でも独歩を引用しつつ、独歩の視線を手本として武蔵野の風景を観察している。時間の経過に伴って変化する自然、観察する対象としての自然を学んだことが、「青空」への抒情に繋がっている。

個の心情を映し出し、読み解くテキストとしての〈青空〉は、啄木の場合、その位相をも象徴する。

見よ、今日も、かの蒼空に
飛行機の高く飛べるを。

給仕づとめの少年が
たまに非番の日曜日、
肺病病みの母親とたつた二人の家にゐて、
ひとりせつせとリイダアの独学をする眼の疲れ……

見よ、今日も、かの蒼空に
飛行機の高く飛べるを。

草稿「呼子と口笛」（明44・6・15～27作）中の「飛行機」と題された詩である。「一九一一・六・二七・TOKYO」という添書きがある。[*45]学歴もなく、貧しいながらも向学心を忘れず、英語読本を独習する少年の姿は、盛岡中学校を卒業間際に退学し、上京して、「近頃余が日課は殆んど英語のみとなれり。」と日記に書き付けていた十七歳の啄木を思わせる。「肺病病みの母親」との二人暮しという設定にも注意したい。明治四十四年六月当時、啄木は、朝日新聞の校正係として生計を立てていたが、生来の浪費癖もあって、生活は常に困窮していた。一家は、啄木、母カツ、妻節子が結核に罹っており、翌四十五年三月七日に母カツは六十六歳で死去、啄木も四月十三日に二十六歳の生涯を閉じる。[*46]作品の風景には、現在に至る啄木の生の時間が投影されている。

更に、「給仕づとめの少年」という設定からは、中学校中退というエリートコースからの逸脱とは異なる、労働者階級への共感が窺える。明治四十三年六月の大逆事件に衝撃を受けた啄木は、翌四十四年一月に、弁護士であった友人の平出修を訪問し、幸徳秋水が獄中から担当弁護士に送った陳弁書を借用、筆写して、無政府主義に傾斜していく。中学校中退後、渋民小学校代用教員、北海道に渡り、函館、札幌、小樽、釧路を転々としつつの新聞記者生活を経ての再上京（明治四十一年四月）。宝徳寺の一人息子という特権階級の出自であった啄木は、無名の一上京者となり、持たざる者として自己意識を変革していくのであるが、最終的にその意識を構造化する媒体が無政府主義だったのである。「給仕づとめの少年」には、無産階級の一員としての啄木の自己同定がある。

底辺から見上げる「蒼空」は、限りなく高い。和田博文によれば、東京の空に初めて飛行機が飛んだのは、明治四十三年十二月十九日、代々木練兵場での試験飛行であった。翌四十四年四月四日には所沢飛行場が竣成したので、以降、人々は、時々飛行機を空で見かけるようになったという。[*47]しかし、飛行機が一般化されるには、昭和三年五月一日に日本航空研究所が開設した、境～今治～大分線（週三往復）を待たなければならない（和田）。[*48]明治四十四年六月当時の「飛行機」とは、限りなく未知数の可能性の象徴であり、それを浮かべる〈蒼空〉とは、到達の可能性が不明な憧憬の世界である。この世界の底辺にいる少年から〈蒼空〉の高みまでは、限りなく遠い。遠いが、断念を促すのではない世界の表象でもあることが、啄木の〈蒼空〉が持つ、時代との関係意識のリアリティである。

今井泰子は、「本郷で病床に伏す啄木が、飛行のニュースを十分承知していたとしても、所沢から試験飛行に飛び立つ飛行機の姿を実際に見ることができたかどうかは疑わしい。」と推測し、[*49]和田は、啄木の「飛行機」は「夢想の暗喩」であり、「リーダーを学ぶ先に開けるかもしれない、未来の可能性を示すが故に、飛行機は見るに値するのである。」と述べている。[*50]啄木が、飛行機を実際に見ることができず、情報としてのみ耳にしていたのであれば、可能性としての「飛行機」は強化され、心情の喩的表出そのものとなる。いわば、一対一で「飛行機」と向き合い、「青空」を仰ぎ見るのである。そこには、時代、社会との関係意識が鮮烈に映し出される。

啄木の『一握の砂』（東雲堂　明43・12[*51]）の盛岡中学時代の回想歌（「煙　一」）には、「病のごと／思郷のこころ湧く日なり／目にあをぞらの煙かなしも」「青空に消えゆく煙／さびしくも消えゆく煙／われにし似るか」と、牧水を思わせる哀愁と距離感の「青空」が歌われている。安森敏隆によれば、啄木と牧水が初めて出会ったのは、明治四十三年六月、大逆事件後の浅草の路上であり、翌年二月に、原稿依頼のため牧水は啄木を訪れている。[*52]安森が指摘する、二月三日の日記には、「夜、若山牧水君が初めて訪ねて来た。予は一種シニツクな心を以て予の時世観を話した。声のさびたこの詩人は、「今は実際みンなお先真暗でござんすよ。」と癖のある言葉で二度言つた。」という記述がある（「明治四十四年当用日記」[*53]）。

啄木と牧水の直接の交流は、啄木の晩年であり、日記には共鳴し合う姿が描かれている。ここに至るまでに、互いの作品を読んで相手に一目置いていたことは推察される。漂泊の歌人牧水の、個の心情と一対一で向き合う〈青空〉と、生活の詩人（歌人）啄木の、社会との関係意識をも表象する〈青空〉。〈青空〉は、個の視点から内面化され、表現の幅を見せていく。

「三」で、認識・表現の基本単位としての「文」について述べたが、明治二十年代末に「美文」という修辞的文章のジャンルが隆盛し、大正期に至るまで、美文集や作法書が陸続と出版されていった。これらは、北川扶生子が「自然美をパーツ化し、分類し、カタログのように並べてみせた」と指摘しているように[*54]、和歌集の部立に倣って項目が整理され、章立がされている。その一つである『花情月思美文千題』（秋梧散人編　名倉昭文館　明43・7）は、上欄に語彙と例句、及び例文（「記事文資料」と「律文」）を、下欄には「作者は皆是当代の妙年士女」（序文）と述べているように、おそらくは投稿文を編纂して掲載している。「記事文資料」の「天文／晴」の項目には、「天青く雲白く十分に晴れわたる」という例句がある。投稿文にも「青空」の用例が見られる。「水涼苔碧」（夏）の章では、「雲のあなたに鳥一つ飛べるが舟とばかり、青きみ空は青海原にして、」（「森の下草」文男）「あゝ破壊の功を収めた迅雷の響は、今漸く聞こえずなつて、見よ雲の間にはその希望のみち〳〵た青い、青い空さへ見らるゝのである。」（「夏の夕」藤袴）、「蘭秀菊香」（秋）の章では、「時は丁度三時下りの淡藍の色の、今にもこぼれさうな澄みきつた青空には、塵程の雲の影も見えず、」（「野の秋」桜花女史）「大空は青く高澄み、白雲は軽らに浮ぶ。」（「吾木香《われもこう》」北西蘆影）と「青空」を使いこなしつつ、自然の美を描いている。明治末年の時点で、「青空」は自然に関する美的語彙として認識されるようになっていたのである。それは、「風景」とは似て非なる自然（天然）の美という概念の表現であり、一つの型の習得である。先に見たように、十代の牧水は美文を書き、次代を担う萩原朔太郎や室生犀星も美文を投稿していた。習得した型の先に、それを破る風景としての「青空」が出現する。

5　暮鳥の〈青空〉

かみのけに

ぞつくり麦穂
滴る額
からだ青空
ひとみに
ひばりの巣を発見《みつ》け。

「光」（初出未詳、『聖三稜玻璃』にんぎょ詩社　大4・12[*55]、所収）

肉体と自然の直結に関し、田中清光は、ウパニシャッド哲学の「気息が風に、眼が太陽に対応するという考えや、「髪は樹木の葉」とする表現」との類似性を指摘し、「個人の存在と自然界の現象とが対応し、個人が小宇宙であり、大宇宙の模型であるとする考え」の受容を読み取っている。[*56] 田中はまた、日本聖公教会平准教会時代（大元・9〜6・12）の説教「覚え書」に触れて、インドの詩人タゴールへの共鳴を指摘している。タゴール『ギタンヂヤリ』（増野三良訳　東雲堂書店　大4・3）には、「爾の音楽の光輝《ひかり》は世界を明るく照してゐる。爾の音楽の生命気息《いのちのいき》は蒼穹《おゝぞら》から蒼穹に流れてゐる。」（「如何やうに爾が歌うのか私は知らない」）「おまへは、感慄《スリル》が他の浜辺から漂ふて来る遠いかすかな歌の音律を齎して蒼穹《おほぞら》を横ぎつてゐるのを、感じないか?」（「私は私の扁舟を」）「爾は青空である、また均しく爾は巣である。／おゝ、美なる爾よ、巣のなかに、色彩と音楽と香気とを霊に包んでゐるものは則ち爾の愛である。」（「爾は青空である」）という詩句がある。

増野が「爾」と訳している原文は、'THOU'であり、「神」と考えてよいだろう。この神は、ウパニシャッド哲学に通じる、自然という肉体を持った宇宙であり、霊感と芸術の本源である。中でも「爾は青空である」の「爾は青空である、また均しく爾は巣である」という表現は、「光」に類似する。「光」は初出未詳なので、直接的関係性は明言できないが、タゴール的な自然の肉体化に示唆された可能性は考えられる。

田中はタイトルの「光」について、「遍満するものとしての〈光〉が、空をも地上の万物をも自らの肉体にして、遍満すると読める」と述べているが、自然の体液を肉体が受け止め、両者が溶解しつつ、人間の身体が生成されている印象を受ける。「からだ青空」とは、その極点的表現である。〈青空〉は、自然と人間が交感するエロティックな宇宙／個の身体として表出されている。身体に取り込まれた〈青空〉は、暮鳥において初めて出現する。「青空」は、一方で、人間の不完全さを意識させる存在でもあった。

あをぞらに
銀魚をはなち
にくしんに
薔薇を植ゑ

青空に
魚ら泳げり。
わがためいきを
しみじみと
魚ら泳げり。

「烙印」（初出『卓上噴水』3集　大4・5『聖三稜玻璃』所収）

魚の鰭
ひかりを放ち

ここかしこ
さだめなく
あまた泳げり。
青空に魚ら泳げり。

その魚ら
心をもてり。

「青空に」（初出『風景』1号　大3・5『聖三稜玻璃』所収）

「烙印」の「銀魚」は、聖性を帯びた人間存在であろう。暮鳥、室生犀星、萩原朔太郎の三人は、大正三年六月に「人魚詩社」を結成したが、北原白秋の影響を受けつつ、金、白金、銀、白銀、光、祈禱、魚等を共通の詩語として用いた。犀星にも、芸術家としての矜持を表出した「銀製の乞食」（『地上巡礼』1巻1号　大3・9）、朔太郎の「山居」（『詩歌』4巻9号　大3・9）[*58]にも「哀しみ樹陰をいでず／手に聖書は銀となる。」という一節がある。「魚」については、犀星が後に『青き魚を釣る人』（アルス　大12・4）に収める諸篇で、「わがひたひに魚きざまれ／わが肌に魚まつはれり。」（「愛魚詩篇」『秀才文壇』13巻9号　大2・9）[*59]等、自己の分身として魚を描いており、白秋は『白金之独楽』（金尾文淵堂　大3・12）[*60]で、「光リカガヤク天景ヲ／燦爛ト魚飛ビユケリ。」（「魚」）と移住した神奈川県三崎の海光の中で、「感極マレバ海ノ魚／須弥大山《タイセン》モ飛ビ越ユル」法悦境を歌っている。敬愛する先輩である白秋と三人の触発し合う関係が窺える。

「あをぞら」は、神から分ち与えられた人間の精神が還るべき棲家である。一方の「にくしん」は「肉心」、即ち肉体と精神であり、暮鳥独特の用語である。「薔薇」は性的欲望の隠喩であろうが、肉体と精神が葛藤する中に植え込まれたあり様こそが、人間の実存性ということになろう。精神を高みへ解放しようとしても、存在に深く根を下ろした性的欲望が人間を引きずり込むのである。「あをぞら」は神の空間として文字通り「天」であるが、それを内包しつつ解放され得ない人間の心象であることに、教条的な世界観のアレゴリーには終らない、暮鳥の〈青空〉の生々しさがある。

「青空に」の「青空」と「魚」は、天（神）と人間の関係をより抒情的に表現している。「魚」は、『新約聖書』の福音書に記されたキリストの奇蹟を想起させる、神の存在が刻印されたモチーフである。語り手の「ためいき」の中を、「魚」は「しみじみと」、かつ光を帯びて泳ぎ回る。仰ぎ見る「魚」は、語り手の分身であるが故に、「心をもてり」と共感し得る。救いを求める眼差しを受け止める、分身としての「魚」が泳ぐ「青空」は、聖と性、精神と肉体の二極間で揺れる心を容れる空間であり、そのような精神の外在化である。

朔太郎の『月に吠える』（感情詩社・白日社　大6・2）[*61]にも、世界観を象徴する印象的な「蒼天」の詩、「亀」（初出『地上巡礼』3巻1号　大4・1）がある。

林あり、

沼あり、
蒼天あり、
ひとの手にはおもみを感じ、
しづかに純金の亀ねむる、
この光る、
寂しき自然のいたみにたへ、
ひとの心霊《こころ》にまさぐりしづむ、
亀は蒼天のふかみにしづむ。

「純金の亀」は、夙に木村幸雄が指摘しているように[*62]、「愛国詩論」(「未発表ノート 二」執筆推定：大3〜4頃[*63])に「日本人の象徴生活を代表するものに、松竹梅亀及び富士の霊峯がある。」「況んや金無垢の亀はその重量もつとも重たくして自然に蒼天のふかみに沈む。亀をして千万年の「時却」と「霊智」と「空間」との象徴体となすところのもの、世界に以て日本国を元祖となす。」とある。始原的存在としての亀は、白秋の『真珠抄』(金尾文淵堂 大3・9)[*64]の大海亀を詠んだ一連の歌、「正覚坊」に触発されたのかもしれない。連作は、「正覚坊いぢめつくして子どもらがかへる海辺の却初の耀き」で締め括られている。朔太郎は、未発表詩篇「遊猟手記」(執筆推定：大3〜5頃[*65])で「亀はかくして地上に這ひわれの視界の及ばぬ方にかくれ黙禱し而してつねに黙思す。亀は魚介にあらざるも尚霊性を有する魚介なり。」とも記しており、共通する詩語「魚」に収まらない存在の基点の象徴として「亀」が発見されている。

木村は、「亀」の「蒼天」は「〈形而上的空間〉と〈自然的空間〉」が統一された「〈蒼穹〉というイメージでもって大きく高くひろがっている宇宙的な〈天〉の空間」であり、亀の重みを感じることは「宇宙の重みを感じることであり、「自然としての宇宙の寂しさの核心にふれることでもある」と述べている。朔太郎の「蒼天」は仰ぐものではなく、「心霊」の重さを基点に拡張された、重力を持つ存在であり、逆立した空間である。これは、形而上的自然であるが、対象としての視点が保持される〈風景〉ではない。朔太郎は、暮鳥のように、交感しつつも引き離される距離感を映し出す「青空」を描くのではなく、身体に取り込んだモチーフを昇華し、ヴィジョンとして構築するのである。

　朔太郎は、習作「青空」（「習作集第九巻」執筆推定：大2・9～3・12）[*66]では「青空《せいくう》のもとを歩み行かばや／ひとりあたりを顧み／うたはんとして瞳涙にしめりたり」と背景としての遥かな青空を歌い、暮鳥は「頭　三」で「青空から石が落ちて、その下で頭蓋《あたま》が罅裂《われ》た。」（『秋田魁新報』明42・3・22）[*67]と重力を持つ青空を描いてもいる。しかし、朔太郎は、〈風景〉ではなくヴィジョンとしての「蒼天」に向かい、暮鳥は、対象としての距離感を持つ〈風景〉として、「青空」に人間存在の意味を読み込み、表出するのである。影響を受け合う中で、それぞれが自分の資質を見出していくあり様が興味深い。

　『聖三稜玻璃』は、あまりの前衛性のために、朔太郎、犀星といった極く少数の他は理解者を得られず、暮鳥は、「自分の芸術に対する悪評がその秋に於て極度に達した。或る日自分は殆ど卒倒した。」と回想している（「半面自伝」『短歌』6巻4号　大5・4）[*68]。その後、ドストエフスキーに傾倒した暮鳥は、一転して、平明で人道主義的な詩風の『風は草木にささやいた』（白日社　大7・11）[*69]を刊行する。ここでの「青空」は、感謝の念に満たされている。

どこかで紙鳶《たこ》のうなりがする
子どもらの耳は敏く

青空はひさしぶりでおもひだされた
いままで凍てついてゐたやうな頑固な手もほんのりと赤味をさし
どことなく何とはなしににぎやかだ
どこかで紙鳶のうなりがする
それときいてひとびとは
ああ春がきたなと思ふ
そして何か見つけるやうな目付で
水水しい青空をみあげる
てんでに紙鳶を田圃にもちだす子ども等
やがてあちらでもこちらでもあがるその紙鳶
それと一しよに段段と
子どもらの足も地べたを離れるんだ

「春」（初出『詩歌』7巻4号　大6・4）

「青空」は、春の訪れの象徴であり、「子どもら」がまず季節に反応して紙鳶を揚げ、大人達も「水水しい青空」を見上げる。「子どもらの足も地べたを離れるんだ」という最終行からは、萌え出した生命力の呼応という以上に、天に祝福される、より天に近い存在という印象を受ける。〈青空〉は人間の喜びが向かうと共に、人間を祝福する天である。この「天」は、『聖三稜玻璃』に見られた、人間の不完全さを自覚させる絶対的な神と、それを仰ぎ見る葛藤する精神の投影ではない。つつましい日々の暮らしを見守り、恙無く営ませていく大いなる力である。季節の巡りに従った生活を営むという点で、「造化」という概念に近い印象を受ける。この〈青空〉には、人間の喜びと天の祝福が溶け合っている。

　これには、「人間」を抽象的にではなく、働き、暮す人々として実体的に捉えるという変化が連動している。「万物節」（初出『青年文壇』3巻2号　大7・2）では、「百姓の手からこぼれる種子《たね》をまつ大地／十分によく寝てめざめたやうな大地／からりと晴れた蒼空／雲雀でも啼きさうな日だ」と「蒼空」は「百姓」が耕した大地を輝かせ、喜びを増幅させる。「麦畑」（初出『詩歌』8巻6号　大7・6）は、「此の力のかたまり／人間の強い真実／これこそ深いところから／浪浪のうねりをもつて湧き上つてくる力だ／そして生生しい土の愛により／どんなに大きな健康を麦ぐさはかんじてゐることか」と高村光太郎を思わせる自然と人間への賛歌である。自然の恵みを存分に暮らしに生かすことこそが、「人間の強い真実」なのだ。精神と肉体が葛藤する「肉心」ではなく、生命を土台として「愛」と「健康」を育てていくのである。語り手は、「ああ、此の麦ぐさの列／ああ、けふばかりは蒼天《そら》も自分にふさはしく／どこかで雲雀もないてゐる」と生命に満たされた大地の一員として、自分を自覚する。「蒼天」は、大地に満ち溢れる生命賛歌の象徴である。

　生命賛歌は労働賛歌でもあり、〈青空〉は祝福された世界の象徴になる。

ひさしぶりで雨がやんだ
雨あがりの空地にでて木を鋸きながらうたひだした
わかい木挽はいい声を張りあげてほれぼれとうたひだした
何といふいい声なんだ
あたり一めんにひつそりと

その声に何もかもききほれてゐるやうだ
その声からだんだん世界は明るくなるやうだ
みろ、そのま上に
起つたところの青空を
草木の葉つぱにぴかぴか光る朝露を
一切のものを愛せよ
どんなものでもうつくしい
わかい木挽はいよいよ声をはりあげて
そのいいこゑで
太陽を万物の上へよびいだした

「労働者の詩」（初出『詩歌』8巻8号　大7・8）

働く木挽の歌声の「ま上」に「青空」が生れる。与えられた身体（生命）を健やかに生きる木挽の内なる自然に、大いなる自然が呼応する。「光」で示された、ミクロコスモスとしての身体が、人間を中心とする視点で描き直されている。木挽の歌声は、「青空」の奥にある「太陽」をも呼び出すのである。「わかい木挽」は、造化の生命を顕在化させる媒体であり、一人の若い神である。その物本来の生命が発露する調和的な風景は、「一切のものを愛せよ／どんなものでも美しい」という造化＝大なる自然に祝福された世界である。

本然の生命力を持つ存在としての人間は、『聖三稜玻璃』の葛藤の後に訪れた、葛藤を包み込む肯定的世界観を象徴している。肯定的世界の表象が、歌声に呼応する〈青空〉である。

肯定的世界の表象としての〈青空〉は、白樺派の影響を受けた人道主義的詩人、千家元麿の作品にも見られる。

わが児は歩む
大地の上に下ろされて
翅を切られた鳥のやうに
危く走り逃げて行く
道の向うには
地球を包んだ空が蒼々として、
底知らず蒼々として、日はその上に大波を蹴ちらしてゐる
颪は地の底から涼しく吹いて来る
自分は子供を追つてゆく。

（以下略）

「わが児は歩む」（『自分は見た』所収、玄文社　大7・7）[*70]

初めて外を歩いた子供の描写であるが、「大地の上に下ろされて」「翅を切られた鳥のやうに」という形容からは、地上に下ろされた天の存在という印象を受ける。即ち、未だ損なわれていない純粋な生命である。子供の周りに広がる光景は、「底知らず蒼々と」した「地球を包んだ空」に「地の底から涼しく吹いて来る」颪であり、遥かな高みから見下ろす神の視点と円い世界の質感を持って、子供を包み込むのである。「地球を包んだ空」という言い方は、個の生命を支える生命体としての地球、その地球を存在させている高次の空間という連続性で、生命を基点と

する世界を立体化していく。「底知らず蒼々と」した空は、世界への賛美と畏怖の眼差しが捉えた空である。千家の〈青空〉は、葛藤を昇華した暮鳥の〈青空〉を構造的世界として視覚化している。

おわりに

明治二十年代初めに訳された「あひゞき」の〈青空〉は、繊細な表情を持つ風景の一部であり、観察する主体の存在を顕在化させた。「ミニヨンの歌」（『於母影』）の〈青空〉は、漢詩的なトポスの構成要素でも和歌的な抒情の対象でもない、固有の色を持つ固有の存在としての「空」であった。従来の視線や型や技巧では描かれなかった風景が現われたのである。翻訳の〈青空〉は、時代の若者に清新な驚きをもたらした。

そのような若者の一人が、国木田独歩である。「あひゞき」から和歌的な規範性を外れた自然美を、ワーズワースから自然の精神的な奥行きを学んだ独歩は、「武蔵野」で、現前的かつ普遍的な〈青空〉を描いた。これは、近世の写実的な漢詩を経て、志賀重昂『日本風景論』の生成変化する自然へと継承された漢文脈のダイナミズムが、西洋文学の神と繋がる「青空」と出会って可能になったと考えられる。

自然の風景に主体の心情を投影するワーズワース的ロマンティシズムは、むしろ、独歩の次世代の若山牧水、石川啄木の〈青空〉に表れている。空に向かっての詠嘆という和歌的伝統に立ちつつ、景物の約束事から離れて、個の心情を青空に託する牧水、時代や社会との関係意識をも表象する啄木。明治末年に至って、詩歌の〈青空〉は主体の喩として内面化され、主体は内面化された〈青空〉を通して〈風景〉と交感する。それと共に、美文という修辞的ジャンルにおいても、「青空」は自然美を構成するモチーフとなり、固有の〈風景〉としてではなく、習得すべき型として浸透していく。

固有の風景として、あるいは、修辞的語彙として「青空」が浸透していく中で、大正期に入って、身体化された世界観として、暮鳥の〈青空〉が出現する。クリスチャンでもあった暮鳥の〈青空〉は霊肉二元論的葛藤を表象した後、生命的世界の象徴として昇華される。それは、心象風景という内面の対象化から外界へと眼を向け、人間と自然の営みが調和した世界を見出すということでもある。〈青空〉は、眺める対象としてだけではなく、我々の暮しと自然を包み込む高次のなにものかを表象するのである。それは、心情の投影あるいは心象風景という固有の次元を超えて、〈風景〉の共有へと意識を向かわせる。

祝福された肯定的世界の象徴としての〈青空〉は、人道主義的な詩人、千家元麿に共有される。千家の〈青空〉は、庶民の暮しや労働の場面ももはや必要としない。人間は〈青空〉の下で生きるというシンプルな構図が提示され、人間と自然を包み込んだ最小の風景が成立する。

観察、描写の対象として見出された近代詩の〈青空〉は、内面化と自然美としての概念化を経て、固有の〈風景〉から共有される〈風景〉に到ったのである。

注

1 引用は『二葉亭四迷全集』第2巻（筑摩書房　昭60・1）による。
2 引用は『明治文学全集60　明治詩人集(一)』（筑摩書房　昭47・12）による。
3 アト・ド・フリース『イメージ・シンボル事典』（大修館書店　昭59・3）の'blue'及び'gold'の項目による。
4 引用は『ゲーテ全集5　ウィルヘルム・マイスターの修業時代』（高橋義孝・近藤圭一訳　人文書院　昭35・8）による。
5 引用は『日本近代文学大系52　明治大正訳詩集』（角川書店　昭46・8）の補注32（神田孝夫・小堀桂一郎）による。

6　引用は『新編　日本古典文学全集19　和漢朗詠集』（小学館　平11・10　校注・訳は菅野禮行）による。漢数字は、歌の通し番号である。
7　引用は『明治文学全集66　国木田独歩集』（筑摩書房　昭49・8）による。
8　森本隆子『〈崇高〉と〈帝国〉の明治――夏目漱石論の射程』（ひつじ書房　平25・3）の「第一部　転倒の美意識〈崇高〉の力学圏――重昂・漱石・自然主義／第四章「雲」をめぐる風景文学論――『武蔵野』の水脈」。
9　『世界大思想全集67　近世画家論』（神田豊穂訳　春秋社　昭7・8）
10　引用は、JOHN RUSKIN "Modern Painters I" London GEORGE ROUTLEDGE and SONS Limited　二二二ページ。
11　引用は『定本　国木田独歩全集』第1巻（学習研究社　昭40・3）による。
12　引用は『定本　国木田独歩全集』第2巻（学習研究社　昭39・7）による。
13　引用は『対訳　ワーズワス詩集』（山内久明編　岩波文庫　平10・9）による。
14　藤森清「崇高の一〇年――蘆花・家庭小説・自然主義」（『岩波講座　文学7　つくられた自然』岩波書店　平15・1）
15　注8に同じ。
16　引用は『日本風景論』（近藤信行校訂　岩波文庫　平7・9）の資料篇による。
17　引用は注16に同じ。
18　亀井秀雄「日本近代の風景論――志賀重昂『日本風景論』の場合」（『岩波講座　文学7　つくられた自然』）
19　齋藤希史「景観のエクリチュール――志賀重昂『日本風景論』から――」（『日本学研究』36輯　檀国大学日本研究所　二〇一二）
20　引用は注16と同書による。
21　三田博雄『山の思想史』（岩波新書　昭48・6）の「Ⅲ　志賀重昂」。
22　注14に同じ。
23　引用は『明治文学全集79　明治芸術・文学論集』（筑摩書房　昭50・2）所収の菊池大麓訳『修辞及華文』（チェン

バー兄弟『百科全書』第20冊　文部省　明12・5）

24　根岸正純『近代作家の文体』（桜楓社　昭60・4）の「和文体と漢文体との表現性――近代文章前史として――」。

25　引用は『新訂　中国古典選15　唐詩選　下』（高木正一著　朝日新聞社　昭41・11）による。

26　引用は注25に同じ。

27　『江戸漢詩選一　文人』（徳田武注　岩波書店　平8・3）の「解説」による。

28　引用は注27と同書による。

29　堀切実『最短詩型表現史の構想　発句から俳句へ』（岩波書店　平25・1）の「第I部　ことば・イメージ・表現――最短詩型の表現空間／二　芭蕉の表現意識／近世における「風景」の発見」。

30　引用は『江戸詩人選集4　菅茶山・六如』（黒川洋一注　岩波書店　平2・5）による。

31　富士川英郎『日本詩人選30　菅茶山』（筑摩書房　昭56・4）『江戸詩人選集4　菅茶山・六如』による。

32　訓読は今鷹眞（神田喜一郎「編集後記」）による。

33　引用は『子規全集』第8巻（講談社　昭51・7）所収の子規自選漢詩集「漢詩稿」による。書き下し文は渡部勝己。以下、子規の漢詩の引用は同書による。

34　富士川英郎「子規の漢詩と新体詩」（『子規全集』第8巻の「解説」）なお、青厓の漢文の初出は同巻所収の「参考資料」による。

35　引用は『子規全集』第12巻（講談社　昭50・12）による。

36　引用は注10に同じ。

37　大悟法利雄『幾山河越えさり行かば』（彌生書房　昭53・9）の「青春時代の歌」。

38　『石川啄木全集』第5巻（筑摩書房　昭53・4）の「解題」（岩城之徳）によれば、「秋韷笛語」は、啄木の明治三十五年十月三十日から十二月十九日の日記である。啄木は、同年十月二十七日に盛岡中学校を退学し、文学で身を立てるべく上京していた（翌三十六年二月十七日に帰郷）。引用は同全集による。

39　引用は注38と同書による。明治三十九年三月四日から十二月三十日までの日記である。この時期の啄木は、父一禎の宗費滞納による宝徳寺住職罷免を受けて、盛岡での節子との新婚生活を切り上げ、渋民小学校代用教員として勤めていた。

40 『石川啄木事典』（おうふう　平13・9）の「第二部　項目篇／ワーズワス」（執筆は森一）。

41 引用は『若山牧水全集』第1巻（第一出版センター　平4・10）による。

42 引用は『新編　日本古典文学全集43　新古今和歌集』（小学館　平7・5　校注・訳は峯村文人）による。漢数字は、歌の通し番号である。

43 引用は注41に同じ。

44 以下、牧水の新体詩、美文、小品の引用は『若山牧水全集』第2巻（第一出版センター　平4・11）による。

45 引用は『日本近代文学大系23　石川啄木』（角川書店　昭44・12）による。

46 以下、啄木の履歴は、『日本の詩歌5　石川啄木』（中公文庫　昭49・8）の「年譜」（岩城之徳）による。

47 和田博文『飛行の夢　1783—1945　熱気球から原爆投下まで』（藤原書店　平17・5）の「第2章　日本の空を飛行機が飛んだ　1908—1914」。

48 注47と同書の「第4章　見上げる視線から見下ろす視線へ　1922—1930」による。

49 注45と同書の補注251。

50 注47に同じ。

51 引用は注45と同書による。

52 注40と同書の「第二部　項目篇／若山牧水」（執筆は安森敏隆）。

53 引用は『石川啄木全集』第6巻（筑摩書房　昭53・6）による。

54 北川扶生子『漱石の文法』（水声社　平24・4）の「第一章　書く読者たち　三、美しい故郷の描き方——立身出世物語とレトリック／カタログ化された自然——美文作法書のしくみ」。

55 引用は『山村暮鳥全集』第1巻（筑摩書房　平元・6）による。

56 田中清光『山村暮鳥』（筑摩書房　昭63・4）の「『聖三稜玻璃』を〈読む〉／10　古代インド、ギリシアの「光」」。

なお、田中は同書において、暮鳥がキリスト教の他に、象徴主義、プロティノス、古代インド思想、立体派、未来派を受容しつつ、神秘主義的な宇宙観を形成していったことを指摘している。

57 注56と同書の「小評伝　山村暮鳥の生涯／4　尖端の詩人として」。

58 引用は『萩原朔太郎全集』第1巻（筑摩書房　昭50・5）による。

59 引用は『定本室生犀星全詩集』第2巻（冬樹社　昭53・11）による。

60 引用は『白秋全集』第3巻（岩波書店　昭60・5）による。

61 引用は注58に同じ。

62 木村幸雄「朔太郎・中也における〈空〉と〈天〉」（『福島大学教育学部論集（人文科学）』36号　昭59・9）引用は『日本文学研究資料新集28　中原中也・魂とリズム』（有精堂　平4・2）による。

63 『萩原朔太郎全集』第12巻（筑摩書房　昭52・10）の「解題」（伊藤信吉・中桐雅夫・那珂太郎・佐藤房儀）による。

64 引用は注60に同じ。

65 引用は『萩原朔太郎全集』第3巻（筑摩書房　昭52・5）による。

66 引用は『萩原朔太郎全集』第2巻（筑摩書房　昭51・3）による。

67 引用は『山村暮鳥全集』第2巻（筑摩書房　平2・7）による。

68 『小さな穀倉より』（白日社・感情詩社　大6・9）所収。引用は『山村暮鳥全集』第4巻（筑摩書房　平2・4）による。

69 引用は注55に同じ。

70 引用は『千家元麿全集』上巻（彌生書房　昭39・2）による。

付記

本稿は「暮鳥の〈青空〉——風景の中の詩人——」（『宮城学院女子大学人文社会科学論叢』24号　二〇一五・三）を加筆修正したものである。なお、引用に際して、原則として旧字体は新字体に改め、ルビは適宜省略した。

あとがき

「瓢箪から駒」ということわざがある。本書のもとになった宮城学院女子大学附属人文社会科学研究所の共同研究「文化における〈風景〉」も、ある意味でそうかもしれない。

何年前になるだろうか、ある教員の送別会で会場が思い出話に花が咲く中、ひょんなことから三人の教員が互いに絵画好きであることが判明。絵画をめぐる話題で大いに盛り上がったその勢いで、この三人、すなわち、九里順子（日本近代文学）、小羽田誠治（東洋史）、そして筆者（今林直樹、フランス政治史）を中心に構想し、実現したのがこの共同研究である。このように、出発点は「絵画」ではあったが、それぞれの専門が日本文学であったり中国やフランスの歴史であったりしたために、テーマを広く「文化における風景」とし、共同研究員を募って、さらに犬飼公之（日本古代文学、本学名誉教授）、井上研一郎（日本美術史、本学名誉教授）、岩川亮（フランス文学、本学元准教授）、大久保尚子（日本服飾史）、土屋純（人文地理学）、森雅彦（西洋美術史）（以上五〇音順）の八名の参加者を得てこの共同研究を立ち上げたのである。

それからというもの、二ヶ月に一度は学内で研究会を持ち、白熱した討論が展開されたが、研究会終了後も場所を代えて討論はさらに続き、テーマの「風景」から飛び火して様々な話題が展開するという大放談会の様相を呈していった。もちろん、それは単なる大放談会ではなく、知的刺激に満ちた大放談会であったのであり、そこで受けた刺激の数々は、本書の執筆者のそれぞれの論考に反映されているはずである。

ともすれば空中分解しそうなこうした学際的な共同研究が、空中分解することもなくその成果をこのような形でまとめることができたのには、本共同研究への参加を含め、本学を退職された後も本学の研究活動をリードし続けてくださっている犬飼公之氏、岩川亮氏、井上研一郎氏の御三方の存在が大きい。なかでも、犬飼氏には本共同研究の栄えある第一回の研究会報告を快くお引き受けいただき、本共同研究の方向性についても数々の貴重な御示唆をいただいた。また、岩川氏、井上氏からは、話題が文学や美術における風景に関するものが中心であったために、それぞれの御専門の立場からの貴重な御助言をいただいた。ここに記して、御三方には心よりの感謝を申し上げたい。また、研究会や大放談会にも御参加いただき、貴重な御助言をいただいた間瀬幸江氏（フランス近代演劇・文学）、越門勝彦氏（フランス近現代哲学）にもこの場を借りて御礼申し上げたい。

本共同研究は、二〇一三年度から二〇一五年度にかけて助成された宮城学院女子大学附属人文社会科学研究所の共同研究費によって成果を積み重ねていくことができた。そして、二〇一六年度宮城学院女子大学出版助成を受けて本書の刊行に至ったのである。宮城学院女子大学および同附属人文社会科学研究所にはこのような機会をいただいたことを、執筆者一同、心より感謝申し上げたい。

末尾ではあるが、翰林書房の今井肇・静江御夫妻が本共同研究の成果の出版を御快諾いただいたことで本書は実現した。御夫妻に心よりの感謝を申し上げたい。

今林直樹

二〇一六年六月

小羽田　誠治（こはだ・せいじ）
1975年　兵庫県神戸市生れ。
2005年3月　東京大学大学院人文社会系研究科アジア文化研究専攻博士後期課程単位取得退学。博士（文学）。
現職　宮城学院女子大学一般教育部教授
専攻　東洋史学
著書　「清末成都における勧業場の設立」（『史学雑誌』112-6，2003年6月）
「東西茶貿易の勃興期における茶葉の種類と流通の構造」（『宮城学院女子大学研究論文集』115，2012年12月）
「西湖博覧会における南洋勧業会の「記憶」」（『宮城学院女子大学人文社会科学論叢』22，2013年3月）

土屋　純（つちや・じゅん）
1971年　群馬県北群馬郡生れ。
1999年3月　名古屋大学大学院文学研究科史学地理学専攻博士課程後期単位取得退学。博士（地理学）。
現職　宮城学院女子大学現代ビジネス学部教授。
専攻　経済地理学
著書（分担執筆）
『北東日本の地域経済』（八朔社　2012年6月）
『小商圏時代の流通システム』（古今書院　2013年3月）
『人文地理学への招待』（ミネルヴァ書房2015年4月）

森　雅彦（もり・まさひこ）
1952年　宮城県仙台市生れ。
1980年3月　東北大学大学院文学研究科博士後期課程単位取得終了。
現職　宮城学院女子大学一般教育部教授。
専攻　西洋美術史
著訳書『ミケランジェロ　ピエタ』（岩波書店　1999年2月）
『ルネサンス美術館』（小学館　2008年10月）
『アルベルティ　芸術論』（新装普及版、中央公論美術出版　2011年5月）
『アルベルティ　イタリア・ルネサンスの構築者』（白水社　2012年9月）他

執筆者紹介（あいうえお順）

今林　直樹（いまばやし・なおき）

1962年　兵庫県相生市生れ。

1998年3月　神戸大学大学院法学研究科後期博士課程満期退学。

現職　宮城学院女子大学学芸学部教授。

専攻　フランス政治史・沖縄政治史

著書　レイモンド・ベッツ『フランスと脱植民地化』（晃洋書房、2004年4月。共訳書）
　　『沖縄研究　仙台から発信する沖縄学』（大風印刷　2010年10月、共著）
　　『沖縄の歴史・政治・社会』（大学教育出版　2016年4月）

大久保　尚子（おおくぼ・なおこ）

1963年　東京都狛江市生れ。

1995年3月　お茶の水女子大学大学院人間文化研究科比較文化学専攻（博士後期課程）単位取得退学。博士（人文科学）。

現職　宮城学院女子大学生活科学部教授。

専攻　服飾美学・日本服飾史

著書　『江戸の服飾意匠――文芸、美術、芸能との交流と近代への波及――』（中央公論美術出版　2015年1月）

九里　順子（くのり・じゅんこ）

1962年　福井県大野市生れ。

1992年3月　北海道大学大学院文学研究科国文学専攻博士後期課程単位取得退学。博士（文学）。

現職　宮城学院女子大学学芸学部教授。

専攻　日本近代文学（詩歌）

著書　『明治詩史論――透谷・羽衣・敏を視座として――』（和泉書院　2006年3月）
　　『室生犀星の詩法』（翰林書房　2013年7月）
　　句集『静物』（邑書林　2013年7月）
　　句集『風景』（邑書林　2016年7月）

文化における〈風景〉

発行日	2016年 7 月21日　初版第一刷
編　者	宮城学院女子大学人文社会科学研究所
発行人	今井　肇
発行所	翰林書房
	〒101-0051 東京都渋谷区本町1-4-16
	電 話　(03) 6276-0633
	FAX　(03) 6276-0634
	http://www.kanrin.co.jp/
	Eメール●Kanrin@nifty.com
装　釘	須藤康子+島津デザイン事務所
印刷・製本	メデューム

落丁・乱丁本はお取替えいたします

ISBN978-4-87737-398-6